配 3D 虚拟教学软件

普通高等学校体育专业教材

体育运动技战术教学与训练 3D 系列

田径训练教程

（第二版）

总主编　于可红
主编　沈国平　过平江

高等教育出版社·北京

内容提要

《田径训练教程》（第二版）是“体育运动技战术教学与训练3D系列”之一，依据普通高等学校运动训练专业学科课程的内容和要求编写而成。全书共8章，包括田径运动训练概述，走、跑运动，跳跃运动，投掷运动，田径运动教学与训练计划，体能训练，疲劳的诊断与恢复，规则与裁判等方面。在编写的过程中，以各项目的训练为主线，同时借鉴和汲取了我国关于田径运动最新的研究内容，注意将国内外先进的田径训练理论与方法与我国田径运动训练实践相结合，力图从科学的高度反映我国现代田径训练理论的最新研究成果，从多视角、多方位介绍先进的、有效的体能训练手段与方法，重点突出能力的培养与提高，以满足专业学生的实际需要。

本教材可作为普通高等学校运动训练专业田径选修课教材，也可供专业田径教师，业余体校教练员和各级体育教师使用。

图书在版编目（CIP）数据

田径训练教程：配3D虚拟教学软件／于可红总主编；沈国平，过平江主编. -- 2版. -- 北京：高等教育出版社，2019.5（2025.5重印）

ISBN 978-7-04-051659-3

Ⅰ. ①田… Ⅱ. ①于… ②沈… ③过… Ⅲ. ①田径运动-运动训练-高等学校-教材 Ⅳ. ①G820.2

中国版本图书馆CIP数据核字（2019）第055798号

田径训练教程

Tianjing Xunlian Jiaocheng

策划编辑 范 峰　　责任编辑 郭 恒　　封面设计 张 楠　　版式设计 于 婕
插图绘制 王 琰　　责任校对 李大鹏　　责任印制 刘思涵

出版发行 高等教育出版社
社　　址 北京市西城区德外大街4号
邮政编码 100120
印　　刷 三河市骏杰印刷有限公司
开　　本 787 mm×960 mm　1/16
印　　张 14.25
字　　数 230千字
购书热线 010-58581118
咨询电话 400-810-0598
网　　址 http://www.hep.edu.cn
　　　　 http://www.hep.com.cn
网上订购 http://www.hepmall.com.cn
　　　　 http://www.hepmall.com
　　　　 http://www.hepmall.cn
版　　次 2008年6月第1版
　　　　 2019年5月第2版
印　　次 2025年5月第7次印刷
定　　价 29.50元

物 料 号　51659-00

丛书编委名单

本书编委名单

前言

在当前教学改革的大背景下，如何利用时间有效学习，提高单位时间效率，体育专业师生如何利用碎片时间学习技能，以提高教学中教和学的学习效果，成了我们迫切需要解决的问题。因此，在本套系列教材内容的选择上，我们注重精选内容，文字部分突出训练中的体能训练和恢复手段，技术、战术上注意借鉴和汲取我国有关运动项目最新的研究成果，注意将国内外先进的运动训练理论和方法与我国运动训练实践相结合。特别突出的是：本教材通过二维码关联 3D 教学软件，从多视角、多方位，生动逼真地介绍了每个项目的技术、战术，极大地满足了学生对学习技术、战术的需求。

这套体育运动仿真辅助课件是由计算机生成的，模拟人类感觉世界的实时表现，其特点是：1. 动感美观，设计人性化。多媒体界面设计符合年轻人口味，动感美观。基于 VR 的体育仿真，就是应用虚拟现实技术对体育运动进行仿真。它作为一种崭新的科学技术为现代体育教学和训练提供了崭新的理念和教学平台，并能实现任意角度观看，设置了“变速播放”功能，添加了“语音解说”，方便学生在课余时间学习、使用。2. 技术、战术模拟逼真，学生可以课外模仿学习。技术动作模拟流畅，关键技术动作要领特设身体局部部位慢动作特写，加强学习效果。它不仅打破时空的限制，使那些教练员难以停顿示范的、合理规范的技术动作任意角度地展示出来，而且可以连续动态地演示战术配合线路，从而避免了传统体育教学与训练讲示的缺陷，克服了体育教材中以静态形式表述动态技术、战术内容上的不足。3. 功能强劲，全面深入。分设主界面、二级界面和学习界面，从相关运动理论、技术动作、战术配合、教学训练、运动竞赛入手，层层深入，分解本项目学习的方方面面。在体育教学和训练过程中，直接生动地虚拟现实环境，有利于学员建立清晰的形象思维，规范合理的技术动作概念，也有利于激发学生对学习和训练的兴趣。

本套教材现已推出《田径训练教程》《篮球训练教程》《排球训练教程》《羽毛球训练教程》；后续将陆续出版《乒乓球训练教程》《足球训练教程》《网球训练教程》《健美操训练教程》等，以满足体育教学、训练的需要。

教材的新探索难免有许多不完善的地方，希望读者批评指正，以便进一步修改、完善。

于可红

2017 年 1 月

目录

第一章 田径运动训练概述

第一节 田径运动的定义、特性与项目属性

一、田径运动的定义

田径运动是集竞技和健身于一体，以人的走、跑、跳、投为运动方式，以时间和距离计量运动成绩的体育运动项目。

田径运动是一个历史的概念，是随着社会的演变而不断发展和丰富的。它是公元前 776 年在古希腊奥林匹亚村举行的第 1 届古代奥运会唯一的比赛项目，也是现代奥林匹克运动会的第一大体育运动项目。近现代以来，在国际田径协会联合会（国际田联）的推动下，田径运动现已发展成为一项世界范围的体育运动项目。

在国际体坛，田径运动的概念为“Athletics”，或“Track and Field”。其主要的活动形式是：田径健身运动和田径竞技运动。

田径健身运动主要是以接近人体自然的走、跑、跳、投为健身方式，是以全面地发展人体的基本运动能力和身体素质为目的健身活动。由于田径健身运动受主客观条件限制少，运动方式相对简单，并且健身价值较高，因而，在体育锻炼和体育教学中有着重要的地位和作用。

田径竞技运动不仅是现代奥林匹克运动会中比赛奖牌最多、影响最大的运动项目之一，而且从体育文化的层面看，它是奥林匹克格言的化身，意味着更快、更高、更强。现代田径竞技运动包括径赛和田赛、公路跑、竞走、越野跑和山地赛跑。

二、田径运动的特性

1. 田径运动是以体能为主导的运动项目

运动员的竞技能力是提高田径运动成绩的物质基础，它的发展水平是决定田径专项运动成绩的最重要因素。也就是说，田径运动员的体能能力、技术能力、战术能力、心理能力以及运动智能是决定运动成绩的核心因素，它们之间相互依存、相生相克。但是，上述竞技能力的五大因素对田径运动成绩的贡献率不是等权重的，占主导地位的是体能能力。

2. 速度是田径运动的核心

田径运动项目纷繁，形式多样，其外在的表现形式是“快”、“高”、“远”，而内在的本质却是动作速度和田径运动技术的有机结合，这种结合的有效性，核心的问题是专项动作速度，即田径运动竞赛实际上就是专项动作速度的较量。换而言之，田径运动的径赛类项目比的是人体动作速率与位移速度，田赛类项目比的则是人体腾起的初速度，及器械出手的初速度。因而，速度是田径运动的核心。

3. 力量是田径运动的基础、技术是田径运动的载体

速度与力量是两个紧密相关的运动学变量，力量是速度的基础，是为提高田径运动专项动作速度服务的。在田径运动训练中获得的力量，能否在田径专项中发挥效益，一方面取决于所获得的力量是否能够满足专项动作的需要，另一方面还取决于专项技术的合理性。因此，速度、力量与技术的紧密结合是田径竞技运动的突出特征。在这三者之间，速度是核心，力量是基础，技术是载体。

三、田径运动的项目属性

属性是指事物所具有的性质、特点。从运动学和运动生理学的视角看，田径运动的跑、跳、投各类项目的属性为：

1. 短跑

短跑是以无氧供能为主的、以最高速度向前位移的周期性运动项目。

2. 中长跑

中跑是速度耐力性项目，在运动中基本以无氧供能为主，即以 ATP－CP 系统和糖的无氧酵解供能为主。在全程跑中，既要有良好的速度，又要具备保持高速跑动的能力。

现代中长跑已不是一般性的耐力性项目，而是速度耐力跑项目。它把速度与耐力这两种素质紧紧地结合在一起，并对有氧供能、无氧供能和有氧一无氧混合供能，尤其是后者，提出了越来越高的要求。

3. 跨栏跑

跨栏是固定间隔、跑跨交替的非对称性高速跑周期性运动项目，过栏速度与栏间跑速率是跨栏跑的核心。

4. 跳跃

跳跃运动是通过快速助跑，在专项运动方向上使身体产生最高腾起速度的运动项目，是典型的速度力量性项目。四个田径跳跃项目的共性特点是“助跑速度快、着地快、起跳快”，以及“高速助跑、减小制动，快速起跳”。

5. 投掷

投掷运动是通过助跑（旋转、滑步），在专项运动方向上产生器械最高出手速度的运动项目，属速度力量性项目。四个投掷项目的关键技术是最后用力技术，技术难点是助跑与最后用力的有效结合，投掷运动环节正确的速度节奏和其依次的加速运动是创造最高器械出手速度的关键所在。

第二节 田径运动训练的发展历程

田径运动训练的发展大体经历了三个阶段：

一、田径运动训练的初始阶段

这一阶段大约是 1896 年第 1 届奥运会前后。人们对田径运动训练过程的规律认识不深，仅仅是从表象上开始认识到“用进废退”的原理——通过训练能产生效果，通过多练可以提高成绩。

二、田径运动训练理论与方法体系的形成阶段

这一阶段大约是20世纪20~30年代。鉴于不同的运动员从事同一项目训练，取得的成绩不同，人们认识到运用新技术和新的训练方法对提高运动成绩的重要性。例如跳高，开始采用的是跨越式过杆技术，后来又相继采用滚式、剪式、俯卧式等过杆技术，每一项新技术的出现与推广都促进了跳高成绩的提高。

随着现代奥林匹克运动的发展和科技的进步，人们为了在奥运会的田径竞赛中夺得桂冠，开始重视对运动训练实践经验和教训的总结，注重并加强了对训练过程客观规律的探索。这个时期，人们开始注意对田径运动项目技术的研究和改进，力求通过技术的改进和创造提高运动成绩，并取得了一些成就。

20世纪20年代后期，教练员开始采用了一些表面看来与运动员所从事的项目只存在间接联系的训练内容，如，短跑运动员参加长跑训练来增加耐力，这种训练法称为“辅助训练法”。20世纪30年代这种训练方法演变为按奥林匹克竞技周期安排耐力、力量、速度和灵敏性等身体素质训练的所谓“螺旋训练模式”。

20世纪30年代，拉乌里·皮卡尔拉在其《田径手册》中论述了田径运动员的训练负荷和休息问题。后来，德国人凯什莫列尔在这一理论基础上创造了“间歇训练法”。这种训练法是把整个训练过程分为若干段，各段作业之间严格按照规定的间歇时间进行。这种方法对提高速度和速度耐力、增强呼吸和心血管系统的机能有明显效果。他后来采用该训练法培养出男子1 500米跑世界冠军芭捷尔。

20世纪40年代，捷克斯洛伐克著名运动员爱弥尔·扎托皮克采用了加大训练量的方法——超量训练法。他在一系列世界大赛中19次分别打破了5 000米、10 000米和马拉松跑的世界纪录，并在1952年芬兰的赫尔辛基第15届奥运会上获得5 000米、10 000米和马拉松跑三项冠军。

20世纪50年代初期，各国长跑运动员，甚至其他体能类项目的运动员也开始采用扎托皮克的训练方法，并取得良好效果。至今，科学的大运动量训练方法仍是获得优异成绩的基本方法之一。这一时期，瑞典长跑家创造了“法特莱克”训练法，曾培养出1 500米、1英里、2英里、5 000米跑世界纪录创造者戈·赫克。20世纪50年代以后，新西兰、澳大利亚和德国等一批世界一

流优秀长跑选手也都采用了这一训练方法。同时德国人缪勒尔和赫延格尔研究出的肌肉对抗训练法，为运动训练提供了有效的辅助练习方式。后来鲍勃·霍夫曼提出了等长性练习，进一步发展了肌肉对抗训练的理论。

三、不断加强的科学化训练阶段

从 20 世纪 60 年代至今，随着田径运动水平的不断提高、国际竞赛活动频繁以及世界科学技术的飞跃发展，人们更加认识到广泛地运用现代科学技术研究成果指导田径运动训练，才能获得理想的训练效果，在大赛中取胜。这一时期，特别是由于运动生理学、运动心理学、运动生物力学及运动医学等学科的发展，人们对运动员有机体在运动训练和比赛中表现出的各种奥秘的揭示，对运动员训练客观规律的认识更加深刻，在田径训练中通过加大运动负荷取得效益和提高成绩也更加显著。人们还纷纷向新理论、新思想、新科学技术、新的场地器材、新的方法和手段探求提高田径运动成绩的途径，还从系统论、控制论和信息论等在体育科学领域中的应用方面加强田径运动的科学化训练。

1960 年在意大利罗马举行的第 17 届奥运会上，埃塞俄比亚运动员阿贝贝在马拉松跑比赛中夺得冠军后，人们才开始认真研究高原环境对人的生理及运动成绩的影响。1968 年在墨西哥城举行的第 19 届奥运会上，长期生活和训练在高原上的埃塞俄比亚、肯尼亚和突尼斯运动员夺得长跑和马拉松项目金牌，刮起的“黑旋风”促成了“高原训练法”的诞生。

这一时期，运动成绩迅速提高，现代科学技术研究成果不断被移植和运用到田径运动训练中来。在此基础上，苏联、民主德国、英国等一些田径运动训练研究专著和教材相继问世。

20 世纪 90 年代末期，运动训练与放松训练合用，不仅起着恢复体力和放松精神的作用，而且开始被作为提高运动成绩的积极有效的手段来应用。还出现了一种“无形训练法”。这种训练法对运动员训练以外的生活作息制度、社会关系进行分析研究，以帮助解决训练中的有关问题。

这一时期，田径教练员已清楚地认识到对优秀田径运动员而言，最好的训练形式是竞赛，因此，合理的竞赛制度与竞赛安排已成为田径训练中十分重要的组成部分。从 1998 年开始，国际田联把欧洲几个独立的比赛整合成一个全新的比赛模式——黄金联赛，全联赛共设 6 站比赛，总奖金为 50 公斤黄金——价值 100 万美元，2010 年黄金联赛改制成为钻石联赛。新联赛带来新的变化：首先，承办地从过去单一的欧洲扩大到了亚洲、欧洲和美洲，并将6站黄金联赛升级成14站钻石联赛；其次，比赛项目的扩容。从原来的男女10个项目扩大到32个项目，包括男女100米、200米、400米、800米、1 500米、5 000米、400米栏、跳高、跳远、撑竿跳高、三级跳远、铅球、铁饼、标枪和男子110米栏、女子100米栏等。由于项目大幅度增加，比赛场次也增加了两倍多，因此吸引了更多运动员参与其中。再次，是比赛规则和计分方法的调整。新赛制没有对运动员参赛获奖次数做出硬性规定，而是通过积分来确定每个项目选手名次，最终获奖的人数从黄金联赛最多10人，变成32人，总奖金也从黄金联赛的百万美元到钻石联赛的663万美元。最后，获得冠军和钻戒的运动员还将获得国际田联认定的各单项年度世界排名第一，这个非挑战性的荣誉是所有运动员都希望得到的，其诱惑力很大。这也是国际田联钻石联赛更具有影响力和号召力的原因之一。而中国上海能够成为钻石联赛其中的一站，并且永久保留男子110栏比赛项目，说明了中国田径水平近年来不断提高，影响力加大。

在现代竞技运动中，为提高运动成绩，各国教练员和体育科研人员在运动员选材、训练、比赛和恢复等方面进行探索，尤其是随着现代科学技术的发展，利用电脑分析技术动作已取得了重大的发展，利用电子解析仪器对技术动作进行三维空间分析，并绘制成连续的动作图，以帮助人们改进和完善技术动作，并取得了可喜的成果。其中苏联奥卓林的“现代训练体系”、纳巳特尼柯娃的“运动训练远景规划”及马特维也夫的“运动训练分期问题”等，至今都对运动训练有着重要影响。

第三节 田径运动训练的本质、特点与理念

一、田径运动训练的本质

1. 从运动训练学的视角看，田径运动训练是以身体练习为载体，以提高运动员的竞技能力和调控运动员的竞技状态为目的的一种竞赛准备。因此，其本质就是田径竞赛前的准备过程，而在这个过程中，田径运动训练的一切活动均是围绕着提高运动员的竞技能力和调控运动员的竞技状态这两个关键变量而

进行。

2. 从教育学的视角看，田径运动训练是一种培养人的特殊教育过程。它的核心就在于培养运动员不断地超越自我，不断地向人类的体能、机能和心理能力的极限挑战，从而达到更快、更高、更强，不断攀登人类运动能力新高峰。因而，在这个特殊的教育过程中，教练员、运动员和科技人员除了要更好地驾驭已被人们发现和认识的田径训练过程中的客观规律外，更重要的是要探索尚未被人们发现和认识的训练过程中的客观规律，以及不断创造出新的理论与方法，挑战人类自我身体潜能。所以，田径运动训练不仅仅是一种简单的教育过程，而是一种不断创新和发展的过程。

二、田径运动训练的特点

田径运动训练具有如下几个特点：

1. 田径运动训练手段和方法的多样性

田径运动一般包括走、跑、跳跃、投掷、全能等 5 大类，由 40 多项常规比赛运动单项所构成。鉴于各比赛项目的技术结构、肌肉用力性质、运动时人体能量供应的形式、竞技能力主导因素等均存在一定的差异，因此，进行不同项目训练时采取的训练手段和方法也体现出不同的特点。此外，对不同年龄田径运动员的训练，由于生理机能、心理能力、运动素质，以及训练目标的差异，即使是同一项目训练，所采取的训练手段和方法也有区别。

2. 训练过程的科学性

田径运动员训练的目的是为了夺取优异的运动成绩，因此，需要对运动员进行长期的生物学、社会学改造。在改造过程中，运动员身体形态、机能的改变，对田径运动技术的掌握与提高，机体的生长发育，训练后的身心变异等，存在着许多不以人们意志为转移的客观规律，教练员、运动员、科研人员只有认识、顺应这些规律，用科学的理论与方法选材，制定训练计划，调控训练过程，诊断运动技术、身心机能，恢复训练疲劳，管理运动员等，才能获得理想的训练效果，取得优异的田径运动成绩。

3. 训练力求较大负荷

依生物学观点，训练是对运动员有机体施加负荷刺激的过程，这种刺激的结果使有机体产生适应性变化，从而完成生物学的改造。运动员有机体在训练负荷的影响下所产生的适应程度，在一定范围内，同训练负荷大小成正比关系，即训练负荷越大，机体受刺激的程度越深，人体的运动能力提高也越快。与此同时，从创造田径运动优异成绩的本质看，优异田径运动成绩即是运动员平时训练成绩的体现，又是比赛时有机体发挥最大负荷能力的表现。所以，要获得优异的专项运动成绩，必须使运动员在训练中充分挖掘出自己的运动潜力，欲达到此目的，唯有采用较大负荷刺激的方法才能实现。

4. 在训练过程中运动员高度独立自主与教练员的主导作用紧密结合

运动成绩是由运动员直接创造的，因此，运动员要有独立思考和独立作战的能力。如果运动员在训练过程中不能创造性地配合，缺乏主动进取的精神和顽强的训练作风，要想取得优异的成绩是不可想象的。当然，教练员在训练中的作用是毋庸置疑的，但教练员的作用应是“主导”，不能陷入包办代替或独断专行的境地。尤其是运动员的训练阅历、运动水平、认知水平达到一定层次后，教练员必须努力使自己和运动员之间的关系，从启蒙、基础训练时的师生关系过渡到高级训练时的伙伴关系。教练员的最终努力目标之一，是使运动员能够进行深入的自我训练、自我调控。

三、田径运动训练的理念

1. 选材的成功意味着训练成功的一半

田径运动员能否取得优异的专项成绩，主要取决于其先天的运动天赋和后天的刻苦训练。而选材，则是根据运动项目的特点与要求，运用科学的方法直接或间接地对被选者运动天赋因素进行测试，并根据测试结果，预测其未来的竞技能力。因此，选材是训练的前提，育才的基础，只有通过科学的选材，选拔出具有良好田径运动天赋的人才进行培养，才能提高育才的成功率，降低训练的淘汰率，否则，将事倍功半甚至一事无成。所以，选材的成功意味着训练成功的一半。

2. 多年育材是培养优秀田径运动员的必经之路

具有良好运动天赋的田径苗子要成为一名优秀的田径运动员，需要一个培养、造就的过程，而这个过程必须是一个多年的育材过程。从运动员的初选阶段开始，到高水平阶段的训练年限一般为 8～10 年，包括了启蒙、基础、提高、创造和保持优异田径运动成绩等若干阶段，这些阶段构成了培养优秀田径运动员的基本框架，同时也反映了优秀运动员成才的必经之路。虽然对不同运动员、不同田径运动项目等具体情况而言，每个阶段的训练时间会有长有短，但这些阶段缺一不可。

3. 全面提高运动员的竞技能力，是创造优异田径运动成绩的保证

田径运动员的运动成绩是由其运动竞技能力决定的，竞技能力是运动员参加比赛所具备的本领，是运动员体能、技能、心理能力的总和。其与训练水平是辩证统一、相辅相成、互相促进的。只有通过系统的训练，最大限度地提高运动员的体能（包括运动员的身体形态、身体各器官系统的机能、运动素质），技能（包括运动员掌握的田径技术、技巧、战术等），心理能力（包括田径运动所需的思维能力、想象力、注意力、智力等），才能形成较高的竞技能力，创造优异的田径运动成绩。尽管田径各个项目都具有不同的特点，对运动员的竞技能力有着不同的权重要求，但现代高水平田径运动员的训练，都在努力提高专项竞技能力的同时，竞技能力向整体、全面提高的方向发展，在训练过程中对构成竞技能力的诸因素进行全面的训练。

4. 训练负荷安排要突出定向化

训练负荷安排的定向化是指在田径运动训练中，根据运动员的个体情况和训练任务，确定训练负荷的性质、形式、数量和强度。训练负荷量与强度是构成训练负荷的主要因素，二者相互影响，相互制约。但机体对二者的反应是有差异的，负荷量刺激使有机体所产生的适应性比较稳定，消退也较慢，有机体对它的反应相对也较缓和，它是提高运动成绩的基础。而负荷强度刺激所引起的有机体反应则比较强烈，它能较快地提高有机体各器官、系统的机能水平，但有机体所产生的适应性却不太稳固。因此，在田径运动训练中要根据不同年龄运动员的特点，给予不同训练负荷量和强度的定向化安排。例如，对少年儿童运动员的训练，为了促进运动员正常的身体生长发育，打好扎实的训练基础，在训练负荷安排定向上，要突出训练负荷量，训练强度的安排则应持谨慎的态度。而成年优秀运动员训练负荷安排的定向，则要以负荷强度作为训练负荷的灵魂，特别是专项负荷强度的增加。如此定向，不但可以有效地发展优秀运动员的专项素质，而且在较大负荷强度的训练背景下，将改进和提高后的专项技术才能更好地运用到比赛中。与此同时，对控制运动员的最佳竞技状态也更为有利。此外，要取得训练负荷刺激的理想效果，还要在训练负荷的形式、性质上有针对性地加以定向。例如，发展运动员的无氧能力，可采取跑的手段，进行短距离、高强度的重复训练；发展运动员的有氧能力，采取跑的手段，则必须用长距离、低强度的持续跑训练。

5. 没有恢复就没有训练

在现代田径运动训练中，随着训练负荷的不断增大，运动员有机体的疲劳程度也在不断加深。倘若运动员有机体出现运动性疲劳后，不及时采取有效的恢复措施，将会导致疲劳的进一步加剧，从而引起更严重的病理状况。那么，什么是训练后的恢复？简言之，就是消除训练给机体带来的疲劳。田径训练理论与实践均表明，在训练负荷很大的现代田径运动训练中，运动员仅仅依靠自身机体的功能进行自然恢复，是不可能接受持续的大负荷训练的。因此，在田径运动训练过程中，采取训练学、生物学、心理学的各种恢复手段和措施，加快有机体的恢复过程，已成为现代田径运动训练过程计划安排和实施的一项重要的组成部分。可以说，没有恢复就没有训练。

复习思考题

1. 田径运动的定义是什么？包括哪些竞赛项目？
2. 田径运动的特性有哪些？
3. 田径运动训练方法经历了哪几个发展时期？
4. 现代田径运动训练有哪些新的特点与理念？

第二章 走、跑运动

第一节 走、跑运动发展概况

一、竞走

竞走始于19世纪的欧洲，1866年英国业余体育俱乐部举行了首次竞走冠军赛，距离为7英里（1英里=1609.344米）。后来竞走从欧洲传到北美洲、大洋洲，以及世界许多国家。进入20世纪以后，竞走运动登上国际竞技舞台，1906年在希腊雅典举行奥林匹克运动会恢复10周年纪念运动会上，首次将竞走列为竞赛项目，设1 500米和3 000米竞走比赛项目。两年后在第4届伦敦奥运会上，男子竞走被列为竞赛项目。女子竞走被列为奥运会竞赛项目是在1992年第25届奥运会上。

竞走比赛分场地竞走和公路竞走两类，场地竞走设：女子10千米，男、女20千米，及男子30千米和50千米；公路竞走设：男、女20千米和男子50千米竞走。

在奥运会的历史上，竞走是设置变化最多的田径比赛项目，从1908年奥运会至今，男子竞走比赛项目的更改多达6个距离即3 500米、10英里、10千米、30千米、50千米、20千米；从1992年奥运会到目前为止，女子竞走比赛项目从10千米更改为20千米。迄今为止，奥运会竞走比赛项目设男、女20千米和男子50千米。

竞走运动在我国的发展已有百年历史，20 世纪 80 年代以后我国竞走项目得以快速发展，经过长期的积累与发展逐步形成了自己的技术风格：“小步幅、快步频”。我国竞走运动的发展，经过认真总结、确定项目特性、改变训练思路和理念，成绩得到稳步提高。1995 年世界杯竞走比赛，我国运动员夺得三个单项和两个团体 5 枚金牌。在 2016 年里约奥运会田径男子 20 公里竞走比赛中，中国选手王镇以 1 小时 19 分 14 秒的成绩夺得金牌，女子 20 公里竞走比赛中，刘虹以 1 小时 28 分 35 秒获得金牌，吕秀芝获得铜牌，创造了我国竞走项目历史上的辉煌。

二、短跑

据史料记载，短距离跑是在公元前 776 年第 1 届古代奥林匹克运动会上唯一的田径竞技项目，距离为 192. 27 米也称一个斯太地。当时的赛跑没有起跑器，运动员出发时用一只手抓住绳子，站着起跑，并利用后蹬巨石的力量，冲出起跑线。第 14 届开始增加了第二个短跑项目“基阿格斯”（两个斯太地），约接近 400 米。当时跑的技术没有文字记载可查，从古代装饰瓷器上所画的图来看，当时跑的姿势，上体前倾较大，腿抬得较高，落地前小腿有向前摆的动作，步幅开阔。

18 世纪至 19 世纪初，跑步已经成为学校和军队锻炼身体的主要手段，在欧美国家得到一定的发展。1887 年，美国田径教练玛尔菲从袋鼠后腿弯曲然后向前跳跃的姿势得到启发，发明了“蹲踞式”起跑技术。1896 年第一届现代奥林匹克运动会上，美国运动员布克采用“蹲踞式”起跑以 12 秒的成绩获得 100 米冠军，又以 54 秒 2 的成绩获得 400 米冠军。从此“蹲踞式”起跑技术开始在全世界推广。随着起跑姿势的改进，1927 年开始出现了起跑器，但正式采用是在 1936 年第 11 届奥运会上。在此之前，短跑运动员一直是在跑道上挖起跑穴进行起跑，美国著名黑人运动员欧文斯跑出 10 秒 3 的好成绩就是用起跑穴起跑的。

1928 年第九届奥运会上第一次设立女子 100 米跑比赛，1948 年第 14 届奥运会上增设了 200 米比赛，1964 年第 18 届上增设了 400 米比赛。

从第 20 届奥运会开始，男、女短跑共举行 10 个项目的比赛。目前世界田径联合会确立奥运会短跑正式比赛项目为男、女 100 米、200 米、400 米、4×100 米、4×400 米接力赛共 10 个项目。

在我国短跑项目起步较早，早在1936年刘长春就代表中国参加了第11届奥运会。自从1958年“八一”田径队短跑运动员以10秒60的成绩打破了保持25年之久的10秒7的旧纪录之后，中国男子短跑成绩有了大幅度的提高。2015年5月31日，苏炳添在国际田联钻石联赛美国尤金站中以9秒99的成绩获得季军并再次打破百米全国纪录，在正常风速下，成为真正意义上第一位进入9秒大关的亚洲本土选手。同年8月23日，他在北京田径世锦赛男子100米半决赛上再次跑出9秒99的成绩，成为首位杀入世锦赛百米决赛的亚洲运动员。8月29日，苏炳添和莫有雪、谢震业、张培萌代表中国队在男子4×100米预赛中以37秒92的成绩打破亚洲纪录，在决赛中以38秒01勇夺亚军。2016年里约奥运会男子4×100米接力，中国队汤星强、谢震业、苏炳添、张培萌以37秒90获得第4名，创造了中国田径的历史。

三、中长跑

中距离跑的最初比赛项目是880码（约合804.672米）跑和1英里（约合1 609.344米）跑，从19世纪中期开始，880码跑和1英里跑项目逐渐被800米跑和1 500米跑项目所代替；长距离跑的最初比赛项目为3英里（约合4 828.032米）、6英里（约合9 656.064米）跑，也是从19世纪中期开始，逐渐被5 000米和10 000米跑代替。

现代奥运会中距离比赛项目男、女均为800米跑和1 500米跑。其中男子项目1896年列入，女子800米1928年列入，1 500米跑1972年列入。长距离比赛项目男、女均有5 000米跑、10 000米跑。男子项目1912年列入，女子3 000米跑是在1984年第23届洛杉矶奥运会上被正式列入，而女子5 000米跑是在1996年列入，10 000米跑1988年第24届汉城奥运会上被正式列入。

中长跑是历史悠久、开展普遍的运动项目。在2 000多年前的古代奥林匹克运动会上已有沿跑道往返跑的中长跑比赛，中国古代也有以长跑选拔和训练士兵的记载。19世纪，中长跑在英国已盛行，后来世界各国都普遍开展。中长跑是一项身体负荷很大的运动项目，为了适应长时间跑的要求，中长跑的动作既要注重向前运动的效果，更要注意放松省力。早期的训练方法常常是重复跑比赛的距离。20世纪20年代，以努尔米为代表的芬兰学派在匀速越野跑中引进了快速跑练习，并加大了运动量，效果很好。后来，瑞典的霍尔默等人创立了“法特莱克”（意即“速度游戏”）训练体系。“法特莱克”是利用各种自然地形跑进的，在慢跑中插入一系列不定时间、不定距离的加速跑、反复跑，以至快速冲刺。一次跑的总距离可达 10～20 公里，使运动员的速度、速度耐力和一般耐力同时得到发展。在 20 世纪 40 年代，霍尔默训练的运动员黑格、安德森等刷新了 1 500 米、5 000 米、1 英里、2 英里（约合 3 218.688 米）和 3 英里的全部世界纪录。与“法特莱克”同时，间歇训练体系也在迅速发展并为许多国家的运动员所采用。间歇训练是一种建立在严格计划与控制基础之上的训练体系。它不仅对于中长跑，而且对于其他许多运动项目也产生了深远的影响。它的主要倡导者，德国教练员格施勒等人为它设计的典型“公式”是：运动员跑完规定的距离以后，脉搏要上升到每分钟 180 次左右，然后通过 45～90 秒的间歇休息，脉搏恢复到每分钟 120 次，如此重复进行。到 60 年代，新西兰教练利迪亚德的“马拉松”训练体系对世界中长跑训练的发展产生了巨大的影响。利迪亚德体系的特点是在优先发展有氧耐力的基础上，采用各种训练手段有重点地逐一发展中长跑运动员的几种主要身体素质，并在适当的时机将它们结合起来，使运动员的成绩得以迅速提高。大量的长距离公路跑训练只是利迪亚德“马拉松”训练体系中的一个重要阶段。此外，还有山坡跑阶段，无氧训练阶段，协调训练阶段等，用以依次发展有氧耐力、速度、无氧耐力以及提高竞技状态。利迪亚德体系培养出了斯内尔、哈尔伯格、维伦等一批世界著名选手。

女子中长跑开展得较晚，虽然 1928 年的第 9 届奥运会上曾进行了女子 800 米比赛，德国选手拉德克获得冠军，并以 2 分 16 秒 8 的成绩创造了第一个正式的女子中距离跑世界纪录，但以后这个项目从奥运会中取消了，直至 1960 年才在罗马奥运会上再次出现。此后，女子中长跑也得到了迅速发展。

四、跨栏跑

1837 年在英国埃通大学举行了最初的跨栏跑比赛，1864 年英国把跨栏跑列为正式田径比赛项目，明确规定跑程 120 码（约合 110 米），栏高 3 英尺半（约合 106.68 厘米），栏间距为 10 码（约合 9.14 米）。到 19 世纪末期开始有了国际间的跨栏跑比赛。100 多年来，跨栏跑的项目、距离、栏架的高度和结构、比赛规则和跨栏技术都经历了变迁和发展。1896 年第 1 届奥林匹克运动会上只举行男子 110 米跨栏跑比赛，全程共设 8 个 1 米高的栏架，冠军的成绩为 17 秒 6。从第 2 届起增设了男子 400 米栏项目。1932 年第 10 届奥运会上增加了女子 80 米跨栏，全程 8 个栏，栏间距 8 米，栏高 76.2 厘米。1968 年，女子 80 米栏改为 100 米栏，全程 10 个栏，栏间距为 8.5 米，栏高 84 厘米，至今未变。1973 年开始，国际上增加了女子 400 米栏。但奥运会上只举行男子 110 米栏、女子 100 米栏和男子 400 米栏的比赛。直到 1984 年洛杉矶奥运会才增设了女子 400 米栏这一比赛项目，摩洛哥的 N. 穆塔瓦奇鲁以 54 秒 16 的成绩成为了最初的奥林匹克冠军。

栏架和竞赛规则的演变曾影响到跨栏跑技术的发展。最初运动员是跨过埋在地上的笨重危险的木栅栏，差不多都是上体直立屈腿跳过“栏架”的。1900 年以后出现了可以搬动的“⊥”形栏架，不仅方便了练习和比赛，也有助于过栏技术的革新。第 2 届奥运会 110 米栏冠军美国人 A. 克伦茨列英采用了摆动腿伸展快摆的“攻栏”技术。后来，另一位美国人 F. 史密森又改进了起跨腿动作。经过多人的努力逐渐形成了“跨栏步”技术。1935 年英国人普鲁曼又把栏架改成容易倒翻的“L”形，这种栏架一直沿用至今。

大约在公元 1900 年前后，跨栏跑运动由欧美传入中国。1910 年全运会比赛项目中有男子 120 码（约合 110 米）跨栏比赛，1926 年改为男子 110 米跨栏。男子 400 米栏和女子 80 米栏都是从 1933 年才有全国性的比赛。20 世纪 50 年代以前参加跨栏跑运动的人数很少，运动水平很低，男子 110 米栏全国纪录是 15 秒 7，男子 400 米栏纪录是 57 秒 9。中华人民共和国成立后，跨栏跑成绩突飞猛进。20 世纪 60 年代，我国 110 米栏的成绩就已达到世界前 10 名的水平。2006 年我国著名运动员刘翔以 12 秒 88 的成绩打破了保持 13 年的 110 米栏世纪记录。

五、接力跑、障碍跑

接力跑是田径运动中唯一的集体项目。以队为单位，每队 4 人，每人跑相同的距离。奥运会比赛项目分男、女 4×100 米接力跑和 4×400 米接力跑。1908 年第 4 届奥运会首次设立接力项目，但当时 4 名运动员所跑的距离不同。1912 年第 5 届奥运会改设男子 4×100 米接力跑和 4×400 米接力跑。女子 4×100 米、4×400 米接力跑分别于 1928 年、1972 年列入奥运会比赛项目。

障碍赛跑起源于越野跑。越野跑时运动员会穿越崎岖的山路，有些人模仿越野跑，把越野跑的一些障碍物摆在田径场上，这样就产生了障碍跑项目。19 世纪中叶，在英国举行了最早的障碍赛跑。障碍赛跑于 1900 年第 2 届奥林匹克运动会首次列为比赛项目，分为 2 500 米、4 000 米两项。1904 年第 3 届圣路易斯奥运会又将障碍赛跑的距离确定为 3 000 米，直到 1920 年第 7 届安特卫普奥运会上才正式把障碍跑的距离明确定为 3 000 米，迄今未变。女子障碍赛跑开展得较晚，国际田联在 1997 年才开始推广。

3 000 米障碍赛跑全程必须跨越 35 次障碍，其中越过栏架 28 次、越过水池 7 次。障碍栏架高度，男子为 0.914 米，女子为 0.762 米（±0.3 厘米）。男、女栏架宽度至少为 3.94 米，重 80~100 千克。3 000 米障碍每整圈应设 5 个障碍物，水池栏架为其中第四个障碍。障碍应均匀分布，各个障碍之间的距离约为一圈标准长度的五分之一。运动员可跨越障碍栏架，也可踏上障碍栏架再跳下。国际业余田径联合会直到 1954 年才正式承认 3 000 米障碍的世界纪录。

六、马拉松跑

马拉松原为希腊的一个地名。公元前 490 年，希腊军队在马拉松平原击退波斯军队的入侵。为把这个胜利的消息尽快告诉雅典人民，一名善跑的战士菲迪皮茨，从马拉松一直跑到雅典。当他向聚集在雅典城广场上的长者们宣布“我们胜利了”之后，由于精疲力竭随即死去。为了纪念这位战士的英雄事迹，在 1896 年首届奥运会时，顾拜旦采纳了历史学家布莱尔以这一历史事迹设立一个比赛项目的建议，并定名为“马拉松跑”。参加比赛的运动员均沿着菲迪皮茨跑过的路线，由马拉松跑到雅典城，全程约 40 千米。1908 年第 4 届奥运会在伦敦举行时，为方便英国王室人员观看马拉松赛，特意将起点设在温莎宫的阳台下，终点设在奥林匹克运动场内，这段距离经丈量为 26 英里 385 码，折合成 42.195 千米。国际田联后来将该距离确定为马拉松赛的标准距离。女子马拉松起步较晚，1984 年才列入第 23 届奥运会。马拉松赛在公路上举行，可采用起、终点在同一地点的往返路线或起、终点不在同一地点的单程路线。比赛时，沿途必须摆放标有已跑距离的公里牌，并要每隔 5 千米设一个饮料站提供饮料，两个饮料站之间设一个用水站，提供饮水或用水。参赛者在赛前需经身体健康检查，合格者方可报名参加比赛。由于马拉松比赛在公路上进行，赛道情况不同，因此有很长的一段时期没有设立“世界纪录”，而只有“世界最佳成绩”（或“最佳时间”）作为跑手的成绩纪录。直到 2004 年，国际田联正式采用马拉松世界纪录，告别了只有世界最好成绩的时代。

从 2006 年开始，国际田联规定，以两年作为一个周期，在波士顿、伦敦、柏林、芝加哥和纽约五大马拉松赛以及在奥运会和田径世锦赛上获得马拉松项目男女前五名的选手，将分别获得 25 分、15 分、10 分、5 分和 1 分的系列赛积分，而最终的男女总冠军得主将分别赢得 50 万美元的大奖。从 2013 年开始对积分系统进行改革，积分周期将从两年变为一年，同时超级赛将从之前的五站变为六站，分别是东京、波士顿、伦敦、柏林、芝加哥和纽约。每个积分周期具体是指从当年那个赛季的第一项超级赛开始，直到第二年这项超级赛结束。举个例子，2015 年超级系列赛是从东京马拉松开始的，那么这个周期直到 2016 年的东京马拉松才结束。此外，超级积分系列赛的奖金设置也发生了一些变化，获得一个积分周期冠军的选手，将在五年时间内每年获得 10 万美元，而不是一次性获得 50 万美元，主要目的是为了更好地保证获奖选手的“清白”，保持这项运动的纯洁性。

随着时代的发展，社会的进步，马拉松跑在人们生活中占有一定的位置。现在每年全世界有超过 800 个马拉松比赛，其中最著名的六个赛事组成了世界马拉松系列赛（World Marathon Majors），这六大赛事分别是：波士顿马拉松、纽约马拉松、芝加哥马拉松、伦敦马拉松、柏林马拉松和东京马拉松。

1. 波士顿马拉松

波士顿马拉松始于 1897 年 4 月 19 日，是全球首个城市马拉松比赛，当时只有 15 位跑者参加。创办至今，波士顿马拉松每年一次，从未间断过，每年于美国爱国者日（4 月的第 3 个星期一），在美国马萨诸塞州波士顿举行，是全世界最古老的马拉松比赛，也是全球首个城市马拉松。

波士顿马拉松沿袭了其古老的传统，优美的原野、点对点的快速赛道、空前的现场观众，一切都体现着这个古老马拉松的魅力。波士顿马拉松是很多马拉松爱好者毕生向往的朝圣之地，但遗憾的是，很多选手都无缘体验波士顿马拉松，因为这项赛事对参赛资格有着严格的限制，由于设置的报名达标成绩这一门槛很高，把很多选手挡在赛事门外。但这并没有阻止人们前去尝试，正是由于有了这种排他性，更增加了波士顿马拉松的吸引力。

波士顿马拉松的赛道起伏很大，所以男子没有出过世界最好成绩，女子马拉松于 20 世纪 70 至 80 年代（在女子马拉松赛事还不多的情况下）产生过 3 次世界最好成绩。

2. 纽约马拉松

纽约马拉松的声誉仅次于波士顿，1970 年由纽约路跑者组织创办，每年 11 月上旬举行，最初的路线是绕着中央公园跑四圈左右，但在 1976 年，为了庆祝美国独立宣言通过 200 周年，改为穿越纽约各区，象征融合不同种族、文化的进程。参赛者最多超过 10 万人，声势浩大，通过纽约大吊桥时连桥身都会震动，场面非常壮观。没有哪一个马拉松可以像纽约马拉松那样吸引如此众多的来自世界各地的跑手，这个城市独特的魅力、比赛壮观的氛围以及挤满赛道两旁的令人不可思议的观众使得越来越多的人加入到这个赛事中。

1981 年，美国名将萨拉萨尔在这里创造了 2 小时 8 分 13 秒的世界最好成绩，他在 1980—1982 年获得 3 连冠，罗杰斯在 1976—1979 年共获得 4 连冠。1994 年，肯尼亚女选手洛鲁佩首次在纽约跑马拉松，她以 2 小时 27 分 37 秒一举夺魁。此后，洛鲁佩便成为肯尼亚最杰出的长跑女将。

3. 芝加哥马拉松

芝加哥马拉松创办于 1977 年，每年 10 月中旬举行。1977 年首届比赛举行时，吸引约 4 200 人参赛。芝加哥马拉松在筹备过程中，获得当时芝加哥市长 Richard J. Daley 和继任者 Michael Anthony Bilandic 的大力支持。虽然 Daley 在 1976 年便逝世，来不及亲眼见证这个属于芝加哥的比赛，但主办单位仍贴心地将首次赛事命名为“市长戴利马拉松”（Mayor Daley Marathon）来纪念他对马拉松事业的支持。

芝加哥马拉松以其超级平坦宽广的道路、优秀的赛事管理，以及对普通选手周到的照顾，建立起了自己在世界马拉松赛事中的地位，一度被视为美国最成功的马拉松赛。

4. 伦敦马拉松

伦敦马拉松是由奥运会 3 000 米障碍赛冠军金牌选手威尔士运动员 John Disley 以及记者 Chris Brasher 创立的，两人参加纽约马拉松赛后，于 1981 年正式举办第一届属于伦敦的马拉松比赛，报名人数约 20 000 多人。当时主要赞助商为维珍理财，因此也被冠名为“维珍理财伦敦马拉松”。伦敦马拉松是以慈善为主的比赛，只有 1/3 名额拿出来抽签，中签比例自然极低。

伦敦马拉松每年 4 月下旬举行，是每一个跑手的节日，宽阔的场地、景色优美的路线、热情的观众，再加上快速的路线和几乎完美无瑕的组织工作，吸引着那些马拉松资深跑手。现在规模每年近 40 000 多人同时起跑。同时它也是全世界最大的募款活动，1981 年举办到第 36 届，累计募集到 7.7 亿英镑善款，位列吉尼斯世界纪录。

伦敦马拉松曾经是历史上产生男女世界最好成绩最多的城市，在 2003 年伦敦马拉松赛上，英国本土选手、世界女子马拉松最好成绩保持者拉德克里夫 Paula Radcliffe 实现自我突破，以 2 小时 15 分 25 秒的成绩谱写下最新的女子马拉松最好成绩。

5. 柏林马拉松

柏林马拉松比赛自 1974 年开始举办，现在举办时间是每年 9 月份的最后一个周末，它的主要赞助商为宝马（BMW），因此也被冠名为“BMW 柏林马拉松”。

柏林马拉松的优势在于破世界纪录的赛道以及具有超高效率的赛事组委会。柏林马拉松吸引了大量的观众，热闹而喧哗，比赛路线可以让你进行一次 20 世纪历史回顾之旅。你会跑过雄伟壮丽的历史建筑，东柏林严肃整齐的大厦，以及西柏林现代、高科技、充满商业色彩的楼宇。虽然最近几年柏林马拉松的主题是世界纪录，但柏林马拉松最引以为豪的——它是真正的群众性马拉松。

1998 年，柏林在马拉松历史上大放异彩，28 岁的巴西人达·科斯塔刷新了登西莫保持 10 年之久的世界最好成绩（2 小时 6 分 50 秒），他是第 2 个跑进 2 小时 7 分以内的人。2001 年，柏林再次跃进历史，日本运动员高桥尚子把女子世界最好成绩改写为 2 小时 19 分 46 秒，第 1 个突破 2 小时 20 分大关。2014 年 9 月 28 日柏林马拉松赛上，肯尼亚选手邓尼斯·基梅托以 2 小时 2 分 57 的成绩创造了新的世界纪录。

6. 东京马拉松

始于 2007 年的东京马拉松赛是一场大规模的城市马拉松赛，2007 年 2 月包括日本本国以及国外应邀选手在内的 35 000 名参赛者途经东京都中心的名胜（皇宫前、银座、浅草等）跑完全程。比赛当天发生了许多超乎想象的感人场面，沿途的声援不断，参赛者、志愿者和沿途的观众息息相融，将整个东京融为一体，成为了永久记载在马拉松史册上的一天。

东京马拉松赛是新晋的马拉松“大满贯”赛事。国际田联于 2006 年推出的包括英国伦敦、德国柏林和美国波士顿、芝加哥、纽约 5 个世界上最有影响力的马拉松赛，在 2013 年开始又加入了东京马拉松，形成了“六大满贯”。

自1981年北京马拉松开始，马拉松比赛在我国逐年增加，特别是近几年来，马拉松比赛更是发展迅速。全国马拉松赛事数量从2010年的13场，到2017年的1 102场，赛事规模在7年中增长近85倍。其中，中国田径协会认证的A类赛事223场，B类赛事33场。直接参与人次达498万，涉及234个城市。由于马拉松赛事众多，为了方便管理，中国田径协会从2017年起不再对赛事进行注册，而是统一对赛事实行A、B两级分类认证。A类认证赛事是由中国田协共同主办赛事，标志着该赛事的赛道、计时、裁判、兴奋剂检测等核心竞赛管理工作达到中国田协成绩认证标准，A类又可细分为A1和A2两类，只有A1类赛事成绩能申报运动员等级达标、创纪录及进行全国排名。B类认证赛事为非中国田协共同主办赛事，需按照中国田协赛事组织相关标准进行组织，核心竞赛管理工作达到在该赛事的选手之间公平竞赛的基本标准。纵观近几年我国马拉松赛事的发展，赛事的品质得到了稳步提升，几项赛事已形成自身特点，具备一定的影响力和知名度。2018年全国获得中国田径协会金牌赛事的有42个，银牌赛事37个，铜牌赛事77个，同时，北京、厦门、上海、扬州、重庆、黄河口（东营）、兰州马拉松获得国际田联金标赛事，广州马拉松获得国际田联银标赛事，杭州、衡水湖、太原、深圳、大连五个城市获得国际田联铜标赛事。

1. 北京马拉松赛

北京马拉松是由中国田径协会和北京市体育局共同主办，经国家体育总局和北京市政府批准，并经国际田联和国际马拉松及公路跑协会认可的中国最高水平的马拉松赛，世界十大马拉松赛事之一，国际田联金牌赛事。创办于1981年，每年10月举行，是中国影响力最大的传统国际马拉松赛事。2010年“北京国际马拉松”正式更名为“北京马拉松”。2015年北京马拉松共有63 118人预报名，来自45个国家和地区的30 000人参赛刷新了国内全程马拉松赛的新纪录。

2. 厦门国际马拉松赛

厦门国际马拉松赛创办于2003年，由中国田径协会和厦门市政府联合主办。是中国最具影响力和国际知名度的马拉松赛事之一，2007年12月被国际田联评为“国际田联路跑金牌赛事”。自2008年起，厦门国际马拉松赛定于每年一月的第一个星期六举行，2011年改为了一月的第一个星期日。厦门地处亚热带，年平均气温20摄氏度，空气质量优良，非常适合举办春季马拉松赛。厦门马拉松已成为中国著名赛事品牌，与北京马拉松呈“一南一北、春秋交替”之势。2015 年厦门国际马拉松赛，肯尼亚选手莫塞斯·莫索普以 2 小时 6 分 19 秒获得冠军，打破了 2 小时 7 分 32 秒的厦门马拉松赛会纪录，同时也创造了在中国境内进行的国际马拉松赛事的最好成绩。

3. 上海国际马拉松赛

上海国际马拉松赛是由中国田径协会、上海市体育总会主办，创办于 1996 年，已连续举行了 18 届。比赛规模逐年扩大，2006 年参与人数已达 17 000 余人，已逐渐发展成为一项具有国际影响、参与人口众多的传统赛事。2014 年获得国际金牌，国内金牌赛事，当时有 35 000 人参加。

4. 扬州鉴真国际半程马拉松赛

该项赛事是为了纪念 8 世纪东渡日本弘扬佛法的僧人鉴真。赛事首次举办于 2006 年，全国金牌赛事，国际金牌赛事。“扬马”永久性起点——马拉松公园。比赛途经瘦西湖、大明寺等扬州众多著名景点，其口号是“唐宋元明清，从古跑到今”。2013 年沃克纳什·德克法·狄贝勒以 1 小时 8 分 43 秒的夺冠成绩保持女子赛事纪录，2015 年埃塞俄比亚运动员莫斯伊内特·杰尔厄谬·贝伊赫获得冠军，并以 59 分 52 秒打破了赛会纪录。

5. 黄河口（东营）国际马拉松赛

黄河口（东营）国际马拉松赛于每年 5 月份在黄河三角洲的中心城市、黄河入海口——山东省东营市举办。“东马”在 2008 年第一届黄河口马拉松赛时，仅仅是“全国邀请赛”，2012 年第五届首次被评为全国马拉松“金牌赛事”，2014 年第七届荣膺国际田联“银标赛事”，2016 年被国际田联评为“金标赛事”，成为国内继北京马拉松、上海马拉松、厦门马拉松、扬州鉴真半程马拉松第五个获此殊荣的国内马拉松赛事。

6. 重庆国际马拉松赛

起源于最初的南滨路万人健步走活动，每年 3 月份的第三个周末在重庆南滨路举行。2012 年重庆国际马拉松赛成功升级为国际赛事。2013 年 3 月 23 日，重庆国际马拉松赛设男、女全程马拉松，男、女半程马拉松和 5 千米迷你马拉松三个比赛项目。对于 2013 年的比赛，组委会将增加趣味性，营造快乐氛围，打造如酷跑马拉松、情侣马拉松、亲子马拉松、团队马拉松等有特色的项目，主要目的是让市民感受到马拉松的快乐。

7. 兰州国际马拉松赛

兰州国际马拉松赛在 2011 年首次举办，就赢得了社会各界的广泛赞誉，被评为“最佳马拉松赛事”和“中国田径协会马拉松金牌赛事”，2012 年升级为全国积分赛并于 2013 年被国际田联授予“铜牌赛事”称号。2017 年 2 月 13 日，国际田联确认将兰州国际马拉松赛由铜标赛事升级为银标赛事。12 月 12 日又升级为国际金标赛事。

第二节 决定走、跑成绩的主要因素

一、决定竞走成绩的主要因素

竞走是运动员与地面保持接触、连续向前迈进的过程，没有（人眼）可见的腾空。前腿从脚触地瞬间至垂直部位应该伸直（即膝关节不得弯曲）。竞走中，运动员的动作有违反上述竞走定义的迹象时，裁判员必须向运动员出示两面都有犯规标志的黄牌予以警告。当裁判员观察到在比赛的任何阶段运动员的行进方式不符合竞走定义时，表现出可见的腾空或膝关节弯曲，该裁判员须将一张红卡送交主裁判。当三张来自不同裁判员的红卡送交到主裁判之后，将取消该运动员的比赛资格，并由主裁判或主裁判助理向该运动员出示红牌通知该运动员。

腿部动作是竞走技术的主要环节。向前迈的腿在脚落地时要伸直，用脚跟先着地，这样可增大步长并能减小着地的制动。随着另一腿蹬地、身体重心前移出现了单腿支撑阶段。当身体重心移至伸直的支撑腿上时，后腿屈膝摆至体侧。在人体经过垂直部位后，支撑腿由全脚着地过渡到脚尖，在摆动腿前摆的配合下完成下一步的充分后蹬。摆动腿随着骨盆沿身体纵轴的转动，屈膝前摆，脚离地面高度始终较低。腿前摆时应柔和地伸直膝关节，小腿依惯性前摆并用足跟着地，此时形成短暂的双脚支撑姿势。人体重心在向前运动过程中不应有明显起伏，当重心投影点与前腿支点一致时，又出现下一步的垂直姿势，接着又开始新的用力蹬地动作。要做到步幅大、频率高，重要的是善于协调肌肉的用力和放松，走步要朴实、自然、省力而无多余动作，两脚落地的足迹应保持在一条直线上。竞走时，运动员躯干自然伸直或稍稍前倾。两臂屈肘约

90°，在体侧做前后协调有力的摆动，两臂配合下肢动作调节走的速度，走步时身体重心尽量做向前的直线运动，过大的上下起伏和左右摇摆不利于提高走速，也会消耗较多能量。现代竞走技术中的鲜明特点是突出骨盆沿身体纵轴的前后转动。这种转动可以增加步长，防止身体重心过大地起伏或摇摆，使动作自然简练、有实效。为了作好骨盆沿身体纵轴的转动，运动员应有较高的髋关节灵活性。

二、决定跑成绩的主要因素

1. 短距离跑

快速短跑时，人体生理负荷很大，供能方式属于无氧代谢。短跑成绩的提高是由很多因素决定的，就技术而言，短跑全程跑的时间取决于运动员途中跑的速度、起跑效果以及速度耐力。起跑反应时快，能使总成绩提高 0. 05～0. 10 秒。跑速的发挥有加大步幅与提高频率两个因素，但它们要有相适应的关系。优秀短跑运动员除了要具备良好的身体素质，还必须掌握合理的专项技术。短跑的速度是由步频和步幅在算术上的乘积所决定的。这两个因素相互作用与影响决定了运动员的成绩的好坏。在开始的 50 米，运动员的这两个因素是共同增长的，运动员获得了相当水准的速度，但之后任一个因素的增长都会导致另一个因素的下降，比如说：在 50 米后运动员增大他的步幅，那么他的步频就会下降。这些因素的变化范围主要依赖于运动员个人的身体能力、训练水平、训练形式和身体形态。

2. 中长跑

中长跑是一项身体负荷很大的运动项目，为了适应长时间跑的要求，中长跑的动作既要注意向前跑进的效果，又要注意放松省力。跑时躯干应保持正直或微向前倾，颈部放松、头正直、肩和两臂肌肉放松，肘关节约成直角，手半握拳做前后自然摆动。协调的摆臂可以调节跑的速度，后蹬用力是推动身体前进的重要环节。后蹬结束时，髋、膝、踝应充分伸展，摆动腿积极向前摆出。后蹬用力的强弱、后蹬角度的大小和摆腿高度等都因跑的距离、速度以及运动员的身体条件而不同。摆动腿的落地要柔和轻缓有一定弹性，膝关节微屈，脚掌外侧着地，着地后身体重心不要下降过大。在一定的条件下，步长大，步频就相对较慢，而步频快则步长相对较小。因此，在提高中长跑专项跑速时往往难以做到步长与步频的同时提高。只能保持步长提高步频；或者保持步频提高步长来达到提高成绩的目的。中长跑的步长和步频除根据项目和运动员个人特点不同而有差异外，还和比赛中的战术、运动员的意志品质有着密切的联系。

3. 跨栏跑

跨栏跑的运动成绩主要取决于运动员的平跑速度、跨越栏架的技术以及跑、跨结合的能力。正确的过栏技术有利于栏间跑的结合。优秀运动员过栏及栏间跑时的速度损失较小，身体重心的起伏不大，保持身体重心的轨迹相对稳定。这是由于优秀运动员有完善的过栏技术，腾空时间短、过栏快、跑与跨的结合能力好所致。加快过栏，主要靠起跨时加大水平速度、减小垂直速度来实现的。跨栏运动员的起跑采用和短跑相同的蹲踞式起跑方法。多数运动员 110 米栏、100 米栏起跑 8 步后跨第 1 栏，400 米栏起跑后跑 20～24 步跨第 1 栏。跨栏跑起跑后，步长较准确地增长，身体重心较早升高为跨好第 1 栏做准备。过栏，首先要掌握好起跨技术。栏前最后一步短于前一步，用起跨腿脚掌外侧在靠近身体重心投影处着地，起跨点距栏 2～2. 2 米，起跨前身体重心不要降低，髋前移，腰挺直，上体微前倾。摆动腿在体后充分折叠大小腿，足跟靠臀促使同侧髋升高，高抬大腿积极前摆。小腿不要过早前伸，摆动腿异侧臂屈肘前摆至肘与肩平，另一臂留在体侧。起跨腿用力蹬地，充分伸展髋、膝、踝关节，在蹬地结束时上体和起跨腿成一直线，与地面约成 65°～70°的夹角。腾空后摆动腿的小腿及异侧臂迅速伸向栏架，上体加大前倾，而起跨腿留在体后，当摆动腿移过栏板时，起跨腿屈膝外展，小腿收向臀部以快速弧形动作跨过栏架。向栏后迅速下降的摆动腿和用力往前上方提拉的起跨腿完成一个剪绞动作。过栏时两臂不仅维持身体平衡，而且要配合下肢剪绞动作，前伸臂伸展肘关节与起跨腿做相向的向后摆动，使肘膝接近，另一臂屈肘前摆。伸直的摆动腿在栏后 1. 3～1. 5 米处用前脚掌着地。栏间跑要注意保持高速及正确的动作节奏。动作基本上与短跑相同。第 1 步要有足够的步长并且不停顿。110 米栏和 100 米栏栏间可跑 3 步，400 米栏男子跑 15 步，女子跑 17 步。根据训练水平不同和运动员的体力情况，400 米栏间可增减 1～2 步，如男子 400 米栏栏间可跑 13 步。步数固定后，提高栏间跑速度要靠加快步频和改善跑的节奏来实现。全程跨栏跑既要求有起跑加速的能力，又要求有持续以较高速度跑完全程的耐力。110 米栏和 100 米栏优秀运动员跑后半程所用的时间短于前半程，而 400 米栏后半程往往慢于前半程。

第三节 现代走、跑技术特点

一、现代竞走技术特点

1. 竞走定义的改变导致竞走技术的变化

1996年以前的竞走定义为："竞走是与地面保持不间断接触地向前跨步走。① 每步中，在后脚离地之前，前脚必须与地面保持接触；② 支撑腿在垂直部位时，至少有一瞬间必须伸直。"1996年以后的竞走定义为："竞走是脚与地面保持接触、连续向前迈进的过程，没有（人眼）可见的腾空。前腿从触地瞬间至垂直部位应该伸直（即膝关节不得弯曲）。"新旧定义的差异主要体现在二点：第一，对"腾空"的理解发生了变化。新规则承认了腾空的客观存在，但必须是人的肉眼不可见；第二，对膝关节伸直时间的界定。要求前腿从着地瞬间至垂直部位都应伸直。这就避免了在旧规则条件下形成的"扒地式"前脚着地和"跑步式"着地动作结构的出现。

2. 竞走有较高的步频和较大的步幅

竞走运动发展到今天，竞争已变得非常激烈。依据运动员的外在表现可分为步幅型和步频型二种不同的风格。欧美运动员依托其身材高大，往往以步幅型为主，而亚洲运动员由于其身材相对矮小大多为步频型。两种不同类型的运动员上体的前倾度是有区别的，步幅型运动员由于步幅大，上体较为正直；而步频型运动员为了弥补步幅的不足，只有加快步频，必然会加大身体的前倾。

竞走运动员上体前倾最好在5°左右，上体过于前倾以及膝关节的弯曲，会导致身体重心的前移，对支撑不利从而形成"跑动"的现象。着地时用脚跟，最后离地时用脚尖，在脚跟接触地面的同时膝关节伸直，身体受到支撑后，膝关节必须固定。在移动身体重心的过程中，支撑腿必须伸直，然后才能把身体重心移动到前伸腿上。步幅打开时两腿与地面之间会形成一个以骨盆为顶点的"三角形"，利用腰部和骨盆来调节步行姿势，有意识地减小上体的上下振动，保持身体重心移动轨迹的稳定。因此，现代竞走技术中的特点之一就是突出骨盆沿身体纵轴的前后转动。这种转动可以增加步长，防止身体重心过大地起伏或摇摆，使动作自然简练、有实效。在行走过程中，手臂对保持身体平衡至关重要，为了配合腰与骨盆的动作，摆动时两肩保持平稳，肘关节弯曲90°，从后方的外侧向前方的内侧摆动，手后摆至腰部，向前摆动至胸部的对侧。竞走由于距离长，需要消耗的身体能量较大，因此，使身体各部位肌肉协调放松有利于获得好成绩。

二、现代短跑技术特点

现代短跑技术发展的主要特点，可概括为松、快、大三个字。即高速跑中肌肉收缩协调放松，在快步频的基础上，充分加大摆动幅度，以取得较大的步长，达到更快的速度。

1. 动作协调技术合理

短跑的协调放松能力，是指运动员在高速奔跑中，神经和肌肉系统高度配合，肌肉收缩与放松（舒张）得以按照短跑技术动作阶段肌肉工作的性质协调进行。现代短跑训练实践和有关研究表明，要使运动员更经济地运用自身能力，更有效地发挥最大潜力，除了要掌握合理的短跑技术，更重要的是在高速跑中掌握高水平的协调放松能力。美国著名短跑教练温特，把协调放松能力作为训练优秀短跑运动员的秘诀。他指出，没有速度就不能成为一个优秀的短跑运动员，而不会放松则不能成为一个短跑冠军。民主德国田径界则认为：短跑能力主要取决于肌肉收缩的力量和速度，以及参与运动的肌肉用力和放松之间的最佳交替。美国学者米·维苏茨金在研究50名短跑运动员的材料时，发现在影响短跑成绩的几个主要因素中，协调放松能力对于短跑成绩有着举足轻重的作用（表2-1），放松能力对100米和200米的成绩的提高分别占21.57%和48.32%。

表2-1 肌肉放松能力与短跑成绩的关系

项目	60 m（s）	100 m（s）	200 m（s）
成绩提高幅度 s	7~6.4	10.9~10.0	21.5~20.0
爆发力%	34.14	20.57	11.33
最大肌力%	20.46	12.34	6.86
肌肉放松能力%	19.58	21.57	48.32

短跑运动员神经与肌肉的协调与放松在短跑技术结构上具体表现为以下几个方面：

（1）摆腿与摆臂的幅度加大。上下肢摆动幅度大而有力是现代短跑技术明显的特征。世界纪录保持者贝利跑动时上臂摆动的幅度达 125°，大腿前后摆动的幅度为 105°左右。从中我们可以看到运动员肌肉的协调放松为加大动作幅度创造了有利条件。

（2）技术结构更趋合理。评定短跑技术的标准是实效性与经济性，实效性是指在完成动作时，能充分发挥人体的运动能力，从而产生最大的作用并获得最佳的运动效果；经济性是指在运动过程中，合理地运用体力，在获得最佳运动效果的前提下能最经济地利用人体的能量，避免人体能量不必要的消耗。现代优秀短跑运动员在跑动过程中，摆动腿前摆时，大小腿保持折叠，没有过早地打开，这样有利于快速摆动。摆动腿着地时均有较大的着地角，有利于加快缓冲，减小前蹬阻力。在蹬离地面时，支撑腿的膝角处于 150°左右，缩短了支撑时无效的蹬伸时间，有利于快速蹬离地面。

（3）缩短支撑时期的着地缓冲时间，增大后蹬时间。为了减少着地缓冲阶段的阻力，增大后蹬效果，现代优秀短跑运动员在跑中表现出较短的着地缓冲时间和相对较长的后蹬阶段。如美国优秀运动员平均支撑时间为 0. 095 秒，其中着地缓冲为 0. 034 秒，后蹬时间为 0. 061 秒。

（4）腾空与支撑时间之比更趋合理。表现在一个单步（途中跑）中支撑时间和腾空时间的比例约为 1∶1. 2，如美国优秀运动员平均单步时间为 0. 208 秒，支撑和腾空时间分别为 0. 095 秒和 0. 113 秒。

2. 大步幅与快步频

步幅和步频是现代短跑技术的核心，也是构成跑速的主要因素，同时也是运动员技术特点、素质水平、神经类型与身体特征等的综合体现。要想提高短跑速度，步长和步频是关键。倘若两者同时提高是最理想的，但实践中要做到这一点难度却很大。因而，现代世界优秀短跑运动员都是根据各人的特点，设计最佳步长和步频组合。评价运动员的步频、步幅的能力普遍采用步频指数（步频指数=步频×身高）和步长指数（步长指数=平均步长÷身高），波兰专家霍弗曼提出了男女短跑运动员合理步频、步长的指数范围。

步频指数：男子大于等于 8

女子大于等于 7. 5

步长指数：男子大于等于 1.2

女子大于等于 1.15

目前的研究认为步频和步幅一般有三种匹配形式：一种是步频型，即步长一般，步频较快，高步频为其主要特点。如德国女子优秀短跑运动员格尔，她的步频与步长指数分别为 8.25 与 1.097；第二种为步幅型，即步长较大，步频一般。动作幅度大，步幅长为其主要特点。如美国的优秀运动员史密斯，他的步频与步长指数分别为 7.64 与 1.31；第三种既要步幅又要步频，二者兼顾。即步长较大，步频较快。如独联体女子优秀短跑运动员康德拉谢娃 100 米成绩为 10.87 秒，是属于兼顾型跑法，步频与步长身高指数分别为 7.85 与 1.19。但从最近几年男、女短跑运动员的技术类型情况来看，中间型和步幅型的运动员明显要比步频型的运动员多。表现出的一个共同特点是平均步幅有提高的趋势，而平均步频却未见提高，反而有所下降，说明了现代大部分世界优秀短跑运动员主要是在合理的快步频前提下，依靠突破步长来取得优异成绩。

从短跑技术结构看，适宜的着地点和缓冲角，快速有力的后蹬和快速大幅度的上下肢摆动，以及全程跑时各段落间合理的步长、步频组合，是获得大步幅、快步频跑的重要条件。研究资料表明，现代短跑技术动作结构的运动学模型特征为：百米途中跑技术着地点与人体重心投影点的距离，男子平均为 40.125 厘米，女子平均为 37.16 厘米；体后支撑点与人体重心投影点的距离，男子平均为 63.95 厘米；女子平均为 53.34 厘米；膝关节的最大缓冲是在身体重心垂线过支撑面中心之后（约 0.01 秒）；后蹬技术突出快速有力地蹬伸，后蹬阶段膝关节伸展至 150°~155°左右；摆动腿动作要求快速大幅度的高摆技术，摆动腿前抬大腿的高度大致与上体倾斜线接近垂直。

100 米全程跑时步幅、步频的组合技术模型为：前 30 米，速度随步幅与步频的增长而提高，此阶段步频达到全程步频的 95%左右，步幅为全程步幅的 80%左右；30~60 米，速度仍随步频与步长两个因素增长而增长，此阶段步频达到最大值，为全程平均步频的 107%左右，步长为全程平均步长的 105%左右；60~90 米，步频有所下降，步长继续增长；后程步长对速度的影响比步频大。在此阶段，步频为全程平均步频的 102%左右，而步长则为全程平均步长的 112%左右。

三、现代中长跑技术特点

现代中长跑技术特点主要表现在下压、着地缓冲速度快，着地点近；全程跑在保持适宜步长的基础上，突出步频的能力。

1. 中长跑的基本技术

中长跑运动员跑时躯干应保持正直或微向前倾，颈部放松，头正直，肩带和两臂肌肉放松，肘关节约成直角，手半握拳做前后自然摆动。协调的摆臂可以调节跑的速度，后蹬用力是推动身体前进的重要环节。后蹬结束时，髋、膝、踝应充分伸展，摆动腿积极向前摆出。后蹬用力的强弱、后蹬角度的大小和摆腿高度等都因跑的距离、速度以及运动员的身体条件而不同。摆动腿的落地要柔和轻缓并有一定弹性，膝微屈，用脚掌外侧着地，着地后身体重心不要下降过大。中长跑的步长和步频除根据项目和运动员个人特点不同而有差异外，还和战术变化有关。虽然中长跑的动作应该符合一般技术要求，但是优秀运动员都有自己的技术风格。

2. 下压、着地缓冲

下压、着地缓冲技术是中长跑技术的关键环节，它的主要任务是加快摆动腿的着地速度，减少地面对人体的冲击，从而减少水平速度的损失，为尽快转入后蹬阶段创造有利条件。衡量中长跑运动员下压、着地缓冲技术好坏的主要标准是：首先，是摆动腿下压的速度；其次，是着地缓冲阶段水平速度损失的情况，相对而言，水平速度损失少的运动员，着地技术较好。例如：前男子1 500 米世界纪录创造者，英国运动员塞巴斯蒂安·科跑时脚着地瞬间的速度为1.1 米/秒，缓冲期间的水平速度损失仅0.35 米/秒。此外，现代中长跑技术特点还表现在运动员脚着地前摆动腿的积极下压，小腿顺势前摆并做扒地动作，着地腿的膝关节和足跟几乎在一条垂直线上，脚落地点距身体重心投影点较近。研究表明，优秀中长跑运动员脚落地点距身体重心投影点为20~30 厘米，并且脚着地时，脚前掌或脚前掌外侧先着地，然后过渡到全脚掌落地，着地后小腿后侧肌群和大腿前侧肌群积极协调退让，以减缓着地时的制动力，在伸肌群退让的同时迅速屈踝、屈膝，完成缓冲的技术过程。

3. 步长与步频

步长与步频是决定跑速的主要因素。在全程跑时，中长跑运动员应保持适宜的步长和稳定的步频，增强跑的节奏性。目前，世界优秀中长跑选手都根据各人的特点制定出符合自身情况的步频和步长组合，最大限度地发挥自己的能力，创造出优异的成绩。例如，我国优秀中长跑选手曲云霞、王军霞，她们采取的是高步频跑法，其技术特点是后蹬向前性好，摆动腿大腿抬得不高，髋关节没有明显的前送动作。脚蹬离地面后，小腿折叠不紧，几乎与地面平行。因此，全程跑时，步长较小而步频较快。这种技术特点不仅提高了步频，同时也减少了跑时能量的消耗，有利于提高中长跑的成绩，也充分体现出现代中长跑技术的经济性和实效性。

步长的大小取决于运动员的腿长、蹬摆的力量和幅度、后蹬的角度、髋关节的灵活性和柔韧性等因素。此外，每一位运动员在全程跑中步长都不是固定不变的，而是随着人体疲劳程度的不同，各段落跑速的变化，风力和风向及运动员的身体机能状况的不同而不同。

步频的高低取决于运动员神经系统的灵活性、肌肉收缩的速度，以及技术掌握的程度等因素。具体反映在跑的技术动作上，与跑时的支撑时期、腾空时期的用时有关。所以，为了提高步频，除减少腾空时间外，还应减少支撑时间。

另外，跑时步长与步频的改变会影响跑速，而跑速的变化也引起步长与步频的改变。因为中长跑各项目速度要求不同，而不同的速度必须有相应的步长与步频（表 2-2）。

表 2-2　跑速与步长和步频的关系

项目	时间（男子世界纪录）	速度（m/s）	步长（m）	步频（m/s）	步数
800 m	1 min 43 s 4	7. 72	2. 10	3. 67	380. 9
1 500 m	3 min 32 s 2	7. 07	2. 00	3. 53	750. 0
5 000 m	13 min 12 s 9	6. 31	1. 80	3. 50	2 777. 7
10 000 m	27 min 30 s 5	6. 06	1. 75	3. 46	5 714. 2

所以，在中长跑训练与比赛中，只有处理好步长与步频二者之间的比例关系，才能取得较好的成绩。

4. 经济性与实效性

优秀中长跑运动员在跑进中身体各部位动作自然放松，表现在肌肉群收缩、放松交替进行，各运动肌群间高度协调配合，以人体最小的能量消耗换取最大的向前运动效果；同时中长跑运动员加快了在跑进中身体重心前移的速度和幅度，这一技术特征大大加快了运动员水平位移的速度，使现代技术的实效性大为提高。

四、现代跨栏跑技术特点

1. 跨栏跑的基本技术

跨栏跑属于短距离径赛项目，全程由起跑、跨栏、栏间跑和终点冲刺组成。跨栏跑的运动成绩主要取决于运动员的平跑速度、跨越栏架的技术以及跑跨动作结合的能力。迅速而正确的栏间跑为跨好下一栏创造有利条件，正确的过栏有利于衔接栏间跑。优秀运动员跨越栏架和栏间跑的速度相差较小，这是因为他们过栏技术好，跑和跨的结合能力强。优秀运动员过栏和栏间跑时身体重心上下起伏相差较小，这是因为他们过栏技术完善，腾空时间短，过栏快所致。加快过栏，主要靠起跨时加大水平速度、减小垂直速度实现的。优秀运动员蹬地起跨后身体重心腾起角度一般不超过 12°，腾起高度不超过 15 厘米。为了减小身体重心上下起伏，在起跨结束身体离地前以及下栏着地时保持高重心十分重要。在起跨蹬地结束瞬间，身体重心越接近栏架，越有利于发挥水平速度。下栏时身体重心前移越接近着地点越有利于保持水平速度。跨栏运动员的起跑采用和短跑相同的蹲踞式起跑方法。110 米栏、100 米栏多数人起跑 8 步后跨第 1 栏，400 米栏起跑后跑 20~24 步跨第 1 栏。“预备”时臀部抬起比短跑起跑略高，起跑前几步保持上体前倾，积极发挥速度。跨栏跑起跑后区别于短跑的是：步长较准确地增长，身体重心较早升高为跨好第 1 栏做准备。过栏，首先要掌握好起跨技术。栏前最后一步短于前一步，用起跨腿脚掌外侧在靠近身体重心投影处着地，起跨点离栏 2~2. 2 米，起跨前身体重心不降低，髋前移，腰挺直，上体微前倾。摆动腿在体后充分折叠大小腿，足跟靠臀促使同侧髋升高，高抬大腿积极前摆。小腿不要过早前伸，摆动腿异侧臂屈肘前摆至肘与肩平，另一臂留在体侧。起跨腿用力蹬地，充分伸展髋、膝、踝关节，蹬地结束时上体和起跨腿成一直线，与地面约成 65°~70°的夹角。腾空后摆动腿的小腿及异侧臂迅速伸向栏板，上体加大前倾，而起跨腿留在体后。当摆动腿移过栏板时，起跨腿屈膝外展，小腿收向臀部以快速的弧形动作跨过栏架。向栏后迅速下降的摆动腿和用力往前上方提拉的起跨腿完成一个剪绞动作。过栏时两臂不仅维持身体平衡，而且要配合下肢剪绞动作，前伸臂伸展肘关节与起跨腿做相向的向后摆动，使肘膝接近，另一臂屈肘前摆。伸直的摆动腿在栏后 1.3~1.5 米处用前脚掌着地。各个跨栏项目的过栏技术基本相同，当栏架低时上体不需要很大前倾，这更有可能使跨栏步接近跑的动作。跨弯道上的栏最好用右腿做起跨腿。栏间跑要注意保持高速及正确的动作节奏（动作基本上与短跑相同）。第 1 步要有足够的步长并且不停顿。110 米栏和 100 米栏栏间跑 3 步，400 米栏男子跑 15 步，女子跑 17 步。根据训练水平不同和运动员的体力情况，400 米栏间可增减 1 或 2 步，如男子 400 米栏栏间可跑 13 步。步数固定后，提高栏间跑速度要靠加快步频和改善跑的节奏。全程跨栏跑既要求有起跑加速的能力，又要求有持续以较高速度跑完全程的耐力。110 米栏和 100 米栏优秀运动员跑后半程所用的时间短于前半程时间，而 400 米栏后半程往往慢于前半程。

2. 现代跨栏跑技术发展的特点

（1）100 米栏与 110 米栏技术发展的特点

①“跨栏”向“跑栏”方向发展：跨栏比赛是短跑比赛 100 米栏和 110 米栏是以最高跑速来进行的。从起跑到第一个栏的加速跑、跨栏步和栏间跑，都是以速度为主的。重要的是用平跑的速度感去跑。因此，跨栏选手也必须是一流的短跑选手。尽管跨栏跑有跨越栏架的动作，但也不能降低水平速度。由于这种跨越动作是从高处下落着地，所以在接着的栏间跑动中，不能过分改变平跑的步幅。

② 高步频的栏间跑：在跨栏跑项目的比赛中，所有选手的步数基本上是相同的，因此，如何能够利用有限的步数快速、准确地起跨，成为了胜败的关键。步频是单位时间内的步数，因此，在跑动中怎样缩短每步的时间成为了要点。另外，尽可能缩短着地时间和腾空时间也很重要。如果不能保持高步频的话，就没有希望提高成绩。

③ 形成四步的节奏周期：所有跨栏选手的栏间跑均为三步，再加上跨栏步共四步，形成一个节奏周期。只有提高这个节奏周期的水平，跨栏跑的能力才能提高。从跨栏跑的起跨到着地的第一步，要有很强的动作快速转换的意识。这个节奏周期的提高，依赖于跑动速度的提高和技术的提高。

④ 好的起跑：跨栏跑和 100 米跑一样，也是从起跑线开始起跑，所以起跑能力要好。还有，要基本上用同样的步数去跨过第一个栏。起跑时一定要使

注意力集中，不要因其他运动员的节奏而打乱自己固定的节奏。相反地，应该利用其他运动员的节奏来提高自己的节奏。

（2）男女400米栏技术发展的特点

400米栏由于全程距离较长、栏架不高（男子91.4厘米，女子76.2厘米），跨栏步技术较为简单。400米栏决定成绩的因素是专项耐力、短跑速度、栏间步节奏和跨栏步技术。当前400米栏成绩随着步长节奏的改进，在栏间跑步频相对恒定的情况下，通过减少栏间跑的步数而提高专项成绩。如美国运动摩西的成绩为47秒02，采用全程13步节奏；女子400米栏运动员阿姆勃洛契娜的成绩为54秒07，采用全程15步节奏。

① 步数的分配：用较少的步数去跑完400米栏全程是取得好成绩的一个发展方向。从1968年赫莫利创造48秒1的世界纪录后，阿基布阿为47秒82，摩西在1983年创造了47秒2的世界纪录这一过程来看，比赛全程的总步数从162步减少到159步，再减少到153步（表2-3）。

表2-3　400米栏的世界纪录与跑的步数关系

年份	名字	国家	成绩	总步数	各栏间的步数
1968	赫莫利	英国	48.10 s	162	第一栏—21步 第六栏—13步 第十栏—15步 到终点—16步
1972	阿基布阿	乌干达	47.82 s	159	第一栏—21步 第六栏—13步 第九栏—14步 第十栏—15步 到终点—16步
1983	摩西	美国	47.02 s	153	第一栏—19步 第十栏—13步 到终点—16步

400米栏栏间跑的节奏模式通常有相同节奏和混合节奏两种。相同节奏跑是采用同一步数跑进，男子栏间步数为13、14、15步，女子栏间步数为15、16、17步；混合节奏是跨过一定数量的栏架后，男子换用14或15步跑进，

女子用 15 步跨过一定数量的栏架后，换用 16 步或 17 步跑进。

当前 400 米栏运动员，随着速度、速度耐力和身高的提高，栏间跑的步数减少，栏间节奏也随之增强。但这要求运动员具备多种能力——放松跑的能力、控制步长的能力、高速步频的能力、变换摆动腿的能力、合理分配跑速的能力和跑栏的能力。

② 个性化的技术模式：根据栏间固定的步幅和速度所确定的栏间跑步数是不规则的，下表所示是第 2 届世界田径锦标赛的栏间步数的分析结果。栏间距离 35 米，去掉跨栏步的距离，把起跨前的一步和着地后的两步共计三步的步幅固定下来，对其余的步幅进行平均分配的话，其平均值是 13 步为 2. 44 米、15 步 2. 13 米、17 步为 1. 88 米（表 2-4）。

表 2-4　400 米栏栏间的步幅

栏间步数	17	16	15	14	13
平均步幅（cm）	188	201	213	228	244
起跑到第一栏的步数	24~26	23~25	22~23	21~22	19~21
到终点的步数	20~22	19~21	18~19	17~18	16~17

根据以上统计结果，400 米跨栏运动员要想获得理想的成绩，必须结合个人的技术特点，按一定的步频、步长、步数建立适合个人节奏的技术模式，最大限度地发挥自己过栏、栏间跑和全程跑的技能，从而获得优异成绩。如苏联女子 400 米栏运动员斯捷潘诺娃，其栏间步为 15 步，全程步数 178 步，平均步长为 2. 24 米，平均步频为 3. 36 步/秒，平均速度为 7. 56 米/秒，成绩为 52 秒 94。

五、现代障碍跑技术特点

3 000 米障碍赛跑是田径运动中难度较大的项目，不仅要求耐力好，而且要有坚韧不拔的毅力和有效跨越障碍的技术。全程要跨越 35 次障碍，其中跨越水池 7 次。一般水平的运动员通过全部障碍的时间约需 40 多秒，可见越过障碍的技术和能力对总成绩影响很大。越过障碍栏架的方法有两种：一种是直接跨越法，采用近似跨栏的动作，但要省力，各障碍间跑的步数、步长变化较大。要求跑到障碍前一定距离时，靠目测调整步幅，争取用有力腿起跨，起跨点约距栏架 1. 5~1. 8 米。蹬地用力方向不同于跨栏跑的起跨，区别在于蹬地角度大些，向上用力的成分稍大，身体重心上升稍高，上体前倾不大，动作比较柔和自然。用近似跨栏落地动作在障碍架后 1.3~1.5 米处落地，不强调压栏动作，可以全脚掌落地；另一种方法是踏上跳下法，用有力腿蹬地起跳后，前伸的摆动腿屈膝以脚跟踏上障碍横木后沿，随之身体重心前移，待重心移过障碍架后，支撑腿也转为脚尖蹬横木使身体向前落下，用起跳腿落地。跨过带水池障碍的方法也采用踏上跳下法，不同的是在障碍前应有一段适当的加速跑，踏跳点也较跨一般障碍远些，重心上升较高。跨上横木后大小腿之间的夹角较大，然后屈膝缓冲上体前移，加大上体前倾。当身体移过垂直支撑面时摆动腿向前上方大幅度摆动。同时蹬在横木上的腿用力蹬伸，两臂提肩前摆以配合两腿动作。下落时在接近地面阶段再做下压动作，由于落在斜面上，落地脚脚尖略向上翘，落地后后腿前摆应高抬大腿以便于迅速迈出第一步。跨越水池时，为了避免过多消耗体力，优秀运动员也常常用一只脚落在水池中，以便越过水池后能迅速接着跑进。

六、马拉松跑技术特点

马拉松跑要在公路上跑很长距离（42.195 千米），能量消耗很大，是一项耗体力的中等强度的运动项目。有氧代谢占很大比重，有氧代谢和无氧代谢的比例约为 95∶5。由于马拉松跑是在公路上保持较高平均速度跑很长时间的运动项目，因此，对马拉松跑技术的要求有三点：一是跑的技术的经济性要高；二是跑的技术要适合长时间在公路上跑；三是要掌握适应各种地形（上坡、下坡、转弯、折返等）上跑的技术和保持稳定呼吸节奏的方法。所以马拉松跑的完善技术应是运动员的动作协调、合理，节省体力和具有实效性。每个运动员跑的技术又按其外在特征、力量的发展水平、动作的协调能力和训练水平的不同而有所区别。步长和步频应根据运动员的身高、体重和训练水平而定，并结合途中跑的不同地形进行调整，以保持较高的均匀速度跑完全程。呼吸的节奏要和跑的节奏相协调；呼吸的深度和频率因人而异，最好采用膈式（腹式）呼吸。

马拉松赛的技术和长跑技术基本相似。但由于它的距离更长，而且是在公路上进行，因此，马拉松跑的技术动作应当协调、轻松、自然，适当缩短步长，加快步频，减少能量消耗。马拉松跑时，上体正直向前或微前倾，后蹬的力量较小，后蹬时注意髋关节要充分伸展，膝关节不必伸直，积极伸展踝关节结束后蹬进入前摆，前摆的大腿抬得不高，向前摆的动作大于向上的动作，蹬地后小腿向上摆的幅度比长跑小。后蹬腿蹬离地面后，屈膝向前摆动，膝关节弯曲程度小，小腿与地面几乎是平行的。后蹬时要注意减小后蹬角，以减小身体重心的上下起伏。脚的着地点距身体重心投影点较近，并且用全脚掌着地或脚的外侧先着地，再过渡到全脚掌着地，动作柔和而有弹性，膝部适度的弯曲缓冲，两臂摆动自然，幅度不要太大。马拉松跑着地缓冲阶段的动作有重要意义，正确的着地缓冲技术，可以减小地面对人体的冲击，使水平速度的损失减少到最低限度，并为有效的后蹬和前摆创造条件。加速跑和终点冲刺跑时，两臂配合腿做积极的摆动，步长和步频根据运动员的训练水平、身高等确定，并结合途中的不同地形进行调整，保证以比较均匀的速度跑完全程。呼吸节奏要和跑速相适应，呼吸要有适宜的深度。

上坡跑时，应稍加大上体前倾幅度，缩短步长，为了保持跑速可用加快步频的方法来补偿步长缩短的损失，两臂要积极摆动，用前脚掌着地。下坡跑时，步长适当加大，上体正直，可用全脚掌或脚跟着地（坡度较陡时），步频可以适当放慢些，以保持正常的跑速。下坡跑时要注意控制跑速，以防止跑速过快而导致下肢负担过重。上下坡跑时要控制好身体姿势的改变对技术动作的影响。马拉松运动员还应掌握逆时针跑、拐弯跑和折返跑的技术，要注意培养在跑进中服用饮料及食物的能力，避免在比赛中因拐弯、折返和服用饮料而影响和破坏步子节奏和呼吸节奏。

总之，马拉松跑的动作要做到协调、省力，跑速要均匀，要善于在地形起伏的公路上改变跑的动作。马拉松跑的运动量非常大，因此，在跑时必须注意跑的技术的合理性，优化动作的节奏性。不参与活动的肌肉要充分放松，以减少能量的消耗。所以，在平时的练习中，运动员要反复体会动作，掌握合理的技术，才能不断地提高运动成绩。

第四节 走、跑训练的主要内容与方法、手段

一、竞走训练

运动技术的形成有其特定的培养过程，尤其是青少年运动员在基础训练时

期，要切实练好基本技术，形成正确的竞走技术是提高运动成绩的保证。由于竞走比赛有特定的规则要求，所以竞走技术的训练更具有重要意义。

1. 竞走技术训练的内容与手段

（1）小步幅（30~50 厘米）快步频的竞走练习。发展快频率和膝关节灵活性及改进足滚动动作。

（2）变换步长的竞走练习。运用步长步频的辩证关系，提高动作的频率和幅度。

（3）变换方向的竞走练习。通过调整和改变行进的方向，提高动作用力的协调性和均衡性。

（4）绕“8”字竞走练习。通过连续不断地向心运动，提高和改进弯道走技术与转髋动作。

（5）足跟走练习。其作用是改善脚着地技术，发展胫骨前肌力量耐力。

（6）放松大步竞走练习。主要目的是改进骨盆绕垂直轴旋转的技术。

（7）上下坡竞走练习。体会躯干倾斜程度，提高和改善后蹬力量与效果，消除摆腿过高的错误动作。

（8）不同手臂位置的竞走练习。如两臂侧平举、手置于头后、手扶肩扛木棒的竞走等，其作用是改进下肢技术动作，克服上体的紧张，提高整体技术的协调性。

（9）骨盆绕垂直轴旋转练习。如原地模仿转髋、两腿交叉竞走、两手支撑转髋跳等。其作用是提高髋关节的灵活性，形成正确的转髋技术。

（10）各种姿势的摆臂练习。如坐或站立的摆臂、配合下肢动作的摆臂等。目的是改进摆臂技术使其规范化。

（11）利用器械的竞走练习。如在跑台上进行定速的竞走，根据实际情况来调整速度的快慢，目的是发展运动员的动作频率。

（12）沿标志线竞走练习。提高两脚着地的直线性，防止两腿交叉或双脚分开落地的错误动作。

（13）躯干前倾两手扶膝伸直腿走练习。作用是改进支撑腿在垂直部位时的伸直技术。

（14）负重竞走练习。如穿一定重量的沙衣等，作用是提高大腿的后蹬力量，消除腾空的错误技术。

2. 技术训练应注意的问题

（1）技术训练是竞走训练的重要组成部分，应贯穿于整个训练过程。技术训练一定要同身体训练，尤其是专项训练结合起来，达到相互补充、共同提高的目的。

（2）在青少年的基础训练时期，形成正确的竞走技术雏型是至关重要的。教练员要对运动员阐明技术的重要性，以及正确动作的要领、重点与关键。使青少年掌握规范的竞走技术，建立合理的动力定型，为最终形成具有个人风格特点的竞走技术打下良好的基础。

（3）在技术训练中，由于每个运动员的形态机能、身体素质和训练水平等存在着差异，因此，在安排训练内容和采用的方法手段上应做到因人而异、对症下药。如，步长、步频是决定竞走速度的主要因素。要根据运动员的身高、腿长及其他指标，并结合现代竞走技术的特点来调整和确定运动员的步长与步频，使两者处于最佳配合状态。

（4）竞走技术训练主要应以完整技术训练为主，但为了结合某一技术的改进也可采用分解练习。

二、短跑训练

培养一名优秀的短跑运动员，必须通过多年系统的科学训练，逐步将运动员的身体、技术、心理训练以及智力发展到很高的水平，方能创造出高水平的短跑成绩。

1. 短跑技术训练的内容与手段

技术训练的目的在于学习、掌握和提高技术。短跑技术的学习训练过程也是运动员对原有跑的技术不断改进和完善的过程，其核心是改进和完善本身已形成的自然跑技术。

（1）起跑和起跑后加速跑技术的训练。

① 不听信号的站立式、蹲踞式起跑 20 米×8～12 次；听信号的单个或集体起跑 20 米×8～10 次；作“各就位”和“预备”口令的动作（“预备”口令动作维持 10～15 秒）；听“预备”口令间隔不同信号起跑（20～30 米×8～10 次）。

在起跑技术训练中，应首先让运动员形成正确的起跑姿势和适宜的角度，只有在此基础上才能确定起跑器的安装方法。起跑器的安装必须适合于运动员的正确起跑姿势，而并非让运动员去适应人为安装好的起跑器。

② 由同伴帮助的起跑练习：如，被同伴推住双肩起跑动作；被同伴在身后用橡皮带拉住做起跑动作等（图 2-1，图 2-2）。

图 2-1

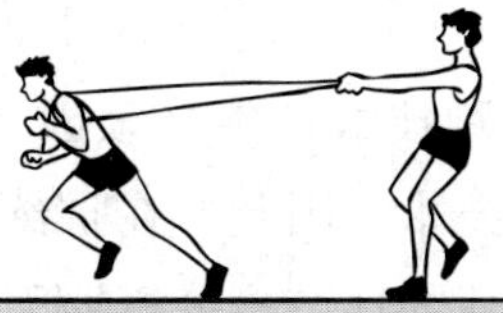
图 2-2

③ 增加难度的起跑练习：如，上坡起跑练习；用等动拉力器牵住身后做起跑练习；负重起跑练习。

④ 起跑后以最大速度跑一段距离后顺惯性跑，并在顺惯性跑后再加速，逐渐把自然跑进的距离缩短到 2~3 步。

（2）途中跑技术的训练。

① 60~80 米加速跑和惯性跑。

② 跑的专门性练习

a. 扒地式小步跑（30~40 米）。

b. 高抬腿跑（30~40 米）。

c. 车轮跑（30~40 米）。

d. 跨步跑（30~40 米）。

采用专门练习的目的，主要是体会技术环节的肌肉用力感觉以及发展与这些技术环节有关的肌肉力量。

③ 专门练习 30 米后过渡到途中跑：采用这类练习必须有明确的目的，如从做扒地式小步跑过渡到途中跑的目的是为了改进跑的着地技术。

④ 负重做跑的某一环节动作：如，负重摆臂、负重抬腿等。在做这些练习时应注意，负重的重量不要太大，练习的动作须与跑的技术结构相一致，动作练习的肌肉用力形式须与跑时一致。

⑤ 跨低栏的练习：栏间用四步跑，两条腿轮流跨越 4~6 个栏架。

⑥ 不计时的单人或成组集体快速跑 60~80 米。

（3）弯道跑技术的训练。① 沿第 6~8 道弯道以最高速度的 80%~90% 的强度跑 50~80 米加速跑；② 沿第一道弯道以 3/4 强度做 50~80 米加速跑；③ 以各种速度做由弯道进直道的加速跑 80~100 米；④ 以各种速度做由直道进弯道的加速跑 80~100 米；⑤ 以各种速度在弯道进行 30~50 米的起跑练习。

2. 短跑技术训练的注意事项

（1）短跑技术训练是一个不断改进和完善的过程，也是一个长期的和不间断的过程，该过程要始终贯穿于短跑训练的每个阶段。

（2）短跑技术训练必须因人而异、区别对待，努力形成适合运动员个人特点的短跑技术。因此，在训练中应按实效性和经济性的技术评定标准找出运动员技术的薄弱环节，分析原因，加以改进。

（3）短跑技术训练应与发展身体素质相结合，特别注意发展那些影响技术提高的专项素质。发展各技术动作环节有关的肌肉力量应采用与专项技术结构相一致的练习。

（4）短跑技术训练应以完整技术训练为主，对某些薄弱技术环节，可以在完整技术训练中有重点地加以改进。

（5）对技术动作协调放松能力的培养是一个长期而复杂的过程，在短跑训练中应给予特别的重视。任何一个练习的完成都要有协调放松的要求。

（6）短跑技术训练应与实践相结合，通过参加比赛使技术得到巩固和提高。

3. 短跑运动员的专项能力训练

（1）反应能力的训练。

反应时是从刺激到动作开始之间的间歇。对短跑运动员而言，就是听到枪声后，以最快的反应速度进行起动的能力。在训练中，要训练运动员具有很快的反应时，可以从提高反应速度入手，侧重训练运动员迅速回应各种外界刺激信号的能力，改善他们的协调性以及提高中枢神经系统的灵活性，训练时可采用各种“反应游戏”和大量听各种信号的起动练习。

（2）加速能力的训练。

运动员的加速能力，取决于人体迅速地克服植物性神经系统的惰性，迅速地动员机体各部分器官投入大强度的肌肉工作，以获得最快速度的能力。对于短跑专项而言，加速能力就是指运动员起跑后，在较短的距离内，尽快地发挥出最高速度的能力。

加速能力训练，不但要提高运动员进入工作状态的能力，还要掌握正确的加速跑技术，既有素质方面的因素，也有技术方面的因素。从技术结构分析，加速跑前 2~4 步起主要作用的是动作速率和后蹬力量，而之后起主要作用的是步频和节奏。在训练中应注意这一段距离内适宜步长和步频的增长以及躯干逐渐抬起的训练。

（3）速度能力的训练。

全程跑是提高专项能力的有效手段，但这样的训练，体力与神经系统的能量消耗较大，不易恢复，训练中反复次数不宜过多，在训练过程中所占的比例要恰当。应当多采用段落练习，以提高速度能力，采用30~80米的起动跑、冲跑、行进间跑、接力跑等，反复次数不宜多。专门的速度练习，在一堂课中一般是200~300米，练习的数量控制在5~10次之间，每次练习之间的间隔为4~6分钟左右，课次不宜密集，以防疲劳的产生，使得运动员的注意力有所转移。这样能使运动员对每次的训练产生兴趣，延缓疲劳，获得好的训练效果。

（4）速度耐力的训练。

速度耐力的提高，应是运动员处在较为疲劳、人体带有较高乳酸的情况下进行各种段落的跑，以提高抗乳酸能力。

① 采用的段落不宜过长：一般采用120米、150米、250米、300米，还有300米+100米、200米+200米等段落的组合练习。以100米、200米训练为主的运动员应以150米训练为主，300米训练可适当进行，400米训练运动员应以300米训练为主，适当地采用500米、600米段落的训练。

② 数量不宜过多：一般的100米、200米训练运动员，大强度训练的跑量一堂课控制在600米~800米之间，400米训练运动员控制在900米~1 200米之间。

③ 强度的要求：在一堂课里跑的强度应当平稳，以防止运动员身体能量消耗过大，不易恢复，影响反复跑的次数。强度应控制在95%左右。

④ 密度的要求：密度过小，不足以提高运动员抗乳酸能力；密度过大，则达不到强度的要求，要根据跑的段落、强度与运动员的具体情况来掌握，可通过心律与乳酸值进行控制。

提高速度耐力还应当从提高力量耐力入手，一方面是提高局部肌肉的力量耐力，如反复多次的摆髋，做腰部肌肉与腹肌的力量练习；另一方面是采用较长距离各种跳跃练习和跑的辅助练习。

动作技术的合理、协调、放松在跑进中能节省能量，这是提高改善速度耐力的重要途径。肌肉的放松能使肌肉中血液流动状况得到改善，促使能量的节省，延缓速度的下降。

（5）对有氧代谢能力的训练。

提高速度与速度耐力要以有氧代谢能力为基础。短跑的能量供应主要是无氧代谢，有氧代谢能力与专项成绩的提高无直接相关。但氧债的偿还，体内乳酸的排除主要依靠氧化，有氧代谢能力强，氧化得快，恢复就快，可以缩短再负荷的时间。短跑运动员要重视对有氧代谢能力的训练，经常进行越野跑、较长时间的慢跑、长时间的球类活动等来提高有氧代谢能力，以达到加快恢复，提高专项能力的目的。

力量是个体活动的基础，是完成各种田径项目技术的原动力。短跑运动员的力量训练可参见第六章体能训练之力量训练。

三、中长跑训练

1. 专项身体素质训练

中长跑运动员的专项身体素质训练主要有一般耐力训练、速度训练、专项耐力训练及力量和速度力量训练。

（1）一般耐力训练。

应以中长跑距离混合训练为主，以长补短，以短促长，通过“互补效应”全面发展运动员的各种能力，在此基础上，再突出专项能力训练。无论是中跑还是长跑，发展运动员的耐力是基础，在训练的任何时候、任何阶段有氧训练都不能放松。一般耐力训练发展中长跑专项耐力的基础，应根据不同任务、要求及不同对象与运动水平，在全年各阶段中有计划、有侧重地进行合理安排。其训练的主要手段有：

① 持续跑：它是发展耐力的主要练习形式，初学者可进行 30 分钟以上的长时间持续跑，以轻松愉快的心情，选用适合个人运动量的均匀速度跑完全程。持续跑有快速跑（90%~92.5%速度）、中速跑（87.5%~90%速度）、轻松跑（82.5%~85%速度）、慢速跑（80%以下速度）。它可在公路、野外和跑道上进行，跑的方式一般为匀速跑。

② 越野跑：训练强度小，时间较长，跑速为匀速或变速，也可进行定时或定距离跑，用时间或心率控制跑的速度。心率一般控制在 130~150 次/分，在跑的后半程或接近结束时适当加快速度。

③ 匀速跑：其特点是时间长，强度小，可以在跑道或公路上练习。练习时可用心率控制跑速（130~150 次/分），并根据运动员的年龄和素质状况，

合理安排。

④ 循环练习：在安排全面身体素质训练时，应有针对性地把训练的内容和手段依次编制成套进行练习。循环练习可分为无重量负荷的一般循环练习和有一定重量负荷的大强度循环训练、超循环训练（两组之间不休息，而是通过慢跑、跳绳或骑自行车练习代替组间休息）。

⑤ 其他练习：各种球类活动、骑自行车、游泳、爬山等耐力性练习。

（2）速度训练。

速度训练对提高中长跑运动水平已越来越重要，因此，速度训练的比例也较大，并且贯穿于全年的训练之中。在准备期可每周安排 2 次左右，竞赛期适当增加。速度一般可分为绝对速度（如站立式 100 米计时跑）和相对速度（低于专项距离跑的速度，如 800 米计取 400 米~600 米，1 500 米计取 800~1 200 米等来衡量）。掌握运动员的相对速度是确定训练指标的重要依据。

速度训练的方式有速度型游戏练习，各种短段落的变速跑，各种不同方式的短距离起跑练习，各种短距离的行进间计时跑，上、下坡跑等。

（3）专项耐力训练。

运动员经过早期的基础训练，一般耐力素质发展到一定水平之后，进入专项训练阶段就应该突出专项耐力训练。发展专项耐力的训练方法和手段主要有：

①“法特莱克”跑：指在一定的时间内，利用各种场地条件，自由选择距离和强度进行练习的方法。其特点是可以提高耐力和速度，并完成较大负荷量。它包括想象超越对手时的加速跑，被对手赶超时采用的加速跑，改变速度以冲击想象中的对手或者在某一阶段为甩开对手突然加速跑，以及终点的冲刺跑和减速跑等。快速段的速度要接近或等于比赛时的速度。此练习多在野外自然地域中进行。

② 重复跑：它的特点是结合专项的需要，以大强度的跑速来发展耐力。重复跑的速度与距离、休息时间与方式、重复的次数等应根据训练任务和运动员的专项发展需要而定。一般来说中跑运动员较多采用 200~1 200 米的段落跑，长跑运动员多采用 400~3 000 米的段落跑。

③ 间歇跑：能有效地提高运动员的氧债承受能力，改善心血管功能。训练强度应根据任务而定，一般要求逐步提高，各专项采用的分段距离一般短于专项距离。中跑运动员多采用 200 米、300 米、400 米等相等或不相等距离的

分段跑。跑后脉搏要求达到 180 次/分左右，脉搏恢复到 120 次/分左右即开始下一次快跑。跑的次数是一般快跑段的总和：800 米运动员为专项距离的 3~4 倍，1 500 米为 2~3 倍，3 000 米、5 000 米为 1.5~2 倍，10 000 米运动员不少于专项距离。

（4）力量耐力和速度力量训练。

力量耐力的训练课采用上坡跑、跳，100 米以内各种跨跳与跑交替等方法。长跑运动员可采用 400 米以上跨跳练习。此外，还可以采用跳绳、拉橡皮带等练习发展力量耐力。在进行速度力量训练时可采用单足跳，如 30 米的快速单足跳，50~100 米的快速连续两步节奏跳等练习。

2. 技术训练

合理的技术能更好地利用和发挥已经具备的身体素质能力，减少能量的消耗，提高跑的实效性和经济性。由于中长跑的技术训练主要是与大量跑的素质训练结合在一起，因此，必须在全年各阶段训练中始终强调跑的正确技术。通过各种跑的练习来提高跑的经济性、实效性，掌握跑的节奏。

技术训练的主要内容与方法有：

（1）着地缓冲技术的训练。① 由前脚掌过渡到脚尖和脚跟滚动过渡到脚尖的慢步走。然后接快步走练习 20~40 米；② 小步跑接前脚掌滚动的加速跑练习 20~40 米；③ 脚跟着地滚动到前脚掌的快步走接相同着地方式的加速跑练习 30~60 米；④ 小幅度车轮跑接快速下压的加速跑练习 30~60 米；⑤ 用前脚掌着地缓冲滚动至脚尖和用脚跟着地缓冲滚动至脚尖的加速跑练习 60~150 米。

（2）蹬伸技术的训练。① 手扶栏杆作单腿支撑由上而下的蹬伸练习；② 低重心弓箭步跨步走 30~60 米；③ 低重心的后蹬跑练习 60~150 米；④ 后蹬跑接加速跑练习。后蹬跑 30~60 米、加速跑 60~100 米；⑤ 单足跳接跨步跳接加速跑练习 60~120 米；⑥ 在完整的跑进过程中，进行迅速有力的蹬伸练习 60~150 米，并逐步加大练习的距离。

（3）折叠前摆技术的训练。① 单腿支撑，后腿连续做折叠前摆练习（手扶栏杆）；② 加速转入快速折叠跑 30~60 米；③ 快速折叠跑转入折叠高抬腿跑 30~60 米；④ 折叠高抬腿跑接折叠加速跑 60~120 米。

（4）改进和提高蹬伸效果的手段与方法。① 草地或沙地上弹性跑 200~400 米；② 负重的低重心弓箭步跨步走 40~60 米；③ 徒手或负重做台阶换腿跳 20~40 次；④ 后蹬跑或跨步跳 200~400 米；⑤ 上坡跑 200~1 000 米；⑥ 适宜的负重或牵引重物跑 60~400 米。

（5）改进和提高摆动腿能力的手段与方法。① 牵引胶皮带做匀速或快速高抬腿跑 60~100 米；② 俯卧做小腿向大腿收拢练习 30 秒~2 分钟；③ 行进间快速折叠高抬腿跑 60~200 米；④ 小腿折叠前摆连续抛重物练习 20~40 次；⑤ 扶栏杆连续做蹬摆向前跨步练习 20~60 次。

3. 中长跑训练的发展趋势

（1）训练科学化，即把训练的过程看作是对人体的改造过程，重视研究各种训练手段对于人体的影响。中长跑训练的主要内容是以最合理的方式培养运动员的有氧耐力和无氧耐力，并以适当的比例将它们结合起来。有氧耐力是中长跑的基础，长时间匀速跑是发展有氧耐力的良好手段，跑的时间控制在 1~2 小时之间，速度用跑进中的心率来控制，心率要求保持在 150 次/分左右，它对提高心脏的工作能力极为有效。另一种发展有氧耐力的方式是慢间歇跑，跑进时心率不超过 180 次/分，间歇休息时间大体与跑的时间相等，它的作用在于使循环系统不仅在工作期间，而且在间歇休息期间也受到良好的影响。发展无氧耐力的手段是多种多样的。总的原则是使机体在缺氧的状态下坚持工作，为了造成缺氧状态，一般认为工作时间应持续 1~3 分钟，跑的强度要大，心率应达到 180 次/分以上。此外，还可以用山坡跑、沙滩跑以及高原训练等手段来提高训练难度。有氧训练和无氧训练的比例应根据比赛的项目来确定。一般是：800 米跑有氧代谢与无氧代谢之比为 1∶2；1 500 米跑为 1∶1；5 000 米跑为 4∶1；10 000 米跑为 9∶1。然而，由于比赛成绩和运动员个人情况的不同，比例也会有所变化。

（2）训练中总的身体负荷持续增加。现代优秀中长跑运动员的跑量经常在每周 160 公里以上，多者可达 300 千米以上，训练次数增加到一般每周 8~12 次，多者可达 18 次。同时训练强度也在增加，使总的负荷大大提高。这一趋势的出现，是与医务监督水平、恢复措施、运动营养学与运动心理学等学科的蓬勃发展密切相关的。

（3）技术和战术不断革新。当前，中长跑技术在保留了传统的实效性和经济性的基础上，更加不拘一格。过去高大运动员采用“摆动式”技术，矮小运动员采用“高频跑”技术的公式早已被打破。例如在 1972 年，身高 1.81 米的芬兰选手维伦以频率较快的“踏步式”技术夺取了奥运会两项长跑冠军；

而在1979年，身高仅1.70米的罗诺却以接近短跑技术的大步幅跑创造了4项世界纪录。因此，有的专家认为：内脏功能好的运动员加快频率，腿部力量强的运动员增大步长较为适宜。但总的说来，目前还是主张在保持开阔步幅的基础上再加快步频的人占多数。

（4）在战术方面。由于目前高水平运动员日益增多，大型比赛中运动员的实力十分接近，因此在多数情况下运动员们自始至终紧跟在一起，个别运动员想采用变速跑以至途中冲刺跑将左右对手甩开的可能性很小。在这种情况下，大部分运动员采用了下述战术公式：占据有利位置的起跑+高节奏的途中跑+强有力的终点冲刺。这样的战术思想也促进了比赛成绩的进一步提高。

四、跨栏跑训练

跨栏跑训练是一项长期的系统工程，需要运动员具有相应的力量、速度和关节的灵活性。这是跨栏跑技术训练的前提条件。跨栏跑技术训练可分为基本技术训练和完整技术训练两部分。基本技术是完整技术的基础，包括起跨攻栏、过栏、下栏后衔接栏间跑以及每个跨栏周期的节奏、起跑至第一栏等技术环节的训练。完整的技术训练应培养运动员在全程跑中所表现出的综合能力。它包括起跑后发挥速度的能力、跑跨结合的能力、连续快速过栏的能力以及全程跑的节奏等。

1. 跨栏跑技术训练的内容与手段

（1）建立跨栏跑的正确技术概念。通过讲解与示范或观看高水平运动员的完整技术而不是局部动作的录像等资料，帮助初学者建立跨栏的完整、正确的技术概念。

（2）正确的过栏技术训练。① 以跨栏步姿势坐在地上，起跨腿向胸部提拉；② 侧身站立在栏架旁，起跨腿放在栏架上，做脚掌沿板面滑行提腿的动作；③ 从侧面或中间用1、2、3步走过栏模仿练习，栏架的高度接近于运动员的腿长；④ 3步或5步起跨腿过栏的高抬腿跑跨练习；⑤ 仰卧两肘支撑，在垂直面上摆动腿做屈伸动作（圆弧动作），把屈腿的膝关节拉至胸部，然后伸直落下或支撑；⑥ 站立在距栏架3~4脚处，完成摆动腿的模仿练习，注意膝关节充分弯曲并使脚跟靠向臀部，然后下压腿，用脚尖触板；⑦ 行进间中摆动腿过栏侧的练习；⑧ 以摆动腿过栏的5步高抬腿跨栏跑练习。

（3）起跨和攻栏技术训练。① 走或跑几步跳入沙坑模仿攻栏。以起跨腿小腿做扒地动作，不能制动和翻转脚掌，注意摆臂和摆动腿攻栏的同步性；② 摆动腿跨越低栏（76~91 厘米）跳入沙坑，做起跨腿的着地动作。

（4）有节奏的跨栏跑训练。① 缩短栏间距离的跨栏跑。110 米和 100 米栏栏间跑 3 步，400 米栏栏间跑 5、7、10、12 步；② 6 ~ 7 步助跑跨 4 ~ 5 个栏，降低栏架高度，栏间距离根据个人情况而定；③ 7 ~ 8 步助跑跨 4 ~ 5 个栏，逐渐升高到标准栏高，并增加栏间距离。

（5）跨栏起跑技术的训练。站立式和蹲踞式起跑跨 2 ~ 3 个栏。掌握稍稍缩短的起跑上栏技术，100 米、110 米栏起跑至第一栏跑 7 ~ 8 步，400 米栏起跑至第一栏跑 21 ~ 24 步。

（6）改进技术和提高动作实效性。改进技术和提高动作实效性通常广泛运用于完整的练习，并且较多地通过比赛或是类似于比赛性质的练习，以达到巩固运动员的技术技能，提高实效性和增加稳定性的目的。① 蹲踞式起跑跨 2~3 个栏。用缩短的距离或标准距离，以改进起跑和起跑后的加速跑技术，也可同时降低栏架的高度；② 站立式起跑 18~22 米跨 5~6 个栏，掌握较高速度的加速跑和节奏（100 米栏和 110 米栏运动员）；③ 站立式或蹲踞式起跑（标准距离）跨 7 ~ 12 个标准的或降低高度的栏架，最后几个栏距可稍缩短以发展专项耐力（100、110 米栏运动员）；④ 各种跨栏的接力跑；⑤ 跨栏运动员与短跑运动员集体起跑；⑥ 参加比赛。参加跨栏跑测验或比赛，把测验或比赛视为一次技术训练，从中发现问题。

2. 技术训练内容与方法的组合

技术训练根据训练的任务与要求不同，有时是单个技术的反复练习，有时是多个技术的成套练习。以下是一次训练课中多个技术组合训练的举例：

（1）行进间高抬腿跑 30 米、50 米、60 米。

（2）海绵格标志线大幅度、快速后蹬跑。

（3）栏侧和栏中高抬腿跑栏练习。

（4）栏侧和栏中一步过栏练习。

（5）不同距离的栏间距跑。

（6）高摆屈膝车轮跑。

（7）改变条件的各种跨栏跑。

3. 技术训练应注意的问题

（1）为了使跨栏跑运动员能取得好成绩，在训练过程中，一定要安排足够的跨栏练习量，以进一步巩固和提高跨栏技术。

（2）随着跨栏运动员技术水平的不断提高，可采用附加阻力的方法（如负重腰带或沙袋）来完成强调速度或耐力的练习。

（3）要根据运动员的个人特点掌握和提高技术。

跨栏跑运动员的力量训练可参见第六章体能训练之力量训练。

五、马拉松跑训练

马拉松是一项对耐力和意志力都要求极高的运动，马拉松运动员不仅要有健康的身体、全面的素质、合理的技术、专门的耐力，还要有善于分配体力的能力和坚强的意志。对于年轻的运动员和未经系统训练的运动员来说，马拉松跑却是一项非常艰苦的比赛项目，因此长距离跑选手在参加马拉松比赛时，必须经过系统的训练。

运动员进行训练时应该遵循以下几个原则：第一，循序渐进原则，是指在运动训练过程中必须遵循人体自然发展、机体适应的基本规律，从不同的主客观实际出发，合理安排运动负荷，在渐进的基础上提高竞技水平。作为一名业余选手，更要根据自己的实际情况，循序渐进，从较短距离开始，通过系统训练慢慢过渡到较长距离。第二，持之以恒原则，是指训练必须经常性地进行，使之成为日常生活中的重要内容。训练对机体给予刺激产生痕迹的积累，这种不断地积累使机体结构和机能产生新的适应，体质就会不断增强，动作技能形成的条件反射也会不断得到强化。马拉松训练应该提倡长期化、经常化，每周训练至少要3~4次，每次要保证至少90分钟。第三，周期性原则，是根据竞技状态的形成规律，在整个训练阶段的划分和训练内容的安排比例都是呈周期性的循环。竞技状态的形成分为竞技状态获得阶段、相对稳定阶段、暂时消失阶段。第四，适宜负荷原则，是根据训练任务和训练对象的水平，逐步地、有节奏地加大运动负荷，直至最大限度。运动负荷包括强度和量。运动负荷的增加必须有节奏地进行，无论是增加强度还是增加量都要由小到大，并按照加大——适应——再加大——再适应的原则。因此，在训练过程中要合理科学地安排运动负荷。

马拉松项目主要是以耐力为基础，同时相应发展速度、力量、协调、柔韧和灵敏等素质。在一定的有氧代谢训练基础上，加强专项耐力训练，逐步提高成绩。

1. 耐力训练

马拉松跑的主要能量来源是储存在肌肉及肝脏中的肝糖以及脂肪。由于马拉松跑是一项长时间的比赛项目，通过脂肪作为主要能量来源，因此，提高最大吸氧量，增加以脂肪转化为能量的效率成为发展一般耐力的重要问题。主要的训练手段是在有氧供能范围内的周期性练习，主要采用持续负荷法。一般耐力主要通过强度小、时间长的越野跑、爬山、游泳、球类练习等进行训练，一般持续时间为1~2小时。马拉松选手一般每周跑量都超过100千米，甚至更多，一般人需要花很长时间训练才能达到这个里程数，否则很容易导致受伤。建议每周里程数增加不超过10%。跑的总量逐渐增加，逐步加大到2个小时左右的连续慢跑或中等速度跑，为以后身体适应较大强度的训练打下基础。马拉松跑成绩与万米跑最好成绩显著相关，马拉松运动员潜在运动成绩的粗略计算方法是用万米跑成绩乘5分10秒。因此，在场地上进行万米跑训练是马拉松运动员准备阶段的最基本的部分。在不同时期，应根据专项需要安排不同的量和强度来发展有氧耐力和专项耐力。马拉松运动员的专项耐力，就是速度耐力。发展专项耐力一般采用间歇跑、重复跑、变速跑、计时跑、“亚索800”、专项测试等。

马拉松配速是指人们期望的马拉松目标成绩除以马拉松距离，得到的每公里时间。如果有正确的配速，按这个速度匀速地跑下去，体力消耗最少，有望取得比较好的成绩。很多跑步爱好者很注意控制速度。他们根据自己的万米成绩乘以马拉松耐力系数（每个人的差别不是太大），算出自己的马拉松预计成绩。再把马拉松成绩对应上配速，努力在全程以这个同样的配速来跑。配速的把握可以靠速度感，在平时跑步的时候就要注意计时，把实际速度和配速联系起来，找到最佳速节奏的感觉。

2. 速度训练

马拉松运动员对速度训练也不可忽视，速度是提高运动成绩的重要条件。如今业余马拉松运动员多数是“半路起家”，长时间奔跑能力较强，而速度的水平却不高。因此，对速度训练应予以足够的重视，妥善安排。在努力提高马拉松耐力跑的同时，使速度得到相应的提高，以适应比赛的需要。发展速度的手段主要有：各种短距离加速跑、行进间跑、变速跑、下坡跑等。训练速度要在体力充沛的情况下进行，一般先进行速度训练再进行耐力训练，否则训练效果就会大打折扣。速度训练是短时间的高强度运动，也称无氧练习，因此训练之前必须做好充分的热身准备，以防拉伤肌肉。另外，在训练课后，要进行放松运动，主要包括慢跑、韧带拉伸、肌肉按摩等，这些可以促进体力的恢复。

3. 力量训练

力量素质对马拉松运动员也比较重要，它直接影响到速度和专项耐力的提高。马拉松运动员的力量训练应以发展力量耐力为主，力量训练的重点应以发展腿部力量为主，躯干和两臂力量为辅。发展力量时应全面发展身体各部位力量，注意身体前后力量的对称平衡发展。发展力量一般采用的主要练习手段有：

（1）核心肌肉力量练习。核心肌肉越是稳固，身体做出不必要的摆动就越少，利用在跑步向前的能量就越集中。具体手段为：仰卧起坐、体前屈、仰卧提臀、悬垂举腿、侧身直腿起、侧身仰卧起坐、转体练习、仰卧举腿、硬拉练习、反向直腿上举、俯卧背起、各种静力支撑等（有些练习也可借助器械进行，如拉力器、药球、橡皮条、杠铃、健身球等）。

（2）器械负重练习。如负重沙袋（沙衣）、负重杠铃、负重橡皮条、负重轮胎等。

（3）加大难度的跑、跳练习。如上坡跑、抗阻力跑、沙地跑跳练习、草地跑跳练习等。

（4）多种形式的跳跃练习。跨步跳、多级跳、蛙跳、单足跳、换脚跳、跳深练习、跳台阶练习、跳栏架练习、跳箱练习等。

复习思考题

1. 决定竞走与跑的成绩的主要因素有哪些？
2. 现代竞走与跑的技术特点是什么？
3. 竞走技术训练的内容与手段有哪些？
4. 短跑与中长跑技术训练手段的内容与手段有哪些？

第三章 跳跃运动

第一节 跳跃运动发展概况

一、跳高

跳高作为一项竞技运动于 1864 年在英国被列为田径比赛项目，至今仅有一百多年的历史。在跳高项目发展初期，人们仅仅认为它是运动员跳跃能力的自然发挥，运动成绩的提高取决于过杆方法的合理性。因此，跳高过杆方法经历了由跨越式、剪式、滚式、俯卧式到背越式的发展过程。最初，人们普遍采用的是跨越式。跨越式采用双腿交替摆越横杆的技术，全部动作自然易学，简单实用。据记载，最早的跳高纪录是英国运动员用跨越式创造的，当时的成绩是 1. 67 米。1895 年，美国运动员斯维尼用剪式创造了 1. 97 米的男子跳高世界最好成绩。1912 年美国运动员霍林采用斜对横杆直线助跑，用靠近横杆的一只脚起跳，过杆时以侧身平卧滚动越过横杆的滚式跳法，越过了 2. 00 米的高度，创造了第一个正式的世界纪录。在俯卧式出现之前，西方国家跳高运动员一直采用这种过杆方式，故被称为“西方式”（或“霍林式”）。随后，滚式跳法被许多国家运动员竞相采用，跳高成绩不断上升，并出现了平滚、侧滚、背滚、潜入滚等多种技术。1936 年之前的世界纪录全被采用滚式跳高的运动员所垄断。

1923 年苏联运动员 B. 伏洛佐夫采用了一种身体俯卧“骑”着杆子的过杆

技术——“骑杆式”，后来把它称为“俯卧式”。1931 年美国运动员德·奥尔布里顿、斯蒂尔斯等相继用这种姿势越过 2.07 米、2.11 米，创造了当时的世界纪录。从此，俯卧式跳高姿势不但被大家所公认和采用，还逐渐取代了滚式跳高姿势。俯卧式跳高通常采用斜对横杆的直线助跑，用靠近横杆的脚起跳，摆动腿采用直腿摆动，过杆时身体与横杆平行成俯卧姿势，腿和身体过杆后，起跳腿屈膝外翻转，使整个人体越过横杆。这种技术又有“平翻式”、“潜入式”和“半潜入式”等几种。

在 1968 年第 19 届奥运会跳高比赛上，美国运动员福斯贝里采用了一种以弧线助跑，背向越过横杆的新技术，以 2.24 米的成绩获得了冠军。这种新奇的姿势，相对简易的技术结构，立即引起了世界田径界的高度重视和极大兴趣，不单是青少年初学者竞相学习和采用，连一些具有相当水平的跳高运动员也纷纷放弃俯卧式，而改用背跃式。从此，背越式跳高技术很快在全世界推广，并且不断得到改进和发展。进入 20 世纪 80 年代之后，所有的世界纪录几乎都是由背越式运动员创造，在世界重大比赛中，已很难见到俯卧式跳高运动员的身影。优秀运动员采用背越式跳高技术以后，使世界纪录连续被打破，充分体现了背越式跳高技术的优越性和强大生命力。

在世界跳高运动发展史上，我国占有极为重要的地位，我国男女运动员曾有 3 人 5 次与世界纪录结缘。他们是新中国体育的“报春之燕”郑凤荣，在 1957 年用剪式跳过了 1.77 米的高度，创当时的世界女子跳高新纪录；倪志钦在 1970 年 11 月湖南长沙田径比赛中，用俯卧式跳过了 2.29 米的横杆；上海运动员朱建华，在 1983、1984 两年里，连续以 2.37 米、2.38 米、2.39 米 3 破世界男子跳高纪录，成为我国田径史上创世界纪录最多的运动员。

20 世纪 90 年代之后，我国跳高项目逐渐失去优势，与世界水平拉开了距离。1992 年日本和韩国男子跳高运动员超越我国，使我国失去 20 世纪 80 年代以来一直占有的亚洲领先地位。朱建华之后，还曾有 5 名运动员在 2.30 米以上的水平，刘运鹏（1989 年 2.30 米），周忠革（1990 年 2.33 米、1998 年 2.30 米），徐扬（1991 年 2.30 米、1993 年 2.31 米），毕宏勇（1995 年 2.30 米），牛健（1996 年 2.31 米）。进入 21 世纪，男子跳高成绩却一直徘徊在 2.24~2.28 米之间。直到 2013 年 3 月 7 日的全国室内田径锦标赛中，90 后的张国伟完美地跃过 2.32 米，打破了朱建华在 1986 年创造的尘封时间长达 27 年之久的 2.31 米室内跳高全国纪录，昭示着中国田径跳高项目正在孕育新的

“飞跃”。在北京进行的2015年世界田径锦标赛中，张国伟以2.33米获得并列亚军。

1992—1993年，中国女子跳高还曾以1.91米和1.94米处于亚洲领先水平。到1995年却严重滑坡，最高成绩只有1.85米。同年，哈萨克斯坦运动员扎列夫斯卡娅跳过1.96米，名列亚洲首位。虽然金铃在1996年和1997年跳出1.96米的好成绩，但进入21世纪以来，女子跳高仍徘徊在1.88米左右，仅有两名老运动员，景雪竹和蒋海燕曾经达到1.94米的成绩。

我国跳高项目自90年代跌入低谷，世界跳高项目的发展也同样存在徘徊现象。1995年古巴的索托马约尔跳过2.45米和1987年保加利亚的科斯塔迪诺娃跳过2.09米，创造了男女跳高世界纪录，同样至今无人能够接近和超越。近十多年来，世界跳高的最好成绩，男子在2.35米左右，女子在2.00米左右。背越式跳高经历80年代迅猛发展，运动成绩迅速提高之后一直处在稳定发展时期，如要再次突破，有待于对它的进一步深入认识和探究。

二、撑竿跳高

现代撑竿跳高技术是从原始的撑竿跳跃中产生和发展而来的。在古代，由于生活和生产的需要，人们有时需要借助木棍将身体撑过河沟和不高的障碍。后来军队把用撑竿跳过战壕、矮墙等作为训练士兵战斗技能的重要手段。随着社会进步和科学技术的发展，人们逐渐把撑竿跳高作为娱乐和健身的手段。18世纪中叶，德国一些学校已经把撑竿跳高作为体育教学的内容。19世纪初，欧洲一些国家开始举行男子撑竿跳高比赛。一个世纪以来，撑竿跳高运动发展迅速，世界纪录更新之快在田径各项目中首屈一指。这除了具有与其他项目成绩增长相同的原因外，撑竿的不断变革，引起技术的改进，是撑竿跳高运动水平突飞猛进的重要原因。

撑竿跳高时运动员用的撑竿最初是木制的，1817年产生了第一个男子撑竿跳高比赛成绩，为2.92米。在1896年第一届现代奥运会上，美国运动员以3.30米的成绩，创造了第一个奥运会男子撑竿跳高纪录。木撑竿历经89年，最高成绩为3.78米。由于木制撑竿重且弹性差，1906年竹制撑竿出现了。竹撑竿历经45年，成绩提高到4.77米。因竹制撑竿易爆裂，会对人体造成伤害，且使用寿命短，1952年铝合金撑竿问世。铝合金撑竿历经10年，成绩提高到4.82米。铝合金撑竿虽然轻便、安全，但弹性较差。因此，物理性能优越的尼龙撑竿应运而生。1962 年国际田联正式承认尼龙竿成绩后，撑竿跳高成绩大幅度提高。1993 年，男子室外世界纪录提高到 6.14 米，31 年间成绩提高 1.32 米。

最早的撑竿跳高技术曾被称为“爬竿跳高”，运动员助跑后将竿头插在地上起跳，沿着撑竿向上爬，采用坐姿越过横杆。1889 年，比赛规则明确规定“运动员在起跳离地后，双手不得交替上爬”。1906 年美国运动员沙姆斯采用摆体技术创造了 3.78 米的木杆最高纪录。竹制撑竿取代木制撑竿后，由于竿轻且便于握持，助跑速度不断提高，准备起跳时出现了持竿下手向上手的滑竿动作，起跳后积极摆体，使腾越高度逐渐超过了握竿点（上手握竿位置）。

在 1924 年第 8 届奥运会上，首次采用木制插斗，并以沙坑为落地区，为悬垂、摆体、展体等技术的发展创造了条件，促使运动员开始系统地训练。1942 年美国运动员沃梅达姆创造了 4.77 米的竹竿最好成绩。在铝竿时期，技术上的主要发展是起跳向前上方用力，强调身体大幅度前摆，腾越高度可超过握竿点 80 厘米以上。

1948 年就开始有人使用尼龙撑竿，但只是在 1960 年海绵坑代替沙坑和 1962 年承认尼龙竿成绩后，运动员才开始广泛使用尼龙竿。充分发挥尼龙竿良好的物理性能始终是技术发展的方向，握竿点不断提高，插穴起跳、悬垂摆体等技术发生了变化，强调利用竿子的反弹提高腾起高度（身体重心腾起最高点至握竿点的高度）。世界著名撑竿跳高运动员，乌克兰名将布勃卡曾 35 次打破撑竿跳高世界纪录，他保持了 21 年的 6.14 米的男子撑竿跳高世界纪录，在 2014 年 2 月被法国名将拉维莱涅在乌克兰顿涅斯克举行的室内田径赛中以 6.16 米的成绩打破。

我国是世界上开展女子撑竿跳高运动较早的几个国家之一。1986 年在北京体育学院举行的院运会女子撑竿跳高比赛中，陈儒同学越过了 2.86 米的高度，这是我国女子撑竿跳高有记载的第一个比赛成绩。1987 年 6 月在广东汕头举办了我国女子撑竿跳高首次集训，来自广东、安徽、北京体育学院、广西、山西等单位的女子撑竿跳高教练员与运动员参加了集训，期间 14 名运动员参加了三场比赛和一场表演赛，由安徽教练员王万培带领的两名运动员李琳和胡艳双双越过 3.60 米的高度，超过了当年美国运动员跳过的 3.59 米的高度，这次集训促进了我国女子撑竿跳高的发展。1988 年全国田径锦标赛开始设立女子撑竿跳高项目。1990 年广东的张纯真成为世界上第一个越过 4 米高度的女子撑竿跳高运动员，1991 年 6 月她在全国田径锦标赛上又越过了 4.02 米的高度，被国家体委批准为当年新设项目的全国纪录，而此项目的首个世界纪录是 4.05 米，是由广东运动员孙彩云创造的。

在我国男子撑竿跳高发展历程中，虽然没有出现过世界顶尖水平的运动员，但在不同时期出现过符保卢、蔡艺墅、杨为民等参加奥运会和达到奥运会标准的世界级运动员。而我国女子撑竿跳高选手则在 20 世纪 90 年代初、中期出现过以孙彩云、蔡维艳、钟桂清等为代表的世界级运动员，她们为我国撑竿跳高运动的发展谱写了辉煌的篇章。

三、跳远

跳远是一项古老的田径项目，在古代奥运会上就设有跳远比赛。据历史记载，早期的跳远比赛是源于 1860 年英国牛津大学的比赛会上，曾有“跳宽”之名称，当时最高成绩是 5.28 米。4 年后麦切尔跳了 5.48 米，成为现代世界跳远纪录的第一个创造者。1874 年爱尔兰选手兰恩成为世界上第一个突破 7 米大关的人，成绩为 7.045 米。跳远项目在 1886 年开始用起跳板，1900 年开始有在 20 厘米宽的板上起跳的规定。

1896 年第一届现代奥运会上，美国的克拉克成为冠军，成绩是 6.35 米。1901 年爱尔兰（英国）的奥康纳以 7.61 米的成绩创造了第一个正式的世界纪录，这个纪录保持了近 30 年，直到 1923 年才被美国的哈姆、卡托尔分别以 7.90 米和 7.93 米的成绩刷新。

在 20 世纪 20 年代前跳远的方法几乎都是原始的蹲踞式，起跳后立即团身，将要着地时伸腿。到 30 年代仍有用蹲踞式并有半蹲挺的跳法，后者实为跪姿挺身式，即蹲踞式开始后立即将屈膝的摆动腿与起跳腿向后展体成跪式腾越的挺身式，着地前再快速收腿向前伸出。1931 年日本运动员南部忠平第一次用挺身式跳出了 7.98 米的好成绩创造了新纪录，这是现代田径史上亚洲人第一次破男子跳远世界纪录。1935 年美国黑人运动员跳远明星欧文斯用蹲踞式突破 8 米大关，以 8.13 米的成绩创下了新的纪录。在同一天他又取得了 100 米的冠军。

时至 20 世纪 50 年代，开始加强对专项、力量的训练，强调起跳时要有制动性，在这方面打击式起跳技术曾起到一定的作用。直到 50 年代后期和 60 年代，普遍采用了走步式（空中跑步式）跳跃方法，强调速度的要素与快速有力的起跳相结合的技术，以获取较大的腾起初速度与角度，尤其在速度方面。在此期间有美国的波士顿利用速度快的优势和苏联的奥瓦涅相采用积极有力起跳的特点分别先后创造了好成绩，共8次打破世界纪录。60年代后期，各国加强了跳远的科研工作，对影响距离的关键要素更为注重，加上塑胶跑道的出现有利于速度的发挥。1968年奥运会在墨西哥城举行，美国黑人运动员比蒙跳出了8.90米的优异成绩，创造了新的世界纪录，并保持到1990年，被誉为“20世纪的一跳”。比蒙，身体条件好，素质全面，特别是速度快，力量大爆发力强。快速助跑，最后两步先小后大，整个动作过程节奏感强，他是第一批进入美国奥林匹克纪念堂的世界体育名人之一。

在20世纪60年代中，曾出现“空翻式”跳法，在1975年被国际田联禁止使用任何空翻动作的决定所禁用。进入70年代后，成绩进展平平，为冲击8.90米的纪录，世界田坛更重视快速助跑与快速起跳的连贯结合，以及这一动作链中各环节的技术，加强有效的速度、爆发力的训练，改进与起跳连贯的技术基础。但最高成绩仅8.52米，是美国的迈里克斯所跳。

20世纪80年代，田坛要求运动员在具有全面发展的基础上提高速度，比蒙创纪录时助跑速度达10.7米/秒；刘易斯熟练掌握先进技术，多次跳过8.60米以上的远度，1983年又跳出了8.79米的好成绩逼近世界纪录，刘易斯还是世界100米冠军，助跑速度达11.4米/秒，有“欧文斯第二”的称号。苏联运动员埃米扬，曾在1987年跳出过8.86米的成绩，距离8.90米仅差4厘米，成为世界上第二个最佳成绩。

1991年在日本举办的第三届世界田径锦标赛，采用新研制的“尤雷坦尼跑道”，具有抗裂、着地感柔软、反弹力强和防滑的优良性能，美国运动员鲍威尔在此创造了8.95米的新成绩，终于刷新了23年未破的纪录，成为超越20世纪的一跳。鲍威尔喜不自禁地说：这是一个人类的梦想，如今终于由我来实现了……我下一个目标是去突破9米大关。他认为创造跳远8.95米世界纪录和跑道有关。在同一比赛上刘易斯也跳出8.91米的优异成绩，但稍超了点风速。

女子跳远比赛自20世纪20年代后期才正式开展，第一个女子世界纪录是在1928年，由日本人见娟子所创，成绩为5.98米。1939年德国舒尔茨把成绩提高到6.12米。1948年女子跳远首次被列为奥运会项目。1978年苏联选手巴尔道基涅以7.09米的优异成绩刷新世界纪录，直至1982年被罗马尼亚的伊奥内斯库、库什米尔先后 5 次刷新纪录。1983 年在第一届世界田径锦标赛中德国的德雷克斯勒以 7.27 米刷新纪录。1984 年她创造了 6.99 米的室内世界纪录和 7.40 米的世界最好成绩。结婚后她在 1985 年和 1986 年还创造了 7.44 米和 7.45 米的新世界纪录。1988 年由苏联的奇斯加科娃将世界纪录提高到 7.52 米。

20 世纪 70 年代初，中国的田径运动训练开始恢复，跳远运动员在过去取得成绩和经验的基础上继续发挥出中国人在这个项目上特有的优势，经过短短几年的训练，很快就多次改写全国和亚洲纪录，使跳远项目重新成为中国田径运动的“拳头”项目。1980 年我国优秀跳远运动员刘玉煌以 8.11 米的成绩创造了新的亚洲纪录，成为中国第一个突破 8 米大关的跳远运动员。90 年代后，在新一代跳远教练冯树勇等人的带领下，我国又涌现出陈尊荣、黄庚、劳剑锋等一批优秀运动员。陈尊荣先后以 8.23 米、8.26 米、8.36 米，黄庚以 8.38 米，劳剑峰以 8.40 米先后创造了新的全国和亚洲男子跳远纪录。姚伟丽创造了 7.01 米的全国和亚洲女子跳远纪录。这些优秀运动员的出现，使中国跳远再次进入了世界先进行列，标志着中国跳远走出了“文革”时期的低谷，第二次达到世界水平的高峰。从这些优秀运动员出现以后，亚洲跳远最高水平的桂冠就没有再花落旁家，一直由我国运动员保持着。从 90 年代至今，我国有 20 多名跳远运动员的成绩超出 8 米。2015 年 8 月 25 日，在北京国家体育场“鸟巢”进行的 2015 年国际田联世界田径锦标赛男子跳远决赛中，中国突破历史，中国选手王嘉男以 8.18 米的成绩获得季军，成为亚洲第一人，高兴龙 8.14 米，李金哲 8.10 米分别获得第 4、第 5 名。经过多年努力，中国男女跳远运动员的成绩进入了世界先进水平行列。

四、三级跳远

历史上，三级跳远是由“多级跳”演变而来。早在 1465 年瑞士苏黎世举行的射击游艺会上，已有三级跳远比赛的记载。在 1896 年第一届奥运会上，三级跳远被列为正式比赛项目，美国选手詹姆斯以 13.71 米夺得金牌，成为现代奥运会三级跳远项目的第一个冠军。最初的三级跳远技术是比较简单的，只重视第一跳和第三跳的远度，而把第二跳当作第一跳的过渡，因而成绩受到了影响，进展幅度不大。

20 世纪 30 年代以后，日本运动员改进了三级跳远的技术，在原三跳远度比例基础上，加大了第二跳的远度，使三跳的节奏显著改进，加之助跑积极，动作速度快，弹跳力强，因而取得了较好的成绩，连获 9~11 届奥运会三级跳远的金牌。但由于落地支撑腿屈膝较深，故水平速度损失较大。50 年代以巴西“自然”技术达西里瓦和苏联的谢尔巴科夫“高跳”为代表。前者技术特点是采用单臂摆动，前两跳低而平，自然抬高大腿和富于弹性的积极落地技术，多次创造了世界纪录。与巴西不同风格的苏联运动员则采用双臂的摆动，增大下肢换腿的动作幅度来增加上抬大腿的动作，落地采用小腿积极下压扒地技术。

20 世纪 60—70 年代，以波兰施米特的“平跳”技术和苏联弗达谢也夫的“高跳”技术为代表。平跳技术重视助跑速度和保持前三跳中的水平速度。三跳中采用单臂的摆动或单臂、双臂的摆动，通过充分向前的送髋，积极扒地的动作，加快落地的动作速度，使三跳保持稳定、连续和完整。高跳技术在原技术的基础上，重视助跑速度和保持速度的能力，充分发挥速度、力量、弹跳的综合作用，从而较大幅度提高了第三跳的远度。80 年代，美国选手班克斯跻身世界优秀选手行列，在 1985 年以 17. 97 米打破世界纪录。1995 年，英国人爱德华兹以超乎寻常的速度型跳法，首先在比赛中突破了 18 米大关，以 18. 29 米的成绩，打破了 11 年之久的世界纪录。

20 世纪 80—90 年代初，形成了两种特殊的三级比例结构，“欧洲结构”36%—30%—34%，“美国结构”34%—30%—36%。尽管两种结构在三跳比例上有所不同，但其共同的特点是助跑速度快及助跑速度利用率高，三跳中水平速度损失较小，落地技术采用快速积极的扒地动作，从而减少脚掌落地所产生的制动，并为紧接着的蹬地创造一种弹性的效果。

女子三级跳远于 20 世纪 80 年代开始举行国际比赛，并被列入奥运会比赛项目。女子三级跳远的技术风格越来越接近男子运动员的技术。20 世纪末，女子三级跳远的世界纪录已经达到了 15. 50 米。

三级跳远是我国发展速度较快的田径重点项目之一。1949—1964 年这 15 年中，我国三级跳远产生了划时代的飞跃，使得我国三级跳远的成绩向前推进了 2 米多，第一次跨入世界前列。1966 年之后，三级跳远与其他田径项目一样，进入了一个“严冬”时期，但在那些岁月中，一些三级跳远的前辈创业者们并没有完全放弃努力。1976 年，年轻新秀邹振先跳出了 16. 60 米，打破了由自己的教练田兆钟保持了 12 年之久的全国纪录，我国三级跳远的发展历程由此走向了第二次高潮。1978 年 9 月，邹振先在中日田径对抗赛中以 16.90 米的成绩首次逼近 17 米的关口；1979 年在第 3 届亚洲田径锦标赛上，以 17.02 米的成绩夺魁，并成为亚洲第一位突破 17 米大关的运动员；在 1980 年的第 4 届亚洲田径锦标赛上，他又以 17.05 米的成绩再次获得冠军；在 1981 年世界大学生运动会上，以 17.32 米摘金，同年 9 月 5 日在罗马举行的第 3 届世界杯田径赛上，又以 17.34 米的成绩创造了我国三级跳远的最高纪录（此成绩作为亚洲纪录保持到了 1994 年），当年世界排名为第 3 位，他本人也拥有了“亚洲飞人”的美誉。

当邹振先的运动生涯正处于巅峰之时，一批年轻的优秀选手正在逐步地走向成熟。20 世纪 80 年代中期，在国家集训队中出现了两位极具培养前途的运动员——陈燕平和邹四新，在 80 年代末至 90 年代初，他们两人占据了国内三级跳远的领先地位。1990 年亚运会，我国三级跳远又出现了令人振奋的苗头，陈燕平和邹四新以较大的优势夺得了冠、亚军，分别跳出了振奋人心的 17.51 米（超风速 2.81 米/秒）和 17.31 米的好成绩。17.51 米，超过了邹振先 17.34 米的全国纪录 17 厘米，但因超风速而未被承认。

在 2009 年 8 月柏林世界田径锦标赛上，李延熙让世人眼前一亮。当时还带着轻伤作战的李延熙凭借第四跳 17.23 米的成绩，获得了男子三级跳远第六名，从而翻开了中国三级跳历史的新篇章，取得了 26 年来中国选手在世界田径锦标赛该项目创造的最好成绩。同年的 10 月 26 日，第十一届全运会男子三级跳远决赛上，李延熙以 17.59 米的成绩获得冠军，同时也打破了老前辈邹振先保持了 28 年之久的 17.34 米的全国纪录。

第二节 决定跳跃成绩的主要因素

跳跃项目属非周期性运动项目。按其用力特点，则属于速度力量性项目，运动员的速度素质和爆发性用力的能力，对运动成绩起着决定性的作用。所有的跳跃项目，既有共同的运动规律，又有各自的运动学和动力学特征。根据物体抛射运动高度公式和远度公式得知，人体重心的腾起高度和远度主要取决于腾起初速度和腾起角。此外，由于起跳和落地时，人体重心不在同一水平面上，所以身体姿势对跳跃成绩也有较大的影响。

1. 腾起初速度

腾起初速度是指起跳离地瞬间身体重心位移的合速度。腾起初速度是一个矢量，其大小和方向是由起跳离地瞬间身体重心的水平分速度和垂直分速度决定的。提高跳跃成绩的关键途径就是努力增大腾起初速度。起跳时，适当加大起跳腿蹬伸用力的工作距离和缩短蹬伸用力的时间，是使人体获得较大腾起初速度的基本途径。

由于跳跃高度项目追求腾空高度，因此，起跳离地瞬间身体重心垂直分速度大于水平分速度；而跳跃远度项目追求腾空远度，其水平分速度大于垂直分速度。

2. 腾起角度

腾起角度是指起跳离地瞬间身体重心腾起初速度的方向与水平面之间的夹角。腾起角的大小是由起跳离地瞬间身体重心的水平分速度和垂直分速度的比值决定的，当垂直分速度大于水平分速度时，腾起角大于45°；当垂直分速度等于水平分速度时，腾起角等于45°；当垂直分速度小于水平分速度时，腾起角小于45°。

跳跃类项目应力求获得适宜的腾起角度。对跳高项目而言，并非腾起角越大越好，虽然腾起角为90°时其正弦值最大，但跳高时由于要越过横杆，同时要利用助跑获得的水平速度来提高腾起初速度，因此不可能采用90°的腾起角。跳高适宜的腾起角一般在50°~65°。

虽然从物体抛射运动远度公式中得知，在抛射角为45°时抛射远度最远（不计空气阻力），但在跳远起跳时，由于要尽量保持助跑获得的水平速度，同时垂直速度的提高又受到人体机能的限制，而且起跳离地时的身体重心和着地时的身体重心不在同一水平面上，因此，跳远的腾起角不可能是45°。跳远适宜的腾起角一般在18°~24°。

3. 身体姿势

身体姿势对跳跃成绩有较大的影响。不同的跳跃项目对身体姿势有不同的要求。跳高成绩（H）由3个部分组成，可以用公式 $H=H_1+H_2-H_3$ 来表示。H_1 是起跳离地瞬间身体重心的高度，它取决于身高、腿长和起跳离地瞬间的身体姿势；H_2 是身体重心实际腾起的高度，即起跳离地瞬间身体重心的高度到重心腾起最高点的垂直距离，它取决于起跳离地时身体重心腾起的初速度和腾起角度；H_3 是腾空最高点时身体重心至横杆的垂直距离，它取决于过杆时的身体姿势和过杆动作，过杆时，身体重心低于横杆 H_3 为正值，否则 H_3 为负值。

撑竿跳高运动员能够越过的横杆高度是由 4 个高度决定的，可用公式 $H=H_1+H_2+H_3+H_4$ 表示。H_1 是推离撑竿瞬间上手握点距地面的高度；H_2 是推离撑竿瞬间身体重心至上手握点的高度；H_3 是推离撑竿后身体重心上升的高度；H_4 是身体重心升起的最大高度与横杆高度之差，当身体重心高于横杆时，差值为负，反之则为正。撑竿跳高运动员的努力方向是尽可能增大 H_1、H_2 和 H_3，并使 H_4 成为正值。

决定撑竿跳高成绩的最主要因素是握竿高度和腾起高度。握竿高度是由助跑和起跳的速度、技术水平以及身高等因素决定的。适宜的握竿高度通常是运动员手举高度的两倍，世界高水平的运动员再加 20 厘米。运动员可根据试跳高度调整握竿高度。撑竿的反弹力是人体向上腾起的重要动力来源，反弹力的大小取决于竿子的硬度和弯曲度。竿子的磅级越大，其硬度就越大，弹力也就越大。目前世界优秀男运动员选用撑竿的磅级一般超过自身体重 15 千克以上。同一磅级的撑竿，弯曲度越大，弹力也就越大。

跳远成绩（L）也由 3 个部分组成，可以用公式 $L=L_1+L_2+L_3$ 来表示。L_1 是腾空前身体重心投影点至起跳线的水平距离，它取决于踏跳的准确性、起跳瞬间身体姿势和身高、腿长；L_2 是腾空阶段身体重心飞行的水平距离，它取决于身体重心的腾起初速度、腾起角度、离地瞬间身体重心高度和空气作用力等，L_2 还可以分解成 S_1 和 S_2 两个部分；L_3 是着地时身体重心投影点至着地点的水平距离，它取决于落地时的身体姿势和落地动作的合理性。

取得三级跳远优异成绩的关键在于合理地寻找到运动员腾起初速度和腾起角的最佳配合。三级跳远运动员身体重心运动轨迹为 3 个相连而平缓的抛物线，身体重心在 3 跳中的腾越远度是组成三级跳远成绩的主要部分。三级跳远成绩是 3 跳距离的总和，各跳的距离对成绩都有着直接的影响，它们之间是相互影响又相互制约的。如果无限度地加大第一跳，势必过多地损失水平速度，丧失后两跳的连续性和“进攻性”。但如果第二跳只当做一个“过渡步”，所占比例很小，那么势必将影响第三跳的距离和三级跳远的总成绩。第三跳是最后一跳，可以充分发挥腿部力量以求达到最大垂直速度来弥补水平速度的不足，使第三跳距离加大。但如果运动员水平速度下降过多，而弱腿（摆动腿）力量又较差，那么将会影响第三跳的距离。在运动实践中，从运动员的 3 跳比例对比中可以看出，第二跳距离的百分比比较接近，而第一跳和第三跳所占的百分比差别较大。第一跳所占的百分比大，第三跳就小；反之，第三跳所占百分比大，第一跳就小。所以，在设计三级跳远的3跳比例时，必须根据个人特点和训练水平建立合理的三跳距离的比例，这也是提高成绩的重要途径。

第三节 现代跳跃技术特点

一、跳高

背越式跳高具有快速的技术特征，且能与力量完美地结合起来，使技术动作表现出很高的效率。现代背越式跳高技术的主要特点是：助跑速度快、起跳快而有力，能充分利用弧线助跑的有利因素，动作结构自然、简单易学，过杆形式经济合理。

1. 助跑速度快、起跳快而有力

对助跑速度的发挥和利用是现代跳高技术中的一个重要问题，即如何通过合理而连贯的动作，充分利用在助跑中获得的水平速度，平稳地转入到起跳，缩短起跳时缓冲动作时间，从而提高起跳时的垂直速度。背越式跳高的技术特点中最突出的一点是助跑速度快，起跳快而有力。由于背越式跳高比较接近自然动作，其助跑、起跳、过杆和落地各部分之间的衔接比其他跳高姿势更为紧密连贯，所以有利于运动员在最后几步保持良好的动作节奏和较快的速度。从动作结构上看，背越式跳高在起跳脚踏上起跳点的瞬间，身体重心比较高且靠近起跳点的垂线。因此，起跳力量的垂直分力较大，起跳中身体重心升得快。这些特点可以使背越式运动员在更高的速度下起跳。研究表明，背越式跳高运动员助跑速度可达到8米/秒以上。

2. 能充分利用弧线助跑的有利因素

背越式跳高助跑全程可分为两段：前段直线助跑，后段弧线助跑。运动员在完成最后几步助跑时，身体重心轨迹和脚掌落地点是沿弧线进行的。弧线助跑的优点有：① 降低身体重心。由于背越式跳高最后几步采用弧线助跑，身体受离心力的作用，向弧心倾斜，跑进的半径越小，速度越快，身体的内倾越大。由于身体的内倾，自然降低了身体重心，增加了起跳时的工作距离，而对助跑速度的影响又不大。研究资料表明：身体内倾 30 度可降低重心 13 厘米，工作距离的增加，有助于起跳。但是，必须强调的是，助跑最后几步，特别是助跑的最后两步，必须严格地沿着弧线跑进。② 有利于背对横杆。采用弧线助跑在不影响跑速的情况下，至起跳时身体已成侧对横杆了，这为起跳腾起时转成背向横杆做好了准备。同时弧线助跑使身体获得的旋转惯量，也有利于背对横杆。③ 增强起跳效果，提高起跳效率，有利于过杆。采用弧线助跑在起跳时，身体由内倾转向垂直的过程产生一定的加速度，不但可以加大支撑点的压力，增强起跳效果，同时还可以获得向横杆方向转动的角动量，为杆上身体沿横杆转动创造条件。所以，背越式跳高不需要偏心推力就能获得杆上旋转的动力，从而可以使起跳蹬地的支撑反作用力完全通过身体重心，以增大 H_1 和 H_2 的值，提高起跳效果。

3. 动作结构自然、简单易学，过杆形式经济合理

背越式跳高的动作接近自然动作，相对比较简单，如折叠屈膝摆腿，过杆时身体绕横杆转动，身体两侧的动作基本对称等。此外，背越式跳高运动员在横杆上的动作是一种相向运动动作，形成了依次过杆的高效率过杆顺序，如美国运动员斯通斯，中国运动员朱建华、金玲等优秀跳高运动员在过杆时，往往能充分利用身体各部分的相互“补偿”，来提高过杆的效率。因为人体腾空后的任何动作都不能改变身体重心的运动轨迹，跳高运动员在空中只能利用补偿运动，将已过杆的身体部分下降，使即将过杆或正在过杆的身体部分上升，以达到经济过杆的目的。

二、撑竿跳高

现代撑竿跳高技术的主要特点是握竿点高，体前持竿，助跑速度快，摆体幅度大，增大和充分利用竿子的反弹力，前弓姿势过竿。例如，布勃卡在创造 6.14 米的世界纪录时，握竿点为 5.22 米，最后 5 米的助跑最高速度达到 10 米/秒，体重与撑竿磅级差额达到 20 千克。撑竿跳高过程是一个能量转化过程，运动员持竿助跑获得动能，通过插穴起跳使动能转变为撑竿的弹性势能，弹性势能又转变为重力势能。

前面已经提到撑竿跳高运动员能够越过的横杆高度是由 4 个高度决定的，决定撑竿跳高成绩的最主要因素是握竿高度和腾起高度。目前在世界优秀运动员中，男子的握竿高度约占成绩的 84%，女子则占 90%左右。握竿高度是由助跑和起跳的速度、技术水平以及身高等因素决定的。适宜的握竿高度通常是运动员手举高度的两倍，世界水平的运动员再加20厘米。

持竿助跑速度在很大程度上决定着握竿高度，是获得动能的主要手段。目前能跳过5.80米及以上高度的运动员，最后5米的助跑速度均在9.6米/秒以上。持竿助跑时应利用竿子的前翻拉力，充分发挥个人速度，同时要尽量保持竿子的稳定。可用持竿助跑速度减去绝对速度的方法来评价持竿助跑技术的优劣，两者之差在1米/秒以内为优，大于1米/秒为劣。

插穴起跳是能量转化的关键环节，是“人—竿”系统由平动形式转为绕固定支撑点转动形式的转折点。起跳时作用于竿子的力，取决于运动员身体的质量和助跑速度。为提高起跳效果，插穴后两手应尽量把竿子向上举，伸展身体，积极向前上方起跳，保持合理的腾起角度，减少水平速度的损失，为弯竿和竖竿创造有利条件。优秀运动员的腾起角一般为16°~18°，起跳时间为0.12~0.15 s。

长摆阶段人体主要是绕握竿点转动，短摆阶段人体既绕握竿点转动，又绕肩轴转动。摆体时应注意保持较长的摆动半径，尤其是进入短摆时，不要急于收腹屈膝团身，应以肩为轴积极向后压肩，同时腿积极向前做快速直腿摆动，使肩轴远离撑竿，髋的位置较低。这种摆体技术的半径长，幅度大，有利于增大竿子的弯曲度。在加大摆体幅度的同时，应尽可能加快摆体的速度，这就要求运动员要有较高的技术和专项素质。

随着竿子的弯曲就产生了弹性力，当竿子弯曲度达到最大时，弯竿力和弹性力达到平衡。人体借助竿子的反弹开始展体，使人体上升的速度加快，到展体结束时，人体的上升速度最快。人体上升的主要动力是竿子的反弹力和自身肌肉用力，其中竿子的反弹力是主要的。通过拉引和推竿动作，人体继续上升。身体应保持伸直向上的姿势，不要过早向下放腿，以获得最大的腾起高度。

当手推离撑竿后，人体仍能保持一定的垂直向上的速度进入无支撑腾空状态，人体重心移动轨迹的高度取决于推离瞬间人体重心所具有的垂直速度。合理的过杆技术可以充分利用已获得的腾空高度，在人体重心最高点最接近横杆，甚至在低于横杆的情况下越过横杆。

三、跳远运动

现代跳远技术特点表现在：逐渐加长助跑距离，进一步提高助跑速度，强调助跑最后几步的不断加速，至起跳前达到最高跑速；保持最后几步高重心跑进，充分利用助跑所获得的速度，在较短时间内快而有力地完成起跳的摆蹬动作，获得尽可能大的腾起初速度和适宜的腾起角。

1. 助跑特点

跳远的助跑速度与跳远成绩密切相关，是跳远取得优异成绩的决定因素。现代跳远助跑技术的特点为：

（1）助跑距离逐渐加长。现代跳远技术要求助跑达到最高跑速上板起跳。一名优秀的运动员在上板前仅仅失去 0.1 米/秒的速度，就会使跳远成绩损失 30 厘米左右。而助跑的最高跑速的发挥与助跑的距离密切相关。运动训练实践和有关研究表明：优秀的女运动员 100 米跑约在 40 米左右达到最大的加速度；优秀的男运动员 100 米跑则约在 50 米左右出现最大加速度。结合跳远项目，既要助跑发挥最高的速度，又要保证运动员助跑最后阶段有充沛的体力，从而在高速水平运动中有力地完成起跳动作。因此，优秀的女子跳远运动员，助跑距离约在 35~40 米，优秀的男子跳远运动员，助跑距离约为 50 米。刘易斯的助跑距离为 51.3 米，鲍威尔的助跑距离为 50.64 米。

（2）助跑最后几步呈加速上板。跳远最后几步助跑是整个助跑技术的关键。自 1990 年以来，世界优秀运动员的助跑，尤其是最后几步的助跑表现出不断加速的特点，至起跳前达到最高跑速进入起跳。鲍威尔和刘易斯在创造世界记录和最好成绩时，均出现最后几步助跑加速上板的特点（表 3-1）。

表 3-1　鲍威尔、刘易斯最后 10 米助跑速度变化

姓名	成绩/m	起跳前 1~6 米速度/$m \cdot s^{-1}$	起跳前 6~10 米速度/$m \cdot s^{-1}$
鲍威尔	8.95	10.94	10.79
	8.54	10.70	10.57
刘易斯	8.91	11.26	11.23
	8.81	11.21	11.18

（3）最后几步助跑的节奏。助跑的最后几步，既要保持和发挥最高速度，又要为起跳做好准备，因此，在最后几步助跑中，世界优秀运动员都具有各自显著的节奏特点。主要采用两种技术节奏：一种是最后几步助跑步长相对缩短，步频明显加快，形成一种快速进入起跳的助跑技术节奏。另一种是在步长相对稳定的情况下，加快步频，形成快速上板的技术节奏。鲍威尔是前一种助

跑节奏的代表，刘易斯则为后一种助跑节奏的代表。但就目前来看，世界优秀运动员大都采用后一种技术节奏，这种技术节奏有利于保持和发挥最高助跑速度，最后几步呈加速状态，可使助跑和起跳的衔接更加紧密。

需要强调的是助跑最后几步为起跳的准备阶段，也是进行快速起跳非常重要的阶段。无论采用那一种形式的助跑节奏，都必须保持较高的身体重心跑进，以利于前进速度的保持和利用，并为快速完成起跳创造有利条件。

2. 起跳特点

起跳是跳远助跑的继续。起跳时，应充分利用助跑所获得的速度，在较短的时间内，创造尽可能大的腾起初速度和适宜的腾起角。为此，现代跳远起跳技术的特点是：

（1）起跳脚积极、主动地着地。这既可减少着地时的冲撞力，又为着地后快速前移身体做好准备。起跳脚积极、主动地着地是建立在助跑最后几步保持较高身体重心跑进的基础上的。因此，在最后一步摆动腿着地支撑时，膝关节弯曲不大，缓冲幅度较小，膝角较大，这样既有利于向前速度的保持和利用，又能在身体重心降低不明显的情况下，促使身体重心更快地向前移动，从而保证起跳脚能更快地放脚着地上板和起跳瞬间身体重心始终处在较高的位置。它直接反映在起跳脚着地时，脚跟与脚掌几乎同时接触地面，腿几乎伸直，着地点离身体重心较近（15～30 厘米），小腿与地面的夹角较大（65°～70°），膝角在 175°～178°。

（2）合理的缓冲，即建立蹬伸前的最佳用力姿势。缓冲的作用主要在于减缓起跳的制动力，减少助跑速度的损失，积极前移身体，为蹬伸创造有利条件。生理学研究表明肌肉做退让性工作时发挥力量最大。根据肌伸张反射机制，退让性工作能更好地拉长肌肉进行后继性收缩，将动能转化为势能，在缓冲阶段使膝关节周围大肌肉群发挥最大功率。这说明通过合理的缓冲创造蹬伸前的最佳用力姿势，能充分发挥肌肉超等长的收缩力，从而获得最佳的起跳效果。优秀跳远运动员起跳缓冲的膝关节角度为 140°～145°。换言之，膝关节做退让的幅度较小，在 30°～33°之间。并且随着训练水平的提高和起跳技术的完善，在起跳缓冲时，膝关节的弯曲度趋于减小。刘易斯起跳缓冲的膝关节角度为 140°，膝关节屈曲变化为 25°；鲍威尔起跳缓冲的膝关节角度为 148°，膝关节屈曲变化则仅 23°。

（3）蹬伸的提早。现代跳远技术为了解决在高速度助跑、高重心支撑的情况下，获得足够的腾起高度和适宜腾起角的矛盾，在起跳技术上采取了提早蹬伸起跳腿的措施。也就是说，运动员起跳脚积极快速下压着地，形成较大的着地角，稍经屈膝缓冲，就进入起跳腿蹬伸阶段，这时身体重心还处于支撑垂直面之后。国内研究表明，优秀跳远运动员的起跳蹬伸发力时机是在身体重心距支撑垂直面 22 厘米左右开始的。随着助跑速度的加大、技术的改进和跳跃能力的提高，其数值还有所增大。国外研究也证明：起跳腿在最大缓冲时，身体重心处于垂直支撑面 3°~8°之间，有利于提高蹬伸力量，使支撑反作用力更适宜通过身体重心。这实际上是增长了身体向心方向运动作用力的时间，加快了身体向上方的腾起，获得了更大的腾起角和腾起高度。优秀运动员的蹬地角为 75°左右。

有关研究表明：跳远的成绩，16%是通过摆动腿的摆动作用获得的。在跳远起跳过程中的摆动对于减少着地时的制动力，提高起跳速度，增强起跳效果有着十分重要的作用。现代跳远运动技术十分重视摆动的幅度和摆动速度。优秀运动员的最大摆动速度可达到 13.5 米/秒，两大腿的夹角可达 106°~114°。

四、三级跳远

现代三级跳远技术的特点是速度快，起跳充分有力、幅度大和节奏好。

1. 速度快

优秀三级跳远运动员都具备较好的百米速度。如美国优秀的三级跳远运动员康利的百米成绩达到 10 秒 32，与世界一流的跳远运动员相差无几。① 助跑速度快。助跑的最后几步速度已达到 10.76 米/秒。② 跳跃速度快。跳跃速度的快慢已成为衡量三跳技术的重要依据。优秀三级跳远运动员的跳跃速度都在 8.5 米/秒以上，它与运动员的助跑速度、快速起跳的能力、重心抛物线高度、摆动的方向与幅度及跳跃中保持速度的能力密切相关。

2. 起跳充分有力，幅度大

速度的增加，会加大支撑腿的负荷，其结果就是要克服加大了的负荷，使支撑腿在减少与地面作用的同时，做出快速的蹬伸。这要求起跳腿放腿动作积极，缓冲阶段短，蹬伸较早，使水平速度的损失较少，而转移给身体的动量增大，加上腿的下地动作以髋部发力和大腿的积极有力下压为主，落地点在身体重心投影点较近的地方着地，落地动作形成明显的“扒地”，外加摆动腿和两臂的大幅度摆动，减少了支撑腿的负荷，使起跳更充分有力。

根据水平速度和垂直速度的对比关系与现代优秀运动员的自身运动能力，第一跳的落地角为65°~70°，起跳角为62°，腾起角为14°~18°，保证起跳上板时在前伸的情况下，获得一个较大的支撑反作用力。第二跳，继续保持速度，争取自身的远度，落地角为66°，起跳角为61°，腾起角为13°~15°，既保持速度，又可增加第二跳远度。第三跳关键是增加腾起角度，落地角为65°，利用双臂和摆动腿的大幅度振摆，减轻落地制动，提高身体重心，迅速形成63°~65°的起跳角，使腾起角达到17°~19°，从而完成三跳。应当注意，不同的运动员各跳的腾起角会因身体条件、素质水平和技术水平的不同而发生相应的变化。取得三级跳远优异成绩的关键在于合理地寻找到各运动员腾起初速度和腾起角的最佳配合。

3. 节奏好

从优秀运动员三跳远度的比例关系，可以看出他们所采用的技术类型和跳跃节奏与运动员对技术的理解、本身的身体素质及所采取的训练方法是紧密相关的。良好的节奏表现在：起跳积极，动作放松协调，身体平衡舒展，三跳比例合理。由于三跳的比例与跳跃中保持速度的能力、个人的技术风格、专项素质的不同有很大的关系，所以目前三跳的比例可分为“欧洲结构”和“美国结构”两种。尽管技术类型和三跳比例有所不同，但都非常注重速度。我国优秀三级跳远运动员邹振先的技术有其独到之处，表现为：从上板前的第二步开始，上肢的摆动从单臂形式转变成双臂形式，形成了第一跳以“双臂同向”摆动方式完成，并贯穿三跳的整个过程。他的速度快，助跑后程的绝对速度值高达10. 57米/秒，起跳前水平速度下降幅度不大，助跑全过程的节奏感非常明显，他的三跳比例为35%、29. 5%、35. 5%，节奏非常平稳，助跑水平速度的发挥和利用都十分充分。邹振先的训练实践以及所取得的成绩为我国三级跳远运动的发展写下了光辉的一页。

第四节 跳跃技术训练的主要内容与方法、手段

一、跳高

背越式跳高的技术训练主要有助跑、起跳、助跑与起跳结合的技术、过杆

技术等内容。

1. 助跑技术训练

（1）4~6 步弧线节奏跑练习，重点培养运动员弧线助跑的身体姿势和助跑节奏。

（2）8~10 步全程助跑练习，在保证助跑速度的情况下强调助跑的节奏与身体姿势。

（3）30 米弯道跑练习，提高弧线助跑的速度素质。

（4）30 米直道+30 米弯道跑练习，助跑速度及由直道进入弯道自然过渡能力的练习。

2. 起跳技术训练

（1）小弧线两步起跳技术练习，主要练习放脚起跳、摆动腿和两臂的摆动，以及对身体姿势的控制。

（2）小弧线 4 步助跑起跳练习，主要练习在保持良好的身体姿势和助跑节奏的前提下快速起跳的能力。

（3）全程助跑加轻起跳练习，主要练习快速助跑和快速起跳相结合的能力。

（4）全程助跑起跳摸高练习，主要练习在全程快速助跑前提下全力起跳的能力。

3. 过杆技术训练

（1）仰卧矮高台杆上肌肉感觉练习，主要体会运动员在杆上时身体各部位的肌肉感觉。

（2）两步助跑跳上矮高台成仰卧练习，在运动中完成练习（1）的内容。

（3）4 步助跑起跳跳过矮高台杆上技术练习。

（4）4 步助跑过低杆练习。

（5）全程助跑过低杆练习。

（6）全程助跑跳上高台练习。

（7）全程助跑过杆（不同高度）技术练习。

4. 落地技术的训练

落地技术可在过杆技术训练的初始阶段进行。

二、撑竿跳高

撑竿跳高运动员的技术训练应采用完整技术练习与分解技术练习相结合的

方法，并使分解技术逐渐转移到完整技术上。

1. 技术训练的基本手段

（1）持竿加速跑、全速跑 40~60 米。为提高助跑速度和控制撑竿的能力，可交替使用不同重量的撑竿。

（2）高握竿点的持竿加速跑 30~60 米。

（3）持重竿加速跑 30~60 米。在竿头上加一定重物进行练习。

（4）持竿上坡跑、下坡跑 30~60 米。持竿上坡跑练习，着重加大蹬摆动作，尤其是加大摆动腿前抬的高度。持竿下坡跑练习，最好能接平地跑 30 米，重点培养轻快的节奏。

（5）举竿插穴练习。助跑 4~6 步举竿插穴，撑竿弯曲后借撑竿的反弹顺势后退，反复练习，体会举竿插穴、蹬摆配合、胸前挺及手臂控竿等动作。

（6）短程、中程持竿助跑插穴起跳悬垂练习。在练习过程中，可选择一些相应的辅助手段，例如：① 徒手 4~6 步助跑起跳做举竿动作；② 徒手 4~6 步助跑起跳抓吊绳、高举杠等。起跳时，摆动腿前摆带髋，胸前挺，摆动腿不下放。

（7）短程、中程持竿助跑插穴起跳、悬垂摆体及展体练习。练习过程中可采用以下辅助手段：① 在单杠、吊环及吊绳上连续做摆体后翻举腿练习；② 4~6 步助跑起跳抓握吊绳、吊环、高单杠等，做悬垂摆体接后翻举腿练习。

（8）各种助跑距离的撑竿跳高。在练习过程中，可采用一些专门性辅助手段，例如：① 各种后翻举腿、拉引转体、腾越过杆的连续练习或不同组合的练习；② 4~6 步助跑起跳抓吊绳做过杆练习。

（9）参加各种测验和比赛。

2. 技术训练应注意的问题

（1）撑竿跳高的技术性强，技术与运动成绩之间的关系密切，运动员应在全面发展身体素质的基础上，用较多时间和精力进行撑竿跳高的技术训练。

（2）撑竿跳高技术较复杂，在技术训练中要采用分解练习与完整练习相结合的方法，在初级训练阶段更需要加强专门性辅助练习，以便更好地理解、体会技术动作，更快地掌握好基本技术。

（3）撑竿跳高完整技术练习的强度大，消耗的能量较多，要求运动员体力充沛，注意力集中。在一次技术课中，运动员难以完成很多数量的完整过杆练习。因此，在技术训练时可以使用较软的撑竿，并采用中程助跑过杆与全程助跑过杆相结合的方法，保证练习的数量。

（4）在进行完整技术练习和专门性辅助练习时，要经常检查场地器材是否安全可靠，加强保护措施，保证训练安全。

三、跳远

跳远的技术训练要围绕如何发挥和利用速度来改进和完善跳远技术。青少年的跳远技术训练，还应注意培养正确的跳跃心理定向。

1. 助跑技术训练

跳远助跑技术训练的目的是提高助跑速度，稳定助跑节奏，培养和提高调整步长和步频的能力，加强起跳时的攻板意识以及形成正确的助跑心理定向。

（1）助跑技术训练的主要方法。① 在不同质量的跑道上，进行长于全程距离的助跑（多跑 2~4 步），利用助跑标志，稳定最后 6~8 步的步长；② 固定起动方式，使助跑开始段的步长和加速过程定型，保证最初几步助跑步长的稳定；③ 进行变换节奏的加速跑和跑的练习，以培养对跑速和动作的控制能力；④ 8~10 步助跑后，按步长标志进行加大步长和缩短步长的助跑练习，培养调整步长和步频的能力。

（2）注意事项。① 助跑技术训练要在精力充沛的情况下进行；② 选择助跑距离，必须与运动员的速度能力相符合；③ 无论何种助跑节奏，起跳前都应达到本人的最高助跑速度；④ 要教会运动员掌握在高速助跑中的放松技术，这是有效完成起跳的重要条件；⑤ 要重视和培养运动员助跑时的本体感觉和起跳前助跑的时空感觉，这是提高助跑速度和准确性的决定因素之一。要注意总结在不同情况下（体力、气候、场地等）调整助跑距离的方法和经验。

2. 起跳技术训练

起跳技术训练的目的是培养运动员高速助跑中快速起跳的技能，寻找并完善适合个人特点的起跳技术，强化形成起跳技术的神经——肌肉通道，利用助跑速度和起跳技巧，创造尽可能大的腾起初速度和适宜的腾起角度。

（1）起跳技术训练的主要方法。

① 快跑中的起跳脚放置或摆动腿的摆腿练习；② 快跑中的起跳脚放置与摆动腿摆动相结合的练习；③ 连续 3~5 步助跑起跳成腾空步练习；④ 短、中程距离助跑起跳成腾空步的练习；⑤ 全程助跑起跳练习；⑥ 采用俯角跳板短程助跑起跳练习；⑦ 在下坡跑道上的短程助跑起跳练习；⑧ 下坡跑道助跑

10~12 步转入水平跑道起跳的练习；⑨ 短程距离助跑起跳后，用手、头、胸部或摆动腿触及悬挂在空中的物体。

（2）注意事项。① 在进行起跳技术练习时，要强调助跑和起跳速度；② 起跳技术训练必须与快速助跑相结合。基本掌握短、中程距离助跑起跳技术后，要及时转入全程助跑起跳的技术训练；③ 训练中要注意培养运动员的攻板意识，力求做到起跳前助跑节奏快、上板快和起跳快。

3. 腾空与落地技术训练

腾空与落地技术训练的目的是维持腾空后的平衡，最大限度地利用起跳所形成的抛物线轨迹，争取尽可能大的跳跃远度，避免受伤。

（1）掌握、提高腾空落地技术的主要练习方法。① 利用吊环、单杠等辅助器械，模仿和改进落地动作；② 在短、中程距离的完整跳远练习中，改进空中和落地的动作。

（2）注意事项。① 改进空中和落地的动作，以完整跳跃的方法为主，模仿、分解练习为辅；② 注意体会和把握在落地伸腿过程中上体前倾的最佳时机。

4. 跳远技术与跳远心理定向

由于跳远踏板的准确性关系到比赛的成败，所以导致了复杂的比赛心理活动。这是常常约束和影响跳远运动员在比赛中发挥应有水平的一个主要原因，也是运动员进一步提高成绩的无形障碍。

跳远心理定向对掌握正确的跳远技术有很大的促进作用。例如，在进行助跑和起跳相结合的技术训练时，只单方面进行技术训练，效果往往较差。但是，如果与心理训练结合起来，就能收到好的效果。运动实践表明：用跑过起跳板的心理定向去完成起跳，最后几步助跑速度发挥好，没有明显的起跳准备动作；用强有力的起跳和向高跳的心理定向去完成起跳，则起跳前有明显的准备起跳动作，助跑速度下降，起跳的制动性增大。所以，运动员的跳跃心理定向不同，即使采用相同的训练手段和方法，也会产生两种不同的效果。

四、三级跳远

1. 三级跳远技术训练主要内容与手段

（1）以提高助跑速度和速度利用率为目的的各种跑跳练习。

（2）全程助跑接起跳练习，强调体会大幅度、有弹性、动作放松的助跑技术，并体会最后几步的节奏。

（3）短中程助跑接起跳练习，主要抓助跑和起跳的连贯衔接技术。

（4）一定距离的快速助跑接起跳的助跑计时练习，可变换距离（如短程、中程、全程）助跑计时，用于检测运动员的训练强度和一定距离内的速度变化情况。

（5）在助跑跑道上放置后6步标记，进行全程助跑练习。

（6）在助跑跑道上放置后6步标记，进行全程助跑接第一跳练习。

（7）下坡助跑起跳练习，加快最后几步的助跑和起跳速度。

训练提示：树立以速度为核心的训练思想，努力提高速度利用率，力求做到“助跑快”、“上板快”和“起跳快”；强调助跑（特别是最后四步助跑）与上板起跳的连接，使助跑技术与起跳技术紧密结合起来；通过各种不同段落的加速跑、反复跑训练来改进和完善助跑的技术动作，并在三级跳远助跑道上巩固和提高助跑技术动作。全程助跑练习应贯穿于训练的全过程。

2. 第一二跳技术练习（单足跳、跨步跳）

（1）短、中程助跑做第一跳技术练习（可在草地、松软泥土地上做，也可以把沙坑作为第一跳着地点）。

（2）短程助跑做连续单脚跳（5~7级）练习，力求以大幅度、放松的动作完成摆动腿的积极主动着地动作。

（3）短程助跑做第一跳、第二跳入坑练习。

（4）中程助跑做第一跳、第二跳入坑练习（也可在第二跳跳入坑时越过30~40厘米左右高度的橡皮筋）。

（5）短程助跑单脚跳、跨步跳的各种组合练习。①2次单脚跳+2次跨步跳的连续动作练习；②1次单脚跳+2次跨步跳的连续动作练习；③1次单脚跳+1次跨步跳的连续动作练习；④1次单脚跳+2次跨步跳+2次单脚跳+2次跨步跳的连续动作练习。教练员应创造性地根据运动员的实际进行创编和采取组合练习手段。⑤全程助跑单足跳+跨步跳练习，画出标志，强调第二跳的节奏。

训练提示：第一跳技术在完整的技术中起承前启后的作用，在做技术训练时最好把助跑和第二跳技术连接起来进行练习，这样可更接近专项技术的要求，动作不会脱节，训练效果更好。第一跳完成起跳后，应注意换腿的时间（腾空步1/3距离后开始）适当、连贯。第一跳主动着地，依次主动地伸髋、伸膝关节，并以全脚掌“鞭打式”做有力的“扒地”动作。同时注意摆动腿的快速“跟摆”动作。全程助跑接第一二跳练习应有计划地贯穿于训练的各个阶段。

3. 第三跳技术练习及完整技术练习

（1）摆动腿连续单脚跳练习（3~5 级）。

（2）原地多级跨步跳接跳跃步入坑练习。

（3）短程助跑跨步跳+跳跃步入坑（也可在跳跃步时跳过 30~40 厘米左右的橡皮筋）练习。

（4）短中程助跑完整三级跳远技术练习。

（5）全程助跑完整三级跳远技术练习。

训练提示：第三跳技术应注重在保持剩余水平速度前提下尽可能以较大的腾起角向上跳起。并且，在技术上更应注意以快速的“鞭打式”完成“扒地”动作。在做短中程及全程助跑技术练习时应注意三跳动作的连贯协调技术，亦可以运用标志物来做三跳节奏的训练，形成符合运动员个体特点的合理三跳比例。

复习思考题

1. 从跳远、三级跳远、跳高、撑竿跳高运动的发展概况看，可以分别将它们分为哪几个发展阶段？

2. 跳跃项目运动成绩由哪几部分组成？如何提高各组成成分的成绩？

3. 现代跳跃运动的技术特点是什么？

4. 跳跃运动的技术训练手段主要有哪些？

第四章 投掷运动

第一节 投掷运动发展概况

一、推铅球

在推铅球技术形成与发展的漫长历程中，大致可以分为三个阶段：

第一阶段：推铅球项目的产生及多种推铅球技术的探索与演变阶段（自铅球项目产生至20世纪40年代）。

掷石击兽是古代人生存的重要手段之一。奴隶社会时期，掷重石又被作为军队作战的武器和训练军队的手段。到中世纪，随着火炮的诞生，在士兵中就出现了投掷炮弹的比赛，最早的炮弹是圆形铅制的，重16磅（约7.26千克），以后逐渐形成一项运动。早时铅球不是单独比赛的项目，而是多项综合比赛的项目之一。比赛在一条直线上进行，可以采用原地投掷，也可采用助跑投掷。后来改为在一个方形区内进行比赛，再后来又将方形区改为圆形投掷区。

在1896年第一届现代奥运会上，男子铅球被列为正式比赛项目，美国的加雷特以11.22米的成绩获得冠军。女子铅球是在1948年第14届奥运会上成为正式比赛项目的，法国运动员奥斯切米尔以13.75米获得冠军。

推铅球项目在这一发展时期里，先后出现了正面原地推铅球、侧向原地推铅球、上步推铅球、垫步推铅球、侧向滑步推铅球等技术。随着技术的演进和训练水平的提高，以及场地、规则的革新，到20世纪40年代男子成绩突破了17米，女子突破了14米。

第二阶段：背向滑步推铅球盛行阶段（20世纪50年代至70年代中期）。

本阶段的代表人物是美国选手帕·奥布莱恩，他是世界田径史上在一年内创单项世界纪录最多的运动员，1953—1959年先后10次正式打破世界纪录，1952—1956年，他参加116场重大比赛，取得了全胜，被誉为“常胜将军”。奥布莱恩之所以取得如此赫赫战果，是与他创造了先进的背向推铅球技术分不开的。他创造的背向投掷方向滑步推铅球技术，使最后用力的躯干转体发力的转动角度从原来的90°增加到180°。新的技术不仅确保了他两次获得奥运会金牌，而且使他连闯18米、19米两大关，10次改写世界纪录，这一技术一直流传至今，使铅球成绩呈飞跃发展的趋势，以后许多运动员在这种技术的基础上，又表现出不同的技术特点。例如，短长节奏、正面转体，在背向滑步的基础上，加大了上体转动幅度，成为20世纪70年代和80年代初的先进技术。背向滑步推铅球几乎是50—70年代高水平运动员都采用的先进技术。至今它仍是国内外高水平铅球运动员普遍采用的技术。

第三阶段：旋转推铅球技术与背向滑步推铅球技术争奇斗艳阶段（20世纪70年代中期至今）。

在铅球发展史上另一个引人注目的人物是苏联的阿·巴雷泽尼科夫。1976年他第一个采用旋转推铅球技术，打破了铅球界一直沿用背向滑步推铅球的一统天下。这一年，他以22米的成绩刷新了世界纪录，引起许多运动员的效仿。特别是美国运动员巴恩斯在1990年初以旋转推铅球技术创造了23.12米的世界纪录。

女子铅球虽然起步较晚，在第14届奥运会上设有此项目，但因为有男子推铅球的实践经验和理论指导，大大缩短了女子铅球运动的发展进程。苏联女子铅球运动员成绩突出，长期保持或创造世界纪录，苏联运动员利索夫卡娅是目前女子铅球世界纪录（22.63米）的保持者。

二、掷标枪

掷标枪项目具有悠久的历史。据史料记载，公元前708年第18届古代奥运会，投掷标枪被列为五项竞技项目之一，这是标枪首次成为古奥运会的正式项目。比赛时每人投掷3次，其动作与今日的投标枪技术有些相似。

根据掷标枪技术和训练的演进变化，将其发展过程分为 4 个阶段。

第一阶段（1886—1912 年）：

1886 年瑞典举行了首次标枪比赛，瑞典运动员威格尔以 35.81 米获得冠军。标枪虽起源很早，但进入现代奥运会却晚于其它投掷项目。1902 年在国际奥委会会议上经瑞典和芬兰代表提议，标枪才被列为奥运会项目。1906 年在雅典举行的非正式奥运会上瑞典运动员埃·勒明以 53.90 米获得第一名。1908 年在伦敦奥运会上勒明再次取胜，成为现代奥运会的第一个标枪冠军。4 年后，在斯德哥尔摩奥运会上，勒明蝉联了这项冠军，成绩是 60.64 米。同年 9 月，他以 62.32 米创造了第一个正式的世界纪录。

这个时期的训练内容和方法较为简单，训练时间短，训练手段主要以掷标枪为主。

第二阶段（1913—1953 年）：

这一时期掷标枪技术发展较快，人们开始对技术的合理性进行分析和研究，重视了和专项有关的身体训练。

这一阶段主要是斯堪的那维亚国家，尤其是芬兰对投掷标枪技术的改革起了积极的作用。他们最早把过去“自由式”助跑投掷标枪发展为直线向前加速助跑投掷，由肩下持枪助跑改为肩上持枪助跑，投掷步的形式由单脚步到后交叉到前交叉，在最后用力时发挥髋和躯干的力量，并注意到“满弓”动作。这种技术使人体潜力得到进一步发挥，建立了现代掷标枪的雏形。

1916 年开始出现了女子掷标枪比赛，开始时标枪重量也是 800 克。以左、右手投掷的总远度之和定名次。1924 年才改用重 600 克，长 2.20 米的标枪。1932 年第 10 届奥运会女子标枪被列为正式比赛项目。美国运动员南·金德创造了 43.74 米的世界纪录。

这一时期运动员年训练时间延长到 6 个月以上，并具有有针对性的练习内容和方法。练习中增加了大量的体操练习，目的是改善肩关节的灵活性和加强肩带力量。运动员已普遍认识到全面身体训练的作用。掷标枪的教学和训练已逐渐形成体系。

至 1952 年，男女掷标枪的世界纪录分别达到 78.70 米（芬兰运动员尼卡宁）和 53.41 米（苏联运动员斯米尔尼茨卡娅）。

第三阶段（1953—1986 年）：

这一阶段掷标枪项目得到很大发展，运动成绩突飞猛进。由于科学技术成果在体育领域的广泛应用，掷标枪的技术、训练理论和教学理论已达到较高水平。器材和场地条件的改善也为运动成绩的提高创造了有利条件。

1953 年美国运动员赫尔德发明和采用的“滑翔标枪”，利用空气动力学原理，使标枪在飞行中充分利用流体的作用，延长飞行时间，从而增大飞行距离，通过枪头的改革，采用转体投枪技术，使最后用力更好地作用于标枪的纵轴，发挥滑翔枪的良好性能，并以 80. 41 米的成绩打破世界纪录。

1964 年塑胶跑道的问世更有利于运动员发挥各自的能力。由于塑胶跑道弹性比较大，助跑的技术尤其是投掷步的技术也随之发生了变化。塑胶跑道的出现加强了下肢支撑，20 世纪 70 年代广泛采用了塑胶助跑道，使运动员在最后用力时下肢得到更好的支撑，进一步提高了用力的效果。1976 年在蒙特利尔奥运会上，匈牙利选手米克洛斯·内迈特用侧面引枪法，通过快速助跑，在最后用力时形成稳固的左侧支撑，以 94. 58 米刷新了自 1973 年以来西德沃尔费曼保持的 94. 08 米的世界纪录。

1984 年民主德国的霍恩创造了 104. 80 米的男子标枪世界纪录，这迫使国际田联做出降低和限制标枪成绩的决定，并将标枪的重心往前移了 4 厘米，加大标枪尾部的粗径，使标枪在平飞和下滑过程中气动特性变差。就这样，霍恩的这一枪，宣判了滑翔性能标枪的“死刑”。从此对标枪滑翔性能研究的热潮也开始降温，人们逐渐转入对身体素质的重视和加强专项能力的提高。

在这一时期，标枪的技术、教学和训练等理论得到进一步完善和发展。训练周期性明显加强，多年训练成为培养优秀运动员的必备条件。身体训练内容日趋丰富，在高水平运动员的训练中，快速力量和专项力量训练成为力量训练的主要内容，到这一阶段后期，大负荷的力量训练比例逐渐加大。投掷不同重量器械的组合训练已成为提高专项能力的主要手段。

第四阶段（1986 年至现在）：

掷标枪运动处于稳定发展阶段。人们对掷标枪的技术和训练理论的很多方面有了新的认识，并以达成共识。

1986 年后，尽管国际田联做出对标枪运动成绩限制的措施，但由于运动训练与现代新兴科学的结合，投掷标枪技术也随着时代的推移而向前发展，再次促进标枪成绩的提高。1990 年国际田径赛最突出的是男子标枪，有 3 人 4 次创造世界纪录，突破了 90 米大关。目前，男子标枪的世界纪录是 98. 48 米，由捷克运动员泽列兹尼于 1996 年创造。

1988 年，民主德国女子运动员费尔克创造了 80.00 米的世界纪录，并保持多年。1999 年 4 月 1 日国际田联开始使用新规则，将女子标枪的重心前移了 3 厘米，目前，女子标枪的世界纪录为古巴运动员梅南德斯于 2005 年 8 月创造的 71.70 米。

向科学化、系统化方向发展是当今运动训练的主流，选材和训练密切结合、为运动员制定多年培养计划、从青少年时期学习和掌握正确的技术，在全面发展的基础上加强专项能力的训练，已成为培养优秀标枪运动员的必经之路。

三、掷铁饼

古代人类的投石击兽有两种形式，一种是投掷圆石，后来演变成推铅球，另一种是投掷扁石，后来演变成投掷铁饼。远在古代奥运会前，投掷圆石片的游戏已在民间广为流传，后来古代奥运会把它列为一个正式比赛项目。当时比赛所用的扁圆石块，重量大小没有统一标准，比赛以掷远为目的，投掷方向不受限制。关于古代奥运会掷铁饼的情况，公元前 5 世纪古希腊的伟大雕塑家米隆的杰作“掷饼者”刻画得维妙维肖。如今在世界许多国家的城市运动场及文化广场等处均可看到这尊雕像。掷饼者像，上体前倾，持饼臂后摆，两腿分开站立与肩同宽，这与当代掷铁饼技术中用力前的预备姿势何其相似，它说明古代掷铁饼技术就已达到了相当完善的境界。

随着掷铁饼技术的发展，比赛规则不断改变和完善，原来投掷方向没有规定，常常伤到人，后来规定铁饼落在 90 度的扇形区内方为有效。17 世纪开始，人们将铁饼改为铁木结构，并规定重量为 1.924 千克，直径是 22.90 厘米，直到 18 世纪初，铁饼的形状结构、直径和重量只有微小的变化。现代铁饼的重量男子为 2 千克，女子为 1 千克，直径男子为 21.9~22.1 厘米，女子为 18~18.2 厘米。掷铁饼比赛开始在高台上进行，后来改为从一个斜形跳板滑步投掷，随后又逐渐发展到在投掷圈中进行，圈的直径起初是 2.13 米；后来改为硬质投掷圈，直径增大为 2.50 米，并加有护笼，投掷扇形区从 40°改为 34.92°。

掷铁饼的发展可分为以下四个阶段。

第一阶段（19 世纪末—20 世纪 40 年代）：

这一时期掷铁饼技术经历了原地投掷、上步投掷、侧向旋转投掷、背向旋转投掷等变化阶段。投掷技术不断改进，最早不准旋转，采用预摆数次后原地投掷，1908 年伦敦奥运会出现了自由式和古典式两种掷铁饼比赛，投掷方法有原地投、上步投、摆腿垫步投等，这种比赛方法也只在这届运动会上施行过一次。伦敦奥运会后不久，出现了一种正面旋转投掷技术，运动员面对投掷方向，左脚前迈一步，同时向后摆铁饼至背后，重心随之移向左脚并慢慢转体 180°，右脚前摆把铁饼掷出。1925 年美国教练员特·霍尔姆斯采用转体一周半的投掷新技术，运动员左侧身体面对投掷方向，先在左脚尖上转体半周，同时右腿向前跨一步，在右脚尖上转体一周，接着左脚上前一步把铁饼掷出。这种投掷技术至今仍被作为教法的辅助练习保留下来，并称之为侧向旋转投掷铁饼。1930 年美国运动员埃·克兰茨采用上步旋转的投掷技术，以 51. 03 米刷新了世界纪录，第一个突破了 50 米大关。这种技术引起当时世界优秀运动员的关注并纷纷效仿。1948 年在第 14 届奥运会上，意大利的阿·康索里尼首次采用背向旋转掷铁饼技术，以 52. 18 米荣登榜首。从此以后，背向旋转掷铁饼技术在世界范围内得到推广。

从技术原理上分析，这些技术动作的演变逐步加大了施力于铁饼上的距离，并利用了人体转动的动能，有利于提高铁饼的出手初速度。因此，随着技术的革新，成绩逐步提高。

女子铁饼在 1928 年第 9 届奥运会上才被列为比赛项目，波兰选手科诺帕茨卡以 39. 62 米获得冠军。而国际田联承认的第一个女子铁饼世界纪录是德国运动员吉·毛扼尔迈尔在 1936 年创造的 48. 31 米。

第二阶段（20 世纪 50 年代）：

20 世纪 50 年代普遍采用了背向旋转投掷技术，但是动作结构差异较大。这一时期主要以“跨跳式”背向旋转技术为主。不少运动员起转时两脚开立约同肩宽，进入旋转一刹那的两腿腾空较高，空中做大扣髋“跨跳式”的旋转。代表人物是美国的厄特，他的技术特点是预摆后，持饼臂放在后背上，上体前倾较大，旋转重心低，两腿转换接近走步式，腾空时间短，动作比较稳定。稳定的技术发挥使他连续获得 4 届奥运会的铁饼冠军，被人们称为“铁饼之神”。

投掷圈内地面由土质改为混凝土后，运动员加强了转动因素和旋转速度。在旋转过程中，下肢明显超越上体，形成了较好的超越器械动作与最后用力的衔接技术。波兰运动员皮亚特科夫斯基采用快速旋转于 1959 年 6 月以 59. 91

米创造了新的世界纪录。

第三阶段（20 世纪 60~70 年代）：

20 世纪 60~70 年代，中国、日本、民主德国和联邦德国运动员，曾试图在背向旋转的基础上，再加长旋转的距离。这些尝试虽然取得了一定的成绩，但是由于旋转速度的利用率和旋转与最后用力组合的综合效益受到限制，没有取得突破性的进展，因此没有被广泛采用。

1961 年 8 月，第一个突破 60 米大关的运动员，美国的西尔维斯特创造了 60.56 米的世界纪录。他的技术特点是加大了旋转动作的幅度，起转时两脚开立位置稍宽于肩，背向旋转，动作舒展大方、幅度大、加速连贯，奠定了现代掷铁饼技术的基础。后来这一技术发展为我们所说的“大半径”背向旋转掷铁饼技术。

美国的威尔金斯是第一个突破男子 70 米大关的运动员，他在 1976 年 5 月的比赛中，先后以 69.80 米、70.24 米、70.86 米三次打破自己在同年 4 月创造的 69.18 米的世界纪录。1978 年民主德国的施米特把世界纪录提高到 71.16 米。

1967 年联邦德国的女运动员利·维斯特曼以 61.26 米的成绩首次突破 60 米大关。

20 世纪 70 年代初，苏联运动员法·麦尔尼克首次采用从左脚跟上开始旋转的“链球式”投掷技术，这种技术适合她个人特点，为她取得了优异成绩，1972 年她获得奥运会金牌。1971—1976 年她 11 次刷新世界纪录，成为铁饼界破纪录次数最多的运动员，成绩从 64.22 米提高到 70.50 米。麦尔尼克的技术，后来被民主德国选手埃·雅尔延用，她两度破世界纪录（70.72、71.50 米），并获 1976 年和 1980 年两届奥运会金牌，但这种技术，只有像麦尔尼克那样具有较强专项能力的运动员使用才能取得良好成绩，一般人不宜仿效，这种技术现已逐渐消失。

第四阶段（20 世纪 80 年代至今）：

从掷铁饼动作的外形上看没有明显的变革，普遍采用幅度大、加速节奏好的背向旋转技术。但运动员们在技术类型、技术风格和动作细节上都存在着个体化的特征。结合个人特点，不断改进技术细节，充分发挥速度力量，同时，不断改进专项训练方法和手段，大力提高专项投掷能力，以促进和完善背向旋转掷铁饼的整体技术。

目前世界优秀铁饼运动员所采用的是“换步式”旋转技术，其特点是持饼臂大幅度预摆、身体重心左右移动较大、协调而富有弹性的双腿支撑旋转与右髋过渡到右大腿的弧线摆动到右腿的单腿支撑转动加速。通过“换步式”旋转技术结构的改革，铁饼技术向幅度大、速度快、低腾空、加速节奏明显的方向发展，使单腿支撑用力阶段加速转动，形成了大幅度的最后用力的工作距离，使铁饼飞行得更远。到目前，男子铁饼世界纪录是民主德国运动员舒尔特于 1986 年 6 月创造的 74. 08 米。民主德国的女运动员黑尔曼采用大幅度、低腾空的旋转技术，在 1988 年第 24 届奥运会上以 72. 30 米的成绩名列榜首。同年民主德国选手莱因施创造了 76. 80 米的女子世界新纪录。

第二节 决定投掷成绩的主要因素

田径运动投掷项目的运动成绩（S）由 3 个部分组成（图 4-1）：一是器械出手点的投影点到起掷弧（投掷圈或抵趾板）内沿之间的水平距离（S_1），它取决于身高、臂长和器械出手时的身体位置与身体姿势。二是器械出手点高度到出手点高度水平线与器械飞行抛物线的交点之间的水平距离（S_2），它取决于器械出手的初速度、出手角度以及空气的作用力。三是出手点高度水平线与器械飞行抛物线的交点的投影点到器械落地点之间的水平距离（S_3），它取决于器械出手的高度、出手角度、器械飞行的速度以及空气的作用力。因此，投掷项目的成绩可以用公式 $S=S_1+S_2+S_3$ 来表示。

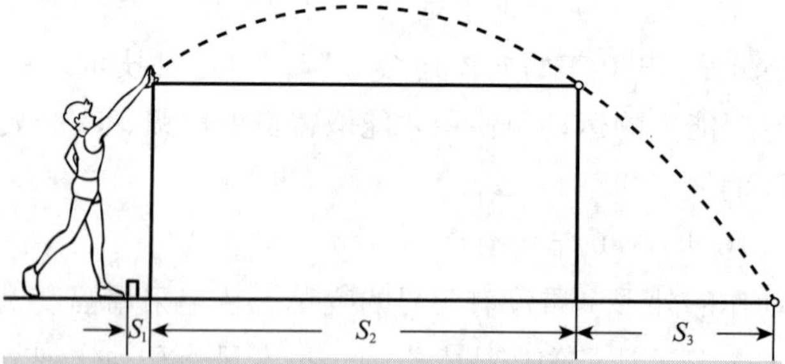

图 4-1 投掷项目成绩的组成

从 S_1 来看，虽然手臂向前平伸和身体重心尽量前移 S_1 的值能增加，但手臂向前平伸必然影响出手角度，身体重心尽量前移容易造成犯规。因此，必须在保证适宜出手角度的前提下尽量伸直投掷臂和在保证不犯规的情况下身体重心尽量向前，以此来提高 S_1 的值。

从 S_2 来看，根据物体抛射运动远度公式：$S=V_0^2 \cdot \sin 2a/g$ 得知，器械飞行的远度主要取决于器械出手的初速度和出手角度。除此以外，在投掷铁饼和标枪时，空气作用力对投掷远度也有较大影响。

从运用抛射物体运动远度公式对一些假定的出手初速度和出手角度数据进行计算的结果来看，在决定投掷远度的因素中，起主要作用的是器械出手的初速度。出手角度对投掷远度虽有影响，但这种影响有一定限度。在其他情况不变的条件下，出手角度调整到一定程度后就没有潜力可挖了。因此，投掷技术的重点要围绕着提高器械出手的初速度进行，要在适宜的投掷角度前提下，最大限度地提高器械出手的初速度（表 4-1）。

表 4-1　物体抛射角度和初速度对投掷成绩的影响

角度	不同初速度的投掷距离/m					
	15 m/s	16 m/s	20 m/s	21 m/s	25 m/s	26 m/s
30°	19.88	22.62	35.35	38.97	55.23	59.74
31°	20.27	23.06	36.04	39.73	56.31	60.91
40°	22.61	25.73	40.20	44.32	62.81	67.93
41°	22.73	25.87	40.21	44.56	63.15	68.31
45°	22.95	26.12	40.82	45.00	63.78	68.98
46°	22.94	26.11	40.70	44.97	63.74	68.94

器械出手的初速度和预加速阶段器械获得的速度有关，这就是为什么助跑（或滑步、旋转）投掷比原地投掷掷得远的原因。如优秀运动员滑步或旋转推铅球可比原地远 1.5～2.5 米，掷铁饼可远 8～12 米，掷标枪可远 20～30 米。因此，在投掷运动中，要重视和掌握好预加速（助跑、滑步、旋转）阶段的技术，并使预加速阶段器械获得的速度在最后用力阶段能发挥作用。

器械出手的初速度主要取决于最后用力阶段对器械的加速度大小。根据力学公式 $F=ma$（力=质量×加速度）得知，加速度与作用力成正比关系。因此，为了提高器械出手的初速度，要求加大对器械的作用力。完善的投掷技术，要求人体运用全身力量，最后通过投掷臂将力量集中到器械上（铅球的重心，标枪的纵轴，铁饼的几何重心）。从这一点看出，发展投掷运动员的力量素质，在投掷训练中具有十分重要的意义。

当力一定时，力作用于器械的距离越长，则器械获得的初速度越大。这个用力距离是指助跑（或滑步、旋转）结束时器械所处的位置到器械出手点这一段器械运行的距离。为了加长投掷用力距离，在助跑（或滑步、旋转）结束时，必须形成器械落后于人体的超越器械姿势。另一方面，在用力距离相等的情况下，力作用在器械上的时间越短，则器械获得的初速度也越大。因此，加长最后用力的工作距离，缩短最后用力的工作时间，能有效地提高器械出手的初速度，这成为投掷技术的关键。

在投掷运动中，适宜的出手角度对提高图 4-1 中 S_2的值也有重要的作用。根据抛射力学实验证明，抛射角度为 45°时射程最远。但条件是抛射点和落点在一个水平面上，并且是在真空条件下的实验结果。投掷项目由于器械的出手点和落点不在同一个水平面上（出手点高而落点低），出手点和落点的连线与水平线之间有一夹角，通常叫地斜角（图 4-2）。除受地斜角的影响，掷标枪、掷铁饼还受空气作用力的影响。另外，最佳用力角度也受到人体运动学特征的影响，因此，投掷项目的出手角度都小于 45°。在实践中，各投掷项目的适宜出手角度如下：推铅球 38°~42°，掷标枪和掷铁饼 30°~35°，掷链球 42°~44°。

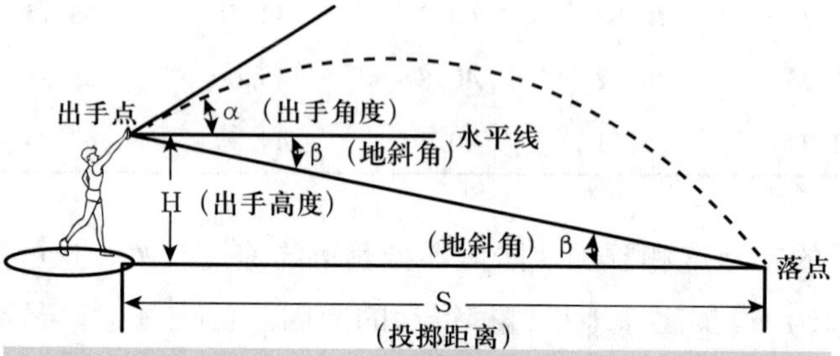

图 4-2　地斜角示意图

在决定投掷远度 S_2的因素中，由于推铅球和掷链球项目的器械是圆形，无论如何转动，空气阻力都不变，与其他决定 S_2因素相比，通常可忽略不计。而在掷标枪和掷铁饼时，空气阻力对 S_2的值有较大影响。

器械飞行中空气阻力的大小是由器械飞行的垂直截面积和器械飞行速度这两个因素决定的。虽然器械飞行的速度越快，空气阻力就越大，但飞行速度是决定飞行远度的主要因素，因此，绝不能为了减小空气阻力而降低器械飞行的速度（即降低器械的出手速度）。器械飞行的垂直截面积是由器械的形状、器械飞行时的倾斜角和飞行状态决定的。垂直截面积越大，空气阻力也越大，因此，投掷标枪和铁饼时，应控制好器械的出手角度和器械飞行时的倾斜角度与飞行状态，同时要使器械按顺时针方向（以右手投掷为例）稳定旋转，以减小器械飞行的垂直截面积。

器械在空中飞行时，除了受空气阻力作用以外，还受其他力的作用。其中对器械飞行远度起积极作用的是空气对器械的升力（图 4-3），它能延长器械在空中的飞行时间，从而加长器械的飞行距离。升力的大小，除了与器械形状、器械飞行速度、器械倾斜角度等因素有关，风向和风速也是决定升力大小的因素。当在逆风条件下投掷标枪和铁饼时，气流对器械的阻力大，升力也大。如果升阻系数比值大，升力占优势时，器械飞行的距离也远。这就是有时在逆风情况下掷标枪和掷铁饼比无风和顺风时掷得远的原因。所以在投掷时，要根据风速和风向，掌握好器械的出手角度和飞行的倾斜角度。一般在微逆风的情况下投掷时，出手角度和倾斜角度要小些；在顺风情况下投掷时，出手角度和倾斜角度要大些，以减少空气的阻力作用和增加空气的升力作用。

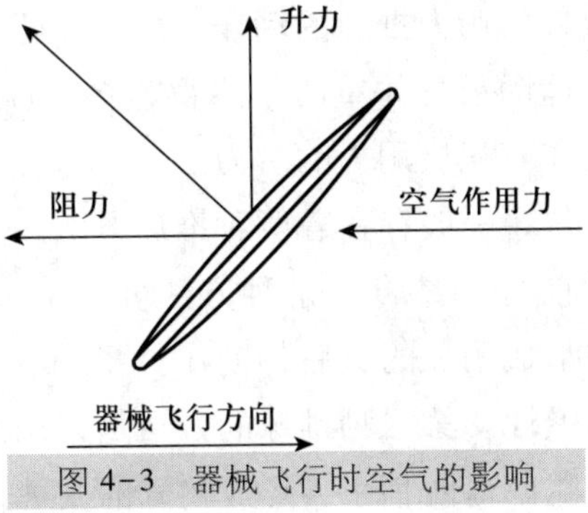

图 4-3　器械飞行时空气的影响

第三节　现代投掷技术特点

一、现代推铅球技术特点

纵观推铅球技术的演变史，可以清楚地看出，推铅球技术的发展趋势是在最大限度地调动人体潜在能力的基础上，不断增加工作距离，尽量缩短用力时间，以爆发式用力作用于铅球上，使之产生最大的初速度。

随着运动员专项身体素质的不断提高，广大体育工作者都在积极探索更先进的推铅球技术。如有的运动员为加大最后用力的工作距离，采用“短滑长投”的技术；有的运动员为充分发挥下肢及腰部力量，采用旋转式技术。20世纪70年代后，不少实践者都想在铅球投掷技术上引进标枪的鞭打和铁饼的旋转技术，使背向滑步技术的改进型、背向滑步转身技术和旋转技术相继问世，展示了现代铅球投掷技术的基本特点。

目前推铅球技术采用两种加速方式，即滑步与旋转。哪种方式更为优越尚无结论，滑步加速技术运用比较普遍，旋转加速技术只为少数优秀运动员所掌握，如果教练员和运动员能够完善旋转加速技术，则这种技术应该更为有利，因为下肢的大幅度旋转，比滑步加速方式能积累更大的动量，加速阶段之后，两脚在瞬间突然停止支撑，积累的动量就会传到上体，从而使结束阶段的动作做得更为积极。这一技术需要运动员有意识地加快腿的动作，并使腿走弧形路线，其中左腿要做圆周运动，以便与持球的躯干相均衡。

在滑步推铅球技术中，滑步时的“左摆右蹬”动作，髋部以低姿移动，以便从低姿部位开始做最后用力推球的动作。由于左腿和左髋没有负重，运动员较容易控制，因此，运动员身体重心下降得越多，就越能利用左腿的摆动，而正是在这个动作中存在着积极用力的潜力。

背向滑步推铅球动作，一般存在着两种推球方法。第一种方法的特点主要是低姿抬体与胸部转动前打相结合。这种方法要求运动员充分展体，形象地说，就是把弦绷紧，并形成明显的头后仰动作。要采取这种方法，运动员的腿部肌肉必须具有极好的弹性。第二种推球的方法是采用躯干鞭打动作推球。从实践经验中得知，如果腿部弯曲稍小，形成稳固的支撑，则躯干的动作就更加有力，并且容易控制。因此采取躯干鞭打推球方法时，运动员不必低蹲，在滑步时不必过分地降髋。只有当髋在左腿获得坚实支撑的情况下，才能做出积极的躯干鞭打动作。躯干鞭打动作隐藏着很大的力量和很高的速率储备，因此是一种很有潜力的推球方法。

二、现代掷标枪技术特点

“少超越——高位引枪”的技术风格是以英国运动员巴克利为代表的技术风格，即在投掷步阶段身体后倾较小，最后四步的后倾角度为0°—0°—5°—

15°和引枪的部位高于肩。

巴克利多次打破新规格标枪的世界纪录，并且是第一个突破 90 米大关的人，因而有人认为这种技术风格是今后标枪技术的发展趋势。其实“少超越——高位引枪”的技术风格有其利也有其弊。有利的方面是便于发挥运动员的助跑水平速度，有利于助跑和最后用力的衔接及翻肩鞭打动作。其主要弊病是工作距离短，不能充分利用运动员全身的力量。

20 世纪 90 年代，出现以捷克的泽列茨尼为代表的“大超越——大转体”的技术风格，最后四步躯干后倾的角度为 20°—20°—30°—25°，他采用这种技术连续打破男子标枪世界纪录，并获得 1992 年第 25 届奥运会的男子标枪冠军。这种投掷标枪的技术风格，虽然能较充分地发挥全身的力量，但助跑速度受到一定的制约，且在投掷前标枪的纵轴偏离投掷方向较大，因而控制标枪的难度很大。

我们从历年世界大赛中，高水平标枪运动员试投（男子 14 人次，成绩平均为 91. 92 米，女子 21 人次，成绩平均为 70. 71 米）主要技术环节的运动生物力学参数分析，说明现代掷标枪技术的主要特点。

1. 投掷步的最后四步

第 1~2 步后倾小，身体后倾 6°~9°，这有利于发挥助跑的水平速度，第 3~4 步躯干后倾为 20°~25°，这个后倾角不仅有利于保持较大水平速度进入投掷，而且还有利于获得良好的投枪前预备姿势，为有效地进行最后用力以及控制标枪的飞行创造良好的条件。

2. 左膝关节的最大弯曲角度

最后用力时左腿的制动效果大小，在很大程度上取决于膝关节在用力过程中的弯曲程度。世界优秀标枪运动员左膝关节最大弯曲角为：男子 162. 5°，女子 162°。这说明他们制动的效果很好，可以把助跑所获得的动量有效地传递到标枪上。

3. 躯干用力角

在最后用力中，躯干用力角（即躯干从用力开始至出手之间的夹角）以 20°~21. 5°较为适宜。这是掷标枪技术中最重要也是最难完成的技术环节之一，它不仅说明了躯干工作距离的长短，而且说明了躯干参与投掷工作的程度，直接关系到投掷臂的鞭打效果。

4. 躯干与大臂之间的最大拉引角

在最后用力过程中，“满弓”的程度可以用躯干与大臂之间形成的最大拉引角来衡量。世界优秀标枪运动员的最大拉引角约为90°。可以看到一个“反弓”动作，说明参与鞭打的肌群在鞭打前做好了充分的准备。这是又一重要而又难以完成的技术环节。它难在此时投掷臂不与躯干同步向前用力，而是滞后躯干片刻，再以最大的速度，闪电般地完成鞭打动作，因而，许多专家称这是优秀标枪运动员才具备的技术特征。

5. 姿态角

世界优秀运动员投掷标枪的姿态角平均值：男子为35.8°，女子为32.9°，男子比女子大2.9°，这与男运动员比女运动员的柔韧性差有关，但都在合理的范围内。姿态角略低些对提高标枪在空中的飞行水平速度更有利。

6. 投掷步技术的形式

（1）跳跃式投掷步。完成投掷时节奏感较强，并有较充分的时间来完成向后引枪和交叉步动作，有利于提高超越器械的程度。但不要跳得过高，否则会影响水平速度的保持和发挥，而且还会增加腿着地的负担，造成动量的损失。

（2）跑步式投掷步。即以平跑一样的步子来完成投掷步。其特点是能保持预跑阶段已发挥的水平速度，保持整个投掷步动作处于紧张状态。

（3）混合式投掷步。即投掷步动作的完成是上述两种形式的组合，如完成向后引枪的两步用弹跳步或用平跑步，交叉步用平跑步或用弹跳步，这种技术风格应该是速度型与力量型的组合，即助跑速度与超越适中，这样运动员不仅能发挥出一定的助跑速度，有利于以较大的幅度完成投掷动作，还有利于控制器械的飞行，因而成绩相对稳定。目前国内外较多运动员采用这种技术。

上述参数中每个运动员之间虽有差别，但其共性是主要的，在选择个人技术风格时值得我们借鉴。运动实践也告诉我们，让初学者盲目模仿某一优秀运动员的技术是不可取的，让有一定水平的运动员轻率地改变自己多年形成的较为合理的技术，去模仿另一优秀运动员的技术也是不可取的。

三、现代掷铁饼技术特点

回顾掷铁饼技术的演变，由原地投到上步投，由侧向旋转发展到背向旋转，增加了施力于铁饼的工作距离，利用了人体转动的动能。背向旋转技术有

"高跳式"、"起跑式"、"波浪式"，以及低腾空"背饼式"（美国的厄特）。20世纪60年代末70年代初，中国、日本、联邦德国试用超背向旋转或两圈旋转技术，虽然取得了一定的成绩，但没有取得突破性的进展。多次打破世界纪录的苏联选手麦尔尼克采用从左脚跟开始旋转的技术，瑞典的布鲁克采用旋转右腿甩小腿的技术（1972年平世界纪录），这两种进入旋转的技术动作之后也很少有人采用。以西尔维斯特（第一个突破60米）、威尔金斯（第一个突破70米）、施米特和奥皮茨等为代表的世界级优秀选于，逐渐完善了背向旋转投掷技术，既注重旋转速度，又注重动作幅度，被称为低姿势大幅度技术。近十几年来，随着生物力学对技术的指导，掷铁饼技术各环节的动作结构和速度变化规律不断被揭示，人们对掷铁饼技术的实质在认识上逐步加深，运动员掌握技术动作更趋向合理，更适合个人特点。现代掷铁饼技术的特点是：旋转平稳舒展，重心起伏小，腾空时间短，各技术环节结构转换合理、衔接紧密，加速节奏好，用力幅度大，出手速度快。由于高水平运动员的个体差异，在技术类型、技术风格、技术细节上存在着个体化特征，其中核心是提高出手速度，重要的是各技术环节形成最佳组合，发挥整体技术的综合效益。现代掷铁饼技术的特点概括起来有4个方面。

1. 旋转平稳，有利于速度的发挥

旋转是"人体——铁饼"系统由投掷圈的后半圈向前半圈的过渡阶段，过渡的好坏，直接涉及旋转速度的增减。低姿势大幅度的旋转技术时间短暂，重心平稳，上体向前移动距离短，右腿积极有力地外摆下甩（这是旋转加速的要点，落地点要远，近则会出现只旋转不向前，影响用力的向前性），左腿晚起快落，能较好地完成这一过渡，促进旋转的加速，减少速度的消耗。而"高跳式"旋转技术的旋转像起跑第一步那样，右腿紧贴左腿向上提拉，大跨步扣转重心起伏大，铁饼也随之大起大落，使旋转不平稳，腾空时间延长，旋转速度有所下降，最后用力效果差。

2. 单腿支撑用力，即右腿落地灵活

在单腿支撑阶段不停转蹬率先进入最后用力。这一技术的主要作用有：① 右腿单支撑不停地跪蹬式转动，推动髋部向投掷方向转动前送，促进了速度的转换。这个动作，在人体保持较低重心下，既能使人体稳固地做好转动动作，还可以使旋转速度不过分减少，从而使人体较顺利地将旋转速度转换成向前上方的转动速度，最后用力时力量更为集中。② 右腿单支撑用力，由于牵张作用，使正在做外旋的左腿快速主动落地，加快了用力节奏。从力学上分析，大腿外旋沿逆时针方向转动，根据动量矩守恒定律，投掷臂必然沿顺时针方向转动，这样反向运动的结果，使投掷臂更进一步后摆，缩小了水平拉引角，增加了最后用力时挥臂的工作距离，给器械以更大的力，提高了最后用力的实效性。③ 由于右腿单支撑不停地快速转蹬和左腿的有力支撑制动，身体重心移向左侧轴，形成整个身体以左侧为轴的最大转动惯量，即增加了左侧轴的旋转半径。此时，身体处于极大的扭紧状态，髋、腰、胸、肩、臂有关肌肉群受到强烈刺激，处于极兴奋的状态，为肌肉大幅度有力而快速地收缩创造了有利条件，从而加快了整个身体的旋转角速度，增加了最后用力过程中的旋转动量，使铁饼的出手初速度大大提高。

3. 大半径旋转，即右腿远离左髋

由于左腿支撑轴大幅度外旋，增加了旋转半径，使转动惯量加大，旋转难度增加，为了顺利地旋转须用较大的力克服转动惯量的阻力，这样便获得了良好的旋转助力——旋转动量，加快了旋转大半径态势下的速度，使旋转更加积极有力，左腿快速落地，用力节奏加快。这是“窄、高、小”的“高跳式”旋转技术所不能比的优越性。

4. 最后用力的半径大

这是低姿势大幅度旋转技术创造的有利条件（两腿落地距离大）和右腿单支撑用力积极协同的结果。在这里右腿起着重要作用，若无右腿单支撑阶段的不停转动先行进入最后用力，保持和进一步加大超越器械动作，带动下肢的积极运动，大半径的最后用力则较难实现，并会因此而大为失色。“高跳式”旋转技术的落后性反证了这一点，“高跳式”旋转技术，一是右腿落地死遏，右腿死遏，贻误了最后用力时前下肢对上肢的继续超越，遏制了用力幅度。二是采用高姿势小幅度的动作，表面看来旋转和最后用力动作都较快，但由于动作上下幅度小，最后用力时两腿距离窄，姿势较高，虽然手臂有一定的幅度，但在用力过程中给铁饼的加速距离也是短的，这是“高、小”技术的最大弊端。而低姿势大幅度的旋转技术与其截然不同，扬长避短，以“低”、“大”的崭新面目出现，充分发挥低、大姿势的优势，保证了最后大半径用力。大半径最后用力是低姿势大幅度旋转技术的主要特点，也是这种技术优越性的核心。

第四节 投掷技术训练的主要内容与方法、手段

一、推铅球技术训练

推铅球的技术主要由滑步、最后用力两大部分组成。滑步能使铅球获得预先速度，为最后用力创造条件，滑步不正确会直接影响最后用力，因此在训练中要重视滑步动作。提高滑步的速度，要着重解决滑步前身体的平稳，蹬摆的力量、方向、角度和两者的协调配合，快速收小腿和扭紧身体的技术，以及摆动腿快速着地形成最后用力的姿势。

最后用力技术是完整技术中最主要的环节，在准备期，无论训练水平高低，都应占较大比重。初学者应以掌握正确的基本技术为主，打好技术训练基础，训练水平较高者，要着重改进最后用力的某些技术细节，以完善技术。在训练最后用力技术中，要特别注意超越器械的扭转姿势、蹬右腿送髋的技术、左侧支撑加大投掷半径的技术和鞭打动作的技术等。技术训练的主要手段有：

（1）徒手或持轻器械做技术模仿或专门练习。

（2）推掷实心球或较轻的铅球。

（3）徒手或持轻器械做连续滑步动作，每次结束时都强调快速蹬伸右腿。

（4）原地推掷轻、重铅球，站立姿势应与滑步后的最后用力姿势相符合。

（5）徒手或持轻器械，做降低条件的滑步练习，突出最后用力的蹬、转、送练习。

（6）圈内、外滑步推各种不同重量的铅球。

（7）圈内推标准重量的铅球。

二、掷标枪技术训练

掷标枪的技术训练，应突出主要技术环节，重视基本技术，这对初学者尤为重要。对高水平的运动员，主要是改进、提高和完善投掷标枪的完整技术，同时也要根据个人的实际情况抓好薄弱技术环节的训练，但也不能忽视基本技术。

1. 掷标枪技术训练的重点

（1）在最后用力技术中的用力顺序、“满弓”、左腿工作与沿标枪纵轴用力动作环节。

（2）投掷步中的引枪、超越器械和各步的步长。

（3）助跑与最后用力的衔接技术。

（4）助跑的速度与完整技术的节奏。

掌握掷标枪的合理技术，必须经过多年的系统训练。准备时期应以掌握、改进和完善基本技术为主，竞赛时期应以完善完整技术为主。采用不同重量的标枪进行技术训练，有助于提高专项能力和专项技术。在改进和完善动作节奏时，不应采用重器械练习，在准备时期，采用轻、重和标准器械相结合的练习，在竞赛时期采用较轻、标准器械相结合的练习，效果较好。

2. 技术训练的主要练习

（1）掷标枪的专门性练习。

（2）原地、上步或短距离助跑插枪练习。

（3）原地掷枪。

（4）交叉步掷枪。

（5）投掷步掷枪。

（6）持枪助跑。

（7）持枪助跑结合引枪和投掷步练习。

（8）短距离助跑掷枪。

（9）全程助跑掷枪。

三、掷铁饼技术训练

1. 掌握和改进掷铁饼最后用力技术

（1）站在镜子面前，徒手做掷铁饼最后用力的模仿练习。

（2）拉橡皮带体会和改进最后用力技术。将橡皮带的一端固定与膝同高，另一端套在手上，投掷臂自然伸直，蹬转右腿推送右髋向投掷方向转体，顺势挥臂，体会身体在最后用力时各肌肉群的用力顺序。

（3）原地掷胶皮管、木棒、铁管、铁棍、小球等。

（4）坐着或站立，向不同方向掷实心球、小铅球。

（5）原地投掷不同重量的铁饼。

2. 掌握和改进掷铁饼的旋转技术

（1）左肩向前进方向站立，右臂向右预摆后，身体向投掷方向连续旋转，每圈旋转的后半圈要注意腿的快速移动，以及双支撑时的超越器械动作。徒手或带球完成上述练习。

（2）徒手做旋转的分解练习。第一步，起转。从预摆结束姿势开始，把身体重心从右腿有节奏地向左腿移动，并以左脚前脚掌为转动的支点进入旋转。第二步，进入旋转后，右脚蹬离地面，以右大腿带动小腿绕过左腿（要求幅度大），以前脚掌在圈心附近着地，左脚不离开地面。为了训练运动员的自控能力，左腿在右脚前掌着地刹那蹬伸，如此反复练习。第三步，在第二步练习的基础上，左脚蹬离地面，做完整旋转动作。

（3）肩负竹竿，双臂平举，手扶竹竿，做旋转的完整技术练习。此练习有助于掌握肩轴与髋轴在旋转中的相互关系。

（4）徒手或持器械做完整的旋转练习。

3. 掌握和完善旋转掷铁饼的完整技术

（1）模仿练习。徒手或持器械做完整技术的模仿练习，训练动作的节奏和加速感，提高动作的速度。改进技术细节或局部动作。

（2）在圈外背向旋转掷铁饼。

（3）在圈内背向旋转掷铁饼。

（4）增加难度的技术训练。

复习思考题

1. 从铅球、标枪、铁饼运动的发展概况看，可以分别将它们分为哪几个发展阶段？

2. 投掷项目运动成绩由哪几部分组成？如何提高各组成成分的成绩？

3. 现代投掷运动的技术特点是什么？

4. 投掷运动的技术训练手段主要有哪些？

第五章 田径运动教学与训练计划

第一节 田径运动教学

一、竞走技术教学

根据“竞走定义”的要求，竞走技术要做到前腿着地到垂直部位，膝关节必须伸直，这一技术动作是竞走技术的难点，由前腿“扒地式”全脚着地技术必须改为“滚动式”足踵着地技术，使人的肉眼才能看到脚触地瞬间膝关节伸直的动作形象，成为最佳的前腿在垂直部位的时间与空间特征。

教学重点：骨盆围绕垂直轴的转动技术。

教学难点：前腿着地到垂直部位技术。

1. 建立正确的竞走技术概念

（1）讲解竞走技术特点。

（2）看教师做竞走技术示范，观看竞走技术连续动作图片或录像。

2. 学习竞走时髋绕前后轴转动

（1）自然站立，将身体重心轮流由一腿移至另一腿（两臂不动）。

（2）自然站立，将身体重心移至一腿，另一腿脚掌离地，离地腿同侧髋下沉、上提，交替重复进行。

3. 学习竞走时髋绕垂直轴转动

（1）自然站立，将身体重心移至一腿时，另一腿协同同侧髋向前方屈膝、提踵前摆。

（2）强调两髋绕垂直轴转动的大步走。

（3）沿直线走，髋绕垂直轴稍转动后再向前提腿迈步。

4. 学习竞走时腿的正确动作

（1）慢速直腿着地走，直腿从着地瞬间保持到垂直瞬间。

（2）快速直腿着地走，直腿从着地保持到垂直部位。

5. 学习竞走两臂和肩的正确动作

（1）原地摆臂模仿练习。

（2）两臂放在背后肩转动的竞走。

（3）两臂和肩积极配合的竞走。

6. 学习完整竞走技术

（1）慢、中、快各种速度的竞走。

（2）在弯道上、坡道上（上坡、下坡）和公路上竞走。

7. 竞走技术教学应注意的问题

（1）初学时严格控制速度，不宜快走，从慢走、中速走中领会竞走动作是否符合竞走定义中关于不得腾空和不得屈膝的要求。

（2）主要使学生能正确认识竞走技术，分析竞走技术，以基本能判别竞走动作是否符合竞走定义要求为原则。

（3）教师在教学中要不断指出练习中的正确与错误技术，并通过正误对比使学生深化竞走技术概念。

二、短跑技术教学

短跑技术在教学中要充分利用每个人所具备的自然跑的能力，始终强调自然、放松和富有弹性的大步幅跑技术，使跑的技术更加符合运动生物力学和解剖学的原理，表现出更明显的经济性和实效性。

教学重点：途中跑技术。

教学难点：蹬摆结合技术。

1. 使学生了解短跑技术和知识

（1）讲解短跑项目的技术特点、裁判法、规则和发展概况。

（2）技术示范。做 60 米的短跑完整技术示范。

（3）观看优秀运动员技术图片、电影、录像等，使学生了解短跑的基本技术。

2. 学习直道途中跑技术

（1）学习摆臂技术。原地成弓步做前后摆臂练习。练习时讲清摆臂的动作要领：以肩为轴，前后自然摆动，臂前摆时肘关节角逐渐减小，臂后摆时肘关节角逐渐加大，两手成半握拳或自然伸直手掌姿势，摆动有力。

（2）学习用前脚掌着地的富有弹性的慢跑。要求用前脚掌着地，做脚跟离地较高、富有弹性的慢跑，之后逐渐加大大腿摆动幅度并要求大小腿折叠前摆。

（3）学习中等速度的反复跑 60~100 米。要求跑速中等，跑的动作放松、协调、步幅开阔。同时，强调动作的大幅度和大小腿折叠技术，使足跟直接靠拢臀部。

（4）两人并列，中速反复跑，60~100 米。体会摆臂和摆动腿着地前的技术要领。要求以肩为轴，前后摆臂。着地腿要富有弹性，切忌前踢小腿的错误动作。

（5）学习大步幅的反复跑 60~100 米。体会摆动腿前摆充分带髋前送技术。要求摆腿与摆臂协调配合。

（6）学习从慢到快跑，以均匀加速的技术跑 60~80 米。体会完整的途中跑技术。要求速度逐渐加快，大步幅富有弹性的快跑。强调蹬地和摆动结合，上下肢协调配合。

（7）学习变换节奏的加速跑 80~100 米。要求如下：加速跑 30 米、最大速度跑 30 米、自然放松惯性跑 20 米。强调变换节奏跑时衔接要连贯。

（8）学习行进间跑。要求跑的动作完整和放松。

3. 学习蹲踞式起跑和起跑后加速跑技术

（1）学习安装起跑器方法。让学生按普通式起跑器安装要求进行练习。

（2）学习“各就位”、“预备”技术。体会起跑动作的要领。安排学生成组练习。

（3）学习起跑和起跑后加速跑的技术：① 模仿蹬离起跑器技术练习。要求两腿前后站立，然后屈膝并前倾上体，两臂自然下垂，听到“跑”的口令后，迅速完成蹬摆动作，并强调以身体前倾姿势跑出。② 听到“跑”的口令，从起跑器上蹬离跑出 20~40 米。

（4）学习起跑、起跑后加速跑接途中跑技术。按口令起跑出发后，快跑

50~60 米。体会在加速跑后自然跑 1~2 步进入途中跑。

（5）学习弯道起跑器安装技术和学习弯道起跑、起跑后加速跑技术：① 让学生根据弯道起跑器安装方法进行练习。② 按“跑”的口令要求，完成弯道起跑和起跑后加速跑练习。

4. 学习终点跑技术

（1）在慢跑中做上体前倾动作，做用胸部或肩部撞线的练习。

（2）用中等速度跑做胸部或肩部撞线练习。完成撞线动作后不要立即停步，要求顺势向前跑几步。

（3）双人或成组练习撞线技术。

（4）快速跑 40~50 米，直接跑过终点（不做撞线动作）。要求跑至离终点 20 米处尽量增大身体前倾程度，并加快摆臂，迅速跑过终点。

（5）快速跑 40~50 米，在离终点线前 1 米左右做用胸部或肩部撞线动作，迅速跑过终点。

5. 学习弯道跑技术

（1）沿一个半径 10~15 米的圆圈跑。依次按慢跑、中速跑、快跑的要求，体会随跑速的增加身体内倾程度的变化。

（2）学习进、出弯道跑技术。先在直道上跑 15~20 米，接着跑进弯道 30~40 米。要求在进入弯道前 2~3 步，应有意识地加大右腿和右臂的力量和摆动幅度；出弯道跑时先在弯道上跑 30~40 米，接着跑进直道。在跑出弯道前 2~3 步，身体应有意识地直起，体会顺惯性自然跑出弯道的过程。

（3）学习全弯道跑技术。让学生进行 120~150 米的全弯道跑，体会上弯道、弯道和下弯道跑的衔接技术。

6. 改进和提高全程跑技术

（1）用 60 米全程跑让学生反复完成直道全程跑的各部分技术。要求全程跑各部分技术的衔接连贯、自然。

（2）改进 100 米和 200 米全程跑技术。

7. 短跑技术教学应注意的问题

（1）在直道途中跑教学中，要始终强调上肢与下肢协调配合技术，体会自然放松的技术和大步幅技术。随着技术的不断改进和完善，逐步加快跑速，延长跑的距离。

（2）在蹲踞式起跑和起跑后加速跑技术教学中，应根据个人特点，不断调整起跑器的位置和抵足板角度。在教学开始阶段，由于技术不熟练，不应过分强调身体前倾，以免摔倒或影响起跑后加速跑动作的连贯性。学习起跑技术初期，应以单个练习为主，听枪声集体起跑要在掌握技术后和教学后期进行。

（3）在改进和提高全程跑技术教学时，应强调各阶段技术衔接得连贯自然，及全程节奏能力的培养。

三、中长跑技术教学

鉴于中长跑运动消耗的体能较大，因此，提高跑的经济性，减少能量消耗的前提就是要掌握正确的技术，要突出跑时的协调放松，身体重心移动平稳，及全程跑的节奏合理性。

教学重点：途中跑技术。

教学难点：下压着地缓冲技术和全程跑的节奏意识。

1. 学习直道途中跑技术

（1）80~100 米的匀速慢跑。

（2）80~100 米的加速跑。

（3）60 米加速跑+20 米的惯性跑+60 米的加速跑+20 米的惯性跑。

（4）变速跑（或走跑交替）：100 米中速跑（直道）+100 米慢跑或走（在弯道上）。

2. 学习弯道途中跑技术

（1）沿半径为 10~15 米的圆圈跑。

（2）在弯道上进行 80~100 米的加速跑。

（3）由直道进入弯道跑，在直道上跑 20 米，接着跑入弯道。

（4）由弯道跑进入直道跑，在弯道上跑 20 米，接着跑入直道。

（5）变速跑（或走跑交替）：120 米中速跑（弯道）+80 米慢跑或走（在直道）。

3. 学习起跑和起跑后的加速跑

（1）学习站立式或半蹲式起跑。

（2）原地站立，身体前倾。顺势跑出，保持前倾姿势，加速跑 20~30 米；个人在直道或弯道上起跑，跑 60~80 米。

（3）集体在直道或弯道上起跑，跑 60~80 米。

4. 掌握中长跑的完整技术

(1) 根据学生掌握中长跑技术的情况，反复进行以上教学内容的练习，使学生掌握正确的技术。

(2) 认真纠正学生的错误动作。

(3) 进行200~600米的反复跑，最后50~150米进行加速，开始冲刺，到终点做撞线动作。

(4) 变速跑：200~300米的中速跑+100米的慢跑。

5. 提高中长跑的节奏意识

(1) 按学生水平分组，进行600米（女生）和1 200米（男生）的匀速跑，在最后100~200米开始加速，全速跑过终点。

(2) 按个人速度分配计划跑：男生1 200~1 500米，女生600~800米。

6. 中长跑技术教学应注意的问题

(1) 在途中跑技术教学时，教师应注意学生对中长跑技术主要环节的掌握。

(2) 在改进提高中长跑技术时，教师首先要鼓励学生克服困难，全力以赴进行练习。还应从学生的实际出发，区别对待，掌握好运动量。鼓励学生在“极点”出现时，应积极调整跑速和呼吸，以顽强的意志来战胜它。

(3) 在全程跑教学时，除了要求技术动作必须正确外，还要特别强调跑得协调放松、平稳和注意跑的节奏，也可采用分段报时的方法来培养学生的速度感。同时，注意对学生战术意识的培养，包括全程体力分配、起跑后的加速跑及途中跑的领先跑、跟随跑、超越对手和终点冲刺的时机等。

四、跨栏跑技术教学

当今跨栏跑技术发展趋势是快速、实用、简化技术特征。教学重点应突出现代跨栏跑意识，注重跑速和跨栏跑的正确节奏，强调教学的整体性和系统性。

教学重点：跨栏步技术。

教学难点：“跑跨”和“跨跑”结合技术。

1. 建立跨栏跑正确的技术概念

(1) 观看高水平跨栏跑比赛的电影和录像，讲解现代跨栏跑的整体技术特点。

（2）通过教师的示范和讲解，使学生进一步了解现代跨栏跑技术的实质，并形成正确的动作表象。

（3）采用启发式或开放式教学，引导学生积极思考和讨论，使学生在头脑中建立起正确、清晰、牢固的跨栏跑技术概念。

2. 学习跨栏跑的正确技术结构

（1）60~80 米高重心大步快速跑。

（2）加强 6~8 个跨栏板的节奏练习，两栏板间距离为 8.00~8.30 米，强调摆动腿跨栏板时屈膝高抬。

（3）6~8 个跨低栏架（40~60 厘米高）或放倒栏架，栏间距离为 8.00~8.30 米。

（4）加强 8~10 个跨低栏架练习，栏高 76.2 厘米，栏间距 8.00~8.30 米。强调摆动腿高抬动作和起跨腿折叠外翻提拉动作。

（5）加强全程栏节奏练习，栏架较低（40~69 厘米，或后几栏放栏板），栏间距 8.00~8.30 米，体会全程栏节奏，提高学习自信心。

3. 改进跨栏步技术

（1）在原地或走或慢跑中做摆动腿模仿练习。

（2）在走或慢跑中做摆动腿屈膝高抬攻栏和“鞭打”着地动作练习。

（3）在慢跑或高抬腿跑中做起跨腿从栏侧过栏动作的练习。

（4）在慢跑或高抬腿跑中做栏侧或栏中过栏练习。

（5）各种跨栏跑的专门性练习或辅助性练习。

4. 改进跑跨和跨跑相结合技术

（1）站立式起跑 7~8 步过第一栏（栏高 76.2~91.4 厘米）+15 米快跑。

（2）站立式起跑过 3~5 个栏+15 米快跑。

（3）跨不同栏高、栏距的练习。栏高要求：前几栏较高（84~91.4 厘米），后几栏较低（76.2~84 厘米）。

（4）增减栏高、栏距练习，前几栏较低（76.2~84 厘米），中间几栏升高（84~91.4 厘米），后几栏降低（76.2~84 厘米）。栏距也采用相同方式增减距离。

5. 学习和掌握蹲踞式起跑过栏技术

（1）站立式和蹲踞式起跑过第 1 栏+15 米快跑。

（2）蹲踞式起跑过 1、2、3 或 4 个架栏。

（3）听信号成组起跑过第 1 栏+15 米快跑。

（4）听信号成组起跑过 3~5 个栏。

6. 改进和提高跨栏跑完整技术

（1）蹲踞式起跑 5~8 栏+10~15 米。用稍稍缩短的栏间距离进行练习，栏高亦可适当降低。

（2）不同栏高、栏距的组合练习，如前 3 栏较高，中间 2 栏较低，后 2~3 栏较高；或前 2 栏较低，中间 3 栏较高，后 2~3 栏较低。栏距亦可做相应调整。

（3）下坡跨栏练习（8~12 栏）。

（4）跨低栏架的节奏跑练习（8~10 栏）。栏高 76.2 厘米以下，栏间距离 8.30~8.50 米。

（5）全程栏或超全程栏练习。

7. 跨栏跑技术教学应注意的问题

（1）跨栏跑技术较复杂，对身体全面发展水平要求较高，一般安排在短跑技术教学以后进行。在教学初期，教师的讲解应简明扼要，不宜分析过细，示范动作力求准确，以建立正确概念，形成清晰表象，降低条件的跨栏跑，主要使学生粗略体验跨栏跑的技术。可根据学生的实际水平，缩短栏距，降低栏高，使学生重点体会跨栏的技术和栏间跑的动作。

（2）要结合跨栏步教学，安排较多的发展柔韧性和髋关节灵活性的练习，以利教学任务的完成。在跨栏步教学中，应注意观察学生练习时的足迹，根据学生的情况帮助确定适宜的起跨距离。在跨栏步的专门性练习和技术教学中，均应强调下肢动作与上体、两臂动作的协调配合。

（3）在起跑过第一栏技术教学时要突出步点准确、节奏感强、积极加速、身体重心抬起较早，跑到第 6 步时身体姿势已接近途中跑。

（4）在跨栏跑教学中，要自始至终突出跨栏跑节奏意识和大无畏精神气质的培养。

五、背越式跳高技术教学

跳高是一项克服垂直障碍的跳跃项目，其动作环节是紧密相连不可分割的完整体。因此，在教学中要把教学重点放在各技术环节的结合上，特别是放在助跑与起跳的结合上。

教学重点：起跳技术。

教学难点：助跑与起跳的衔接技术。

1. 助跑技术

助跑是为了获得必要的水平速度，在起跳前及时调整动作结构和节奏，取得合理的身体位置，为顺利地进入起跳和过杆做好准备。一般采用各种变换方向跑的练习（圆圈跑、蛇形跑、8 字形跑、马蹄形跑、螺旋形跑），直道进入弯道跑练习，在跳高场地上做助跑练习。

2. 起跳技术

起跳技术是跳高的关键技术，其任务是迅速改变人体运动方向，创造尽可能大的垂直速度和合理的腾空角度，为过杆动作的顺利完成创造条件。一般采用摆动腿练习，模仿起跳练习，原地起跳练习，上一步起跳练习，行进间 3、5 步起跳练习，4 步弧线助跑起跳练习，短助跑起跳摸高练习，在跳高场地上做助跑起跳头顶高物练习，在全程助跑起跳上做高垫练习，全程助跑起跳等练习。

3. 过杆落地技术

过杆是最终决定跳高成败的重要环节，因此，掌握合理的过杆技术是教学中不可忽视的问题。一般采用挺髋模仿练习（原地下腰、两人对背），原地双脚、单脚起跳背翻练习（可增加起跳点的高度），上一步起跳背翻练习，4 步助跑跳高垫练习（要求两腿不上收），短助跑起跳过杆练习，正面助跑过杆练习，完整技术练习。

4. 跳高技术教学应注意的问题

（1）在跳高教学中，分解教学不宜过多，应注重完整技术教学，要重视每个环节和部分的有机联系，要结合专项身体素质、一般身体素质和专项辅助性练习。

（2）在助跑教学中，要注意助跑技术和助跑节奏的教学，特别要注意助跑最后两步的节奏。

（3）在助跑起跳结合教学中，应注意较快的助跑速度与快速有力的起跳技术的有机结合。

（4）要抓住助跑倒数第二步摆动支撑阶段积极快速的过渡动作，并与摆动腿快速摆动和起跳腿快速蹬伸的起跳动作协调配合起来，注意摆动肢体的协调配合，充分利用摆动肢体作用，提高起跳的效果。

(5) 过杆时应注意身体各部位与横杆相对位置的变化，要始终顺着身体重心运动的方向快速、连贯、顺势、依次地完成过杆动作，并使整个动作具有实效性和明显的节奏感。

六、撑竿跳高技术教学

撑竿跳高技术必须最大限度地利用助跑速度，使人和竿子快速向前上方摆动，并利用人体在撑竿上的摆动和竿子的弹性做快速的拉引和推竿动作，使身体获得最大的腾空高度。

教学重点：插穴与起跳技术。

教学难点：助跑与举竿插穴动作技术。

1. 持竿助跑技术

持竿助跑是撑竿跳高中获得动量的主要技术环节，它是保证运动员在不影响快速、准确完成插穴起跳技术的前提下，获得尽可能高的水平速度。一般采用握持竿练习、持竿慢跑练习、持竿高抬腿跑练习、持竿加速跑练习、从持竿慢跑过渡到加速跑练习，持竿加速跑结合降竿练习。

2. 插穴起跳技术

插穴起跳是掌握撑竿跳高技术的关键，它是进一步掌握技术和提高运动成绩的基础。正确熟练的插穴起跳技术有利于助跑速度的发挥和利用，也有利于悬垂摆体等动作的正确完成。可采用模仿举竿时手的动作练习，在沙坑里做上一步起跳悬垂练习，走动或慢跑做插穴起跳练习，不做起跳的上一步插穴弯竿练习，用硬竿做短助跑起跳接悬垂练习，短程助跑插穴起跳转入竿上悬垂练习。

3. 悬垂摆体和后仰举腿技术

运动员利用悬垂动作姿势拉长的体前肌群做向上摆，使摆体动作尽可能完成得快速有力。一般采用4~6步助跑起跳悬垂练习，原地起跳握住吊绳做悬垂后仰举腿练习，2~4步助跑起跳握住插在沙坑内的撑竿做悬垂后仰举腿练习，持竿短程助跑将竿插入沙坑做悬垂后仰举腿练习，利用单杠做悬垂后仰举腿练习，在撑竿跳高场地上做短程助跑悬垂后仰举腿练习，利用高架做悬垂后仰举腿练习。

4. 引体、转体、推竿、过杆技术

引体是从短摆之后开始的转体、推竿和过杆等一系列动作，是运动员撑竿跳高技术中最后的关键技术部分。一般采用上一步插竿起跳摆体、引体、转体推竿练习，利用高架做引体、转体推竿练习，短程助跑撑竿跳远技术练习，短程助跑撑竿跳高技术练习，完整技术练习。

5. 撑竿跳高技术教学应注意的问题

（1）在撑竿跳高教学中，由于撑竿跳高对身体素质要求较高，因此，教学中除了向学生传授技术动作外，应注意发展专项能力，提高身体素质。

（2）撑竿跳高是所有跳跃项目中技术动作最复杂的运动项目，教学中，应多采用分解教学法，技术动作应以地面教学为主，要注意培养学生的“杆感”。

（3）撑竿跳高教学危险性大，除了要注意消除学生的恐惧心理外，更要注意落地点的设施安全，在教学中教师应注意采用一些保护措施，避免出现伤害事故。

七、跳远技术教学

跳远需要良好的速度和弹跳能力作为基础。它不仅需要运动员具备快速助跑能力，同时还需要在高速运动状态下准确踏板和快速起跳的能力。跳远教学手段的选择与运用一定要强调各技术环节间的衔接和整个技术的完整性，使分解技术服务于完整技术的需要，也使完整技术教学注意各技术环节的准确性和实效性。

教学重点：起跳技术。

教学难点：助跑与起跳相结合技术。

1. 助跑技术

助跑主要是获得水平速度，为准确踏板和起跳做好准备。跳远的助跑速度对运动成绩起着很重要的作用。跳远助跑教学一般采用不同距离的加速跑练习，不同距离的行进间跑练习，计时跑练习，固定助跑步数的高频率行进间跑练习，在跑道上做 8～12 步助跑练习，设立标志物的助跑练习，体会助跑节奏的练习，全程助跑练习。

2. 起跳技术

起跳技术主要是改变身体重心向前运动方向，使它按着适宜的角度腾起。一般采用原地模仿起跳技术练习，行进间起跳练习，小步跑起跳练习，4～6 步助跑“腾空步”练习，利用坡板做短助跑起跳练习，短程助跑“腾空步”

练习，不同节奏的助跑接起跳练习。

3. 空中与落地技术

腾空动作主要是利用身体的补偿动作，维持身体平衡。教学中一般采用原地模仿练习，利用双杠做空中动作模仿练习，增加起跳高度做空中技术模仿练习，短程助跑接空中技术练习，中程助跑起跳空中技术练习，模仿着地技术练习，全程助跑跳远练习。

4. 跳远技术教学应注意的问题

（1）在跳远教学中，应注意主要环节的教学，注意各技术环节的衔接配合，把技术教学与提高身体素质练习有机地结合起来。

（2）应注意做好基本技术教学，分解教学与完整教学有机结合起来。切不可急于求成，只顾远度，忽视对技术动作的掌握。

八、三级跳远技术教学

三级跳远主要取决于助跑获得的水平速度和三跳过程中水平速度的保持率及各次起跳产生的垂直速度。三级跳远的技术比较复杂，练习强度大，宜采用完整和分解技术相结合的方法。

教学重点：助跑接第一跳的衔接技术。

教学难点：在三跳过程中水平速度的保持率及各次起跳产生的垂直速度。

1. 助跑起跳技术

助跑起跳是决定三级跳远成绩优劣的最主要因素。在教学中既要注意技术的规范性和示范性，还要加强技术的竞技性和实效性。在教学中可以采用各种距离的加速跑练习，计时跑练习，行进间跑练习，原地模仿“扒地”动作练习，行进间起跳练习，短程助跑起跳练习，全程助跑起跳练习。

2. 第一、二跳结合技术

三级跳远的第一跳是在水平速度很高的情况下进行的，它既要争取一定的远度，又要力求减小水平速度的损失量，因此，教学中选择有效的教学手段是很有必要的。一般采用原地或行进间的单足跳练习，原地或行进间的单足跳~跨步跳练习，4~6 步助跑的单足跳练习，短程助跑起跳第一、二跳练习。

3. 第二、三跳结合技术

第二跳是在空中飞进一定远度和高度的条件下进行的。应以保持水平速度为主。一般采用各种距离的跨步跳练习，4~6 步助跑起跳跨进沙坑练习，4~6 步助跑单足跳~跨步跳练习，短程助跑起跳单足跳~跨步跳练习，短程助跑三级跳远练习，中程助跑三级跳远练习，完整技术练习。

4. 三级跳远运动技术教学应注意的问题

（1）三级跳远的技术比较复杂，教学时应注意抓住基本技术环节的教学，对基本技术要求正确、准确，在课堂上应反复练习。

（2）在教学中，要注意专项素质与技术动作的有机结合，交替安排不同的练习方法，注意练习的多样性。

（3）注意做好每跳的基本技术教学，由于三级跳远技术比较复杂，练习强度大，所以，教学中应多采用分解教学法。另外，教学中应充分做好准备活动，布置好练习场地，防止伤害事故发生。

九、推铅球技术教学

无论是背向滑步推铅球还是旋转推铅球，都是通过不同形式的助跑和技术动作最终将人体产生的合力作用于铅球上，创造最远的投掷距离。但是只有在器械处于合理的位置、作用力准确通过铅球重心的前提下，球离手时才能获得最快的初速度，才能达到理想的投掷成绩。

教学重点：最后用力技术。

教学难点：滑步与最后用力的衔接技术。

1. 原地正面推实心球

两脚左右开立，约与肩同宽，双手呈八字形持实心球于胸前，肘关节外展，上体略后倾，用力时两腿充分蹬直，带动上体向前，双臂用力前伸，在球离手瞬间屈腕，通过手指拨球动作将球向前上方推出。练习目的是让学生体会最后用力的动作顺序以及正确的伸臂动作。

2. 原地向上推实心球或铅球

两脚左右开立约与肩同宽，左手上举，右手持球于肩上，上体保持正直。然后两腿弯曲下蹲至膝关节成 130°时，用力蹬伸两腿，将球向上推出，出手角度为 70°~80°。练习目的是让学生体会腿部的蹬伸与手臂推铅球的配合。两腿蹬伸时髋、膝、踝关节充分伸直，使身体完全伸展。

3. 原地向前推实心球或铅球

两脚前后开立，持球的姿势同上，肘关节外展与肩齐平，左臂上举，然后上体后倾，右膝弯曲，通过右腿发力带动上体将球向前上方推出，出手角度为35°~40°。练习目的是让学生体会最后用力时自下而上的用力顺序以及适宜的出手角度。在整个动作过程中，身体重心从右腿上方前移至左腿上方，在球出手时左腿充分蹬直，同时完成屈腕拨球动作。

4. 原地向下推铅球

两脚左右开立，右手持球靠近颈部，右肘关节位于球上方，左手在下托住铅球，目视下方，做向下伸臂推球动作。练习的目的是让学生体会伸臂拨球的正确动作。

5. 徒手做最后用力双人练习

预备姿势，原地背向推铅球，同伴用手拉住练习者的左手，做蹬地、挺髋练习。练习的目的是让学生体会最后用力时正确的用力顺序和髋轴与肩轴扭紧的感觉。

6. 坐姿推实心球

坐在长凳或垫上，距墙3~5米，右手持球，上体后倾，通过腰部发力推动胸部向前将球推出。练习的目的是让学生体会腰部发力，带动躯干将球推出，注意控制好出手角度。

7. 跪姿推实心球

左脚在前，右膝跪地，右手持球，上体后倾，通过腰部发力推动胸部向前将球推出。练习的目的是让学生体会躯干和投掷臂动作的配合。

8. 前后抛实心球

练习目的是让学生体会自下而上的用力顺序。

9. 负重做推铅球最后用力练习

练习者肩负沙袋，准备姿势同原地背向推铅球，做蹬腿、转髋、起体练习。练习的目的是让学生体会最后用力时的动作顺序和躯干的扭紧程度以及髋轴与肩轴的相互关系。

十、掷铁饼技术教学

教学重点：最后用力技术。

教学难点：旋转与最后用力的衔接技术。

1. “反弓”手触脚跟

两脚左右开立，提踵、挺髋，用右手触摸左脚跟，右腿部发力，完成挺髋、抬体动作，再反方向做。练习目是让学生体会由下肢首先发力带动上体的正确用力顺序。

2. 抛实心球

两脚前后开立，侧对投掷方向，双手持球摆至体侧，用蹬地、转体的力量将球向投掷方向抛出。练习目的是让学生体会由下至上的用力顺序。

3. 原地正面掷实心球

两脚左右开立，两膝弯曲，右手持球预摆至体后，然后蹬腿、顶髋、转体、挥臂将球向前上方掷出。练习目的是让学生体会由下至上的用力顺序。

4. 原地正面掷铁饼

两脚左右开立，右手持铁饼做 1~2 次预摆后，两腿蹬地，顶髋、转体、挺胸、挥臂将铁饼向前上方掷出。练习的目的是让学生体会用蹬地转体带动挥臂的动作顺序。

5. 坐姿单手掷实心球

对墙坐，右手持球摆至体侧后方，转体、挥臂对墙掷球。练习目的是让学生体会以躯干带动手臂的用力动作。

6. 跪姿单手掷实心球

右膝跪地，左脚在前，右手持球于体侧，通过髋部发力推动髋部向前，并带动躯干完成挥臂掷球动作。练习的目的是让学生体会由下至上的正确用力顺序，以及正确的挥臂路线。

7. 原地投掷练习

手握小杠铃片或树枝，成原地掷铁饼的预备姿势，做蹬伸右腿、送髋、转体、挺胸、挥臂动作。练习目的是让学生体会正确的用力顺序和方向以及身体重心的移动。

十一、掷标枪技术教学

教学重点：最后用力技术。

教学难点：助跑、投掷步与最后用力的衔接技术。

1. “反弓”双手触摸脚跟

两脚左右开立，提踵，上体向后倾，用双手触摸脚跟，髋不挺出，成反弓状，然后两腿蹬伸将上体向前上方弹起，双臂随上体向前上方摆动。练习目的是让学生体会蹬地送髋的动作和背弓时的肌肉本体感觉。

2. 拉臂推肩成“满弓”

两人一组，练习者做好投掷的预备姿势，同伴一手握住练习者的手，一手放在练习者肩胛处，当练习者做送髋翻肩动作时，同伴协助做拉臂推肩动作。练习目的是让学生体会形成“满弓”时的用力顺序及肌肉本体感觉。

3. 持枪翻肩成“满弓”

右手持枪成原地侧向投枪的预备姿势，左手握住枪头，左脚向前迈一步，左腿蹬地送髋，做翻肩动作。练习目的同样是让学生体会形成“满弓”时的用力顺序及肌肉本体感觉。

4. 原地双手掷实心球

两脚前后开立，上体后倾，双手持球于头后，然后蹬腿、挺胸、振臂将球向前上方掷出。练习目的是让学生体会正确的用力顺序及方向。

5. 跪姿掷实心球

双膝跪地，双手于头后持球，上体后倾，然后挺胸、收腹、振臂，将球向前上方掷出。练习目的是让学生体会以胸带臂的动作顺序。

6. 单手持重物做枪摆动作

单手持轻杠铃片，侧对投掷方向站立。连续做蹬腿、送髋、挺胸、翻肩、挥臂动作。练习目的是让学生体会最后用力的肌肉本体感觉。

7. 原地掷小垒球

手持小垒球，侧对投掷方向站立，向前上方掷出小垒球。练习目的是让学生体会快速用力时的肌肉感觉，掌握鞭打动作。

8. 坐姿单手投小球

坐在长凳上，距墙 3~5 米，右手持小球，用转体、挺胸、收腹、挥臂的力量将小球掷出。练习目的是让学生体会以胸带臂的用力顺序。

9. 插枪

侧对投掷方向站立，左手持枪，枪尖低于枪尾，将标枪向前下方掷出。练习目的是让学生体会正确的用力顺序和鞭打动作，沿标枪的纵轴用力。

10. 投掷类项目运动技术教学应注意的问题

（1）在制订教学大纲时，根据投掷类各项目之间的关系和各项目自身的难易，正确安排教学顺序，可以收到较好的效果。一般按推铅球、掷标枪、掷铁饼的顺序进行。

（2）投掷类各项目的技术结构各不相同，但每一个项目都是由若干个动作协调配合完成的。在教学中为了更好地使学生掌握某项运动技术，教师应根据技术复杂的程度，采用不同的教学方法。通常采用完整和分解两种教学方法。

（3）学生练习技术动作时，经常会出现各种各样的错误动作。对于所出现的错误动作，必须及时发现和纠正，不然很容易形成习惯动作，到那时再纠正，不仅非常困难，而且比学习新技术还困难得多。另外，有时由于某些错误动作，还会导致伤害事故。因此，在技术教学中，对错误动作都是采用预防和纠正的方法，并且预防重于纠正。

第二节 田径运动训练的基本要求

一、训练要区别对待

区别对待是在训练中根据训练对象的个人特点（年龄、性别、身体条件、训练水平、文化水平、个性特征等）科学地确定训练任务、内容、方法和运动负荷。在开始训练阶段对一个训练组的同学提出一般要求的情况下，紧接着就必须根据个人特点提出不同要求的区别对待训练。为了实施区别对待训练的要求，教练员必须要全面了解运动员的情况，合理设计训练计划，科学实施、组织田径训练。例如，对技术较好的同学提出较高的要求，并要求他们帮助技术较差的同学；对勇敢顽强，但不够认真的同学，要发扬他们勇敢顽强的精神，帮助他们认真学习技术；对学习认真，但不够勇敢顽强的同学，要发扬他们认真学习的好风尚，采取适宜的训练方法培养他们勇敢顽强的精神。由于身材高矮不同，身体素质发展水平不同，对跑的技术、步频、步长要求，对田径各项技术表现的特点要求都应有所不同。在同一组训练者中，由于年龄、训练水平的差异，训练中的量和强度要求也应有所不同，有的同学愿意承受较大的训练强度，而不习惯承受较大的运动负荷；有的愿意承受较大的运动负荷，而不习惯承受大的强度。根据这种特征，在训练中应区别对待，发扬个人优势，改进个人弱点，提高训练水平。

二、合理安排运动负荷

为了提高田径运动成绩，在训练中必须多次重复练习，并逐渐提高运动负荷，以至把运动负荷提高到运动员所能承受的最大限度，才能创造个人新的最好成绩。在田径运动训练中，增加运动负荷是以运动员身体健康状况和机能能力提高程度为依据的。要对运动员逐渐提高训练要求，合理安排运动负荷，不断提高他们的机能能力。一般运动负荷的增加是按照适应、加大、再适应、再加大的模式进行，并且要做到运动负荷大、中、小相结合，节奏分明，有适当的休息与恢复。

运动负荷的增大，一般是从增加数量开始，首先增加每次训练课完成练习的次数，如增加跑的距离，增加跳跃、投掷次数等，当运动员适应了这种运动负荷之后，再逐渐增加练习强度，有时还需要减少一些数量。为了提高练习强度，除对练习质量有较高的要求外，还可增大练习密度、缩短练习间隔。

运动员训练水平越高，越能承担较大的运动负荷，安排运动负荷时，必须考虑到运动员的训练水平，区别对待。对初学者在增加运动负荷的时候，要注意身体全面发展，如在跑的训练中，不能只增加跑的数量，还应配合跳跃、投掷和球类等练习，使其上下肢、大小肌群都得到协调的发展。

安排运动负荷还要考虑到各专项特点，如以发展快速力量为主的项目(跳跃、投掷)，许多练习要在较快的动作中完成，动作效果应明显地表现在高度、远度上，这样容易加强运动员的意志作用，有利于提高训练强度。跑、跳、投项目的练习主要体现在距离和时间两个维度上，因此，训练中教练员对练习的远度、高度、距离、时间和次数都要提出适当的要求。

三、一般训练与专项训练相结合

为了提高田径专项成绩，必须把一般训练与专项训练结合起来。田径运动项目虽然都有各自专门的要求，但只有在全面协调发展身体素质的基础上，才能提高运动能力。身体素质是互相联系的，只是各个项目对各种素质的要求有所侧重，为了使某一身体素质获得最大程度的发展，必须相应地发展其他素质。如：短跑不仅需要速度，而且需要力量和速度耐力，短跑运动员还应具有良好的协调性才能发挥出最大速度。训练理论与实践表明，田径运动员具有较高的全面发展水平，才能较好地掌握先进技术，承担大运动负荷训练，参加较多的比赛，同时也有助于防止发生伤害事故，延长运动年限。所以，田径运动员的训练要以一般训练为基础，在一般训练中为专项训练创造条件。

田径运动各个单项都有其技术和训练方法上的特点，为了提高运动成绩，必须选定专项训练。专项训练往往侧重人体某系统和器官机能的提高。例如，跳跃和投掷运动员四肢力量应较强，特别是投掷运动员应经常注意发展四肢力量，跳跃运动员注意发展腿部力量，但是，他们的心脏机能和呼吸系统活动就不如径赛运动员的能力强。短跑运动员既要发展腿部力量，也要发展上肢、腰腹及骨盆部肌肉力量。

专项训练也在一定程度上促进身体的全面发展。例如，跨栏和标枪运动员的专项训练不仅能提高专项成绩和技术，也能较有效地促进身体全面发展。当然，这并不代表这些专项运动员可以不进行一般训练，而是说明专项训练和一般训练是密切联系和互相促进的。

在专项训练和一般训练结合过程中，其练习内容的比重大小，应根据运动员专项和一般训练水平、比赛任务和训练时期等适当安排。

四、不间断性与周期性训练

田径运动成绩是运动员通过系统的、不间断的多年训练基础上获得的。田径运动各项技术必须通过多次重复练习逐渐发展和提高。没有多次重复练习，就不能保证掌握完善的技术，不能发展和提高身体素质。已有的技术水平和身体素质水平，如果长时间中断练习，也会逐渐下降。因此，田径运动员必须按计划进行系统地、不间断练习。

多年训练是以各年度训练为基本周期，年度训练一般又分为三个训练时期，每个训练时期为便于有计划地训练，又以周为小的循环周期，在各年度训练过程中，训练经过各个阶段的周期循环，又由下一周重新开始，但是，这时训练工作已在新的较高水平上进行。在多年训练的各年度、各时期使运动员在思想水平、身体素质、技术水平、战术和理论知识等方面都逐步得到提高。

多年训练是靠年复一年、日复一日地训练来完成的。训练内容比重和要求，要不间断地调整，逐步提高，不是简单地重复。例如，改进专项技术和发展身体的素质，每年所占训练比重、采用的方法，具体要求是不同的，是越来越细致、越来越高的，总的运动负荷也是逐年增加的。

田径运动员要坚持多年的、系统的、不间断的周期训练，要合理地在各个训练周期有计划地重复，使运动成绩逐步提高。

第三节　田径运动训练计划

一、多年训练计划

早期专门训练是现代田径训练发展的一个重要特点，要想创造较高的运动成绩，必须从少年儿童开始选材，制定多年训练计划，进行多年训练。

多年训练计划一般包括以下内容：

1. 年训练计划的目的与任务。

2. 运动员的基本情况（主要是选材测试和一般调整登记内容；对训练对象完成多年训练任务的估量）。

3. 各年度训练任务，要考虑运动员年龄和发育特点，根据多年训练目的任务，对各年度分别提出训练任务。

4. 年度身体训练、技术训练及运动负荷安排的逐年要求。

5. 完成多年训练任务的措施和有关注意事项。

多年训练计划的年限，应根据运动员的实际情况而定。少年儿童应根据中小学的学制年限，我国少年田径甲、乙组比赛年龄的要求；体育学院、系运动员应根据现有学习年限；具有较高水平的优秀运动员应以我国全运会和亚运会、奥运会为目标。就以上各种对象的情况，一般应以 4 年为宜，有的年龄较小的运动员也可定为 6 至 8 年。

多年训练计划仅是一种远景框架计划，不可能制定得很具体，但要实事求是地建立在可能实现的基础上。根据运动员的特点和训练任务，学习田径运动训练先进经验，同时要有自己的训练观点，沿着多年训练道路，充满信心，坚持不懈地去争取完成多年训练计划，在实践中对多年训练计划加以修改、充实、完善。

二、全年训练计划

全年训练计划是根据多年训练计划所规定的本年度训练任务，以及总结上半年训练的基础上制定的。

1. 全年训练的任务

即在提高身体素质、完善专项技术、学习和提高理论知识以及思想教育等方面基本年度所要完成的任务。

2. 全年训练的分期与时间安排

全年训练分期是根据不同项目、不同水平运动员的特点，运动员所在学校的校历，不同比赛任务的要求，以及季节气候特点等因素考虑的，其目的是为了顺利地、有计划地完成全年训练的任务。全年训练一般可以分为单周期、双周期和多周期的全年训练过程。当代许多优秀运动员的训练实践证明，为了获得高水平的竞技状态，要求运动员必须经历一个足够时间的准备过程。目前在全年训练中，有采用双周期的安排。但随着田径运动的发展，根据高水平运动员比赛增多的特点，也有多周期安排的形式。而且准备期缩短，专项训练的比例加大，比赛期延长。

单周期训练计划把全年分为准备期、竞赛期和过渡期，双周期训练则把全年分为两个准备期、两个竞赛期和一个过渡期（表 5-1，表 5-2）。

表 5-1　单周期划分示意表

准备期	竞赛期	过渡期
11 月下旬—次年 4 月	5 月—10 月	10 月上旬—11 月中旬

表 5-2　双周期划分示意表

第一准备期	第二准备期	第一竞赛期	第二竞赛期	过渡期
12 月下旬—次年 3 月	4—5 月	6—7 月	8—10 月	11 月

准备期的训练，在很大程度上影响着未来竞技状态的稳定性水平。由于高水平运动员的形态、机能等各方面已相对完善，没有足够量的刺激不足以引起实质性的变化。在制定年度训练计划时，准备期和竞赛期要有机地联系起来，在紧张的比赛时期也不应间断身体训练，要保持身体训练的连续性，保持和提

高比赛能力，旨在比赛中创造优异的成绩。

此外，划分全年训练分期，各地也不完全相同，还要特别根据气候特点加以安排。

3. 全年训练各时期的任务与负荷安排

准备期的训练任务一般是全面发展身体素质和专项身体素质，改进技术，培养道德意志品质，为竞赛期训练和提高专项成绩打好基础。准备期身体训练和技术训练的安排应根据运动员水平、个人特点和比赛任务等而定。准备期训练特点是运动量较大、强度较小、训练时间较长、身体训练多、完整技术训练少。增加运动负荷的方法是逐渐增加的，是大、中、小运动量相结合，波浪式有计划地进行。总的强度相对应以中等强度为主，大强度和小强度为辅，强度也要逐渐提高。

竞赛期的训练任务主要是提高专项素质和专项能力，巩固与提高技术，改进技术，保持良好的竞技状态。在比赛中争取优异成绩，丰富比赛经验，培养道德意志品质。竞赛期一般身体训练较少，技术训练增多，这个时期的训练特点是在接近比赛的情况下进行的，运动负荷相对减少，强度大，平均强度不要太大，在体力和技术较好的情况下，保证大强度训练课的质量。

为便于安排准备期和竞赛期的训练，可在各个时期划分第一和第二阶段的训练。

为了参加较重要的比赛，赛前两天可做小运动量活动，使身体处于良好的竞技状态，保持良好的体力、旺盛的斗志，做好比赛准备。

过渡期的主要任务是消除身心疲劳，积极休息，保持已有的训练水平，总结训练工作，制定下一年度的训练计划，为下一年准备期训练做好准备。运动员训练水平不同，导致比赛次数不同，身心疲劳程度不相同，过渡期的时间长短也不同。优秀运动员参加比赛次数多，过渡期可稍长，应明显地降低运动量，做些其他练习达到积极性休息的目的。

4. 全年训练各时期内容和比重

由于运动员训练水平不同，专项不同，各时期的全面身体训练、专项身体训练和技术训练等所安排的比重大小也不相同。战术训练、心理训练和理论知识教育要结合在身体训练和技术训练中进行。规划各时期训练内容比重时还要考虑运动员的专项和个人的特点。下面是不同训练水平、不同项目的田径运动员各时期训练内容参考比例（表 5-3）。

表 5-3　不同水平、不同项目的运动员各时期训练内容参考比例

时期 / 比例 / 级别、项目	准备期			竞赛期			过渡期		
	一般身体训练	专项身体训练	技术训练	一般身体训练	专项身体训练	技术训练	一般身体训练	专项身体训练	技术训练
少年级	70	10	20	50	20	30	80	10	10
三级	50	30	20	40	30	30	70	20	10
二级	40	30	30	30	40	30	70	20	10
短跑、跳远、三级跳远	30	40	30	30	30	40	80	10	10
中跑、竞走	30	60	10	10	20	70	65	30	5
长跑、马拉松	15	80	5	5	90	5	45	50	5
跨栏、跳高、撑竿跳高	30	30	40	20	30	50	80	10	10

三、周训练计划

周训练小周期是由数次训练课组成的，它是训练过程中相对完整而又经常重复的单元。不同类型的训练小周期联合在一起，是组成阶段训练中周期的基础。

周训练小周期通常以 7 天为单位，但在某些情况下，也有非七天为单位的训练小周期。为达到最高运动水平，小周期中必须有 7 个训练日，5~6 次主要训练课和 7~12 次辅助训练课。训练课有不同任务、不同负荷量或积极性休息，每天都要有训练课，有时甚至一天几次。训练对人体作用的效果决定于负荷量（量、强度、心理紧张度和复杂性）的大小及负荷量在一天和一周中的分配。一日 2~3 次训练的效果不仅在于加大训练总量，而且还能使训练量得到合理分配。通常第二次训练是主要训练课，早上的训练是为主要训练课做好准备，而晚上的训练是为促进机能水平得到很好的恢复。

发展某一素质和改进技术的训练，以日为单位按一定时间重复时，能达到较好的效果。如速度、柔韧和小肌群力量的发展，每日训练的效果较好，而大肌群力量的发展，则隔天训练的效果较好。采用大负荷量发展耐力的练习，一

周只进行2次。另外，应将极限负荷量的训练课，与保持体力的训练课或积极性休息交替进行。如果在数天内每天都进行大负荷量的训练课，每次课后的运动能力未得到充分恢复，那么在这种训练结束时，应安排休息，包括为达到充分恢复的积极性休息。力量训练常采用这种方法，即较多天数的大负荷量训练，是在恢复不充分的条件下进行的。

在安排每日训练时，需要考虑到每次训练课对上一次和下一次课的影响。如训练课的内容是发展耐力或以最大负荷改进技术，那么，在这类训练课后的第二天安排改进技术的练习是不合适的。重要的是将训练与休息交替安排，并形成一定的节奏。

周训练小周期按其主要目的而分为不同类型。“发展性”小周期在训练中占重要位置，它包括有主要用以发展身体与心理素质、改进技术与战术和从总体上提高运动员机能水平的多种练习。在安排周训练小周期时，应考虑到负荷量的综合效果和训练所要解决的主要任务。

小周期按其目的可分为训练小周期、比赛小周期和恢复小周期等。

训练小周期包括“引导性”小周期，其特点为逐渐提高量和强度；“发展性”小周期，其特点为量大，强度中等；“冲击性”小周期，其特点为最大强度和最大量的结合；“稳定性”小周期，其特点为强度保持在相当高的水平上，而量有某种程度的下降。

比赛小周期有模拟比赛条件、提高适应比赛能力的“准备性”小周期；为直接参加比赛作准备的或是赛前进行的“打基础”小周期；以及直接参加比赛的“比赛”小周期。

恢复小周期的任务是通过练习与场地改变及负荷量的降低而达到积极性休息的目的。

四、课训练计划

训练课包括实践课、理论课和实习课。

训练实践课是根据周训练计划规定的课次训练任务、方法等，结合当日运动员身心机能情况、场地、器材和气候等实际情况具体地编制的，它还包括对运动员完成练习的时间、质量、远度或高度提出具体的要求。

训练实践计划的结构分准备部分、基本部分和结束部分，对于初学者一般采用集体课的形式。对于有一定训练水平或较高训练水平的运动员要特别注意采取个别对待，应采用更具有研究性质的上课形式。

训练实习课一般是安排运动员进行训练实践课的学习和社会辅导工作，培养他们独立工作的能力，进而加深自己对训练的认识。

五、短期集中训练计划

在田径运动迅速发展过程中，竞赛活动增多，运动员参加短期集中训练的次数也在增加。各级田径运动会都首先从基层开始比赛，为了在运动会上充分发挥运动员的训练水平，获得优异成绩，在比赛前一般都要进行一个月左右的短期集中训练，作为教练员、体育教师常常要负责一个田径代表队的总教练或教练工作，需要制定短期集中训练计划。

1. 短期集中训练的总计划

制定短期集中训练总计划是总教练（或教练组长）的首要任务。总计划是总教练组织指导田径队训练工作的依据，制定出较好的总计划能更好地发挥总教练的作用，没有总计划的总教练难以胜任总教练的职责，也是名不副实。

短期集中训练的特点是时间短、任务紧迫，对教练员、运动员来自各单位不是很了解。总教练事先要通晓竞赛规程，认真了解教练员、运动员的意见，制定出短期集中训练总计划。

短期集中训练总计划一般包括以下内容：

(1) 短期集中训练和比赛的任务。根据竞赛规程和本队代表单位的组织领导要求，结合本队实际情况明确提出短期集中训练和比赛的任务，使每一成员都了解和认清集中训练和即将参加的比赛的形势，明确自己所承担的任务和责任。

(2) 分析本队和各有关队（特别是与本队水平相当的队）的实力。做到知己知彼、统一认识、团结一致、树立信心、实事求是地为完成集训和比赛任务而刻苦训练。

(3) 参加组织教练员和运动员的工作，充分发挥教练员的主导作用和运动员的积极性。根据每位教练员的专长合理安排教练员的工作；根据竞赛规程，各队实力分析，以创造个人新成绩、新纪录为集体争取名次和荣誉为主，研究确定各运动员比赛项目和报名单。田径比赛项目报名在一些比赛中具有战术意义，要以本队运动员专项为主，顾全本队得失，适当兼顾；积极组织集体项目，特别要组织好接力赛跑项目的运动员，它体现着田径代表队的精神面貌和田径水平，具有鼓舞士气的作用，总教练要与有关教练员一起研究确定报名单。

(4) 从比赛需要出发，提高专项技术、专项素质和战术训练水平。

(5) 安排和调整运动量，严防伤害事故和过度训练。短期集训的运动量太小，不能适应比赛需要，不能提高运动成绩。操之过急的训练，运动量太大，容易过度疲劳，出现伤害事故，成绩下降或中断训练。所以，在短期集训期间，总教练要严格地关注、了解和检查运动员训练的运动量，并给以保护性的控制，这对完成训练和比赛任务是很重要的。赛前一月集中训练的运动量一定要遵循逐渐地、有节奏地增加的原则进行安排。

在 4 周运动量安排中特别要注意第一周的运动量，逐渐增加，防止过急，对顺利承担以后几周的运动量是很重要的。第四周运动量安排（赛前一周运动量安排）更加重要，运动量要逐渐降低，提高强度，提高训练水平，使身心都处于良好的竞技状态，准备比赛。

对那些训练有素、坚持系统训练的运动员，开始短期集训时，运动量就应与原来训练的运动量密切联系起来，他们的运动量一般要大些，不需完全跟全队一样再逐渐地增加运动量，要区别对待，以免降低原有水平。

2. 组的训练计划

田径代表队根据教练员专长、运动员专项分成几个组进行训练。各训练组是落实总计划最基本的训练单位，总计划的训练工作质量在很大程度上取决于各组的训练工作。因此，各组教练员要根据总计划和本组成员实际来制定组的训练计划。

组的训练计划一般应包括以下内容：

(1) 根据计划和对本组运动员各项比赛能力的基本分析，提出组的训练任务和比赛指标。在提出各运动员和组的训练指标时，一定要实事求是，要把干劲和科学态度结合起来。通过刻苦训练，有所提高，才有可能达到新的指标。

(2) 制定训练进度。如各周、次基本训练内容和方法。

(3) 组成互相帮助小组。训练组的运动员在教练员统一组织指导下，主要以组为单位进行训练，但是，由于运动员的专项相同而训练水平不同，可以组成互助小组，以老带新，适当发挥集体力量。

组的训练计划是制定个人计划的依据，要在本组充分讨论。组的训练计划要注意个人特点，充分发挥个人主观能动性，优秀运动员在首先保证完成个人训练任务的情况下再帮助新手。

3. 个人训练计划

田径运动比赛是以个人为单位进行的（接力跑除外），训练也必须具有这一显著特点。每个运动员都要根据总计划精神和组的训练计划的安排，结合个人实际情况，制定较为具体的训练计划。

个人训练计划一般应包括以下内容：

（1）个人训练任务。提出思想和组织纪律性方面的要求、专项技术和成绩的指标。

（2）方法。这要在组的进度安排中考虑个人实际情况，解决个人专项中的主要问题，将适合解决个人专项主要问题所要的训练内容和方法列入个人计划，并在个人计划中反复练习、研究和改进，有助于提高专项技术、能力和运动成绩。对于某些新手和训练水平较低的少年儿童田径运动员在短期集中训练时可不制定个人训练内容和方法。

以上各类训练计划都是需要从调查研究运动员实际情况出发制定的。制定计划经过充分讨论修改确定后就应该认真地、严格地克服困难实现它。而由于客观的条件变化，在实践中出现预料不到的情况是不可避免的。因此，既要严格执行计划，又要尊重实践，以实践为依据，不断积累经验，修改和完善训练计划，通过努力切实地完成训练计划。

4. 训练日记和教练日记

训练日记与教练日记是按计划进行训练工作的重要资料，是不断改进训练工作、提高训练质量，制定训练计划和总结训练工作不可缺少的依据。运动员必须写训练日记，教练员必须写教练员日记，这是有计划进行训练工作不可缺少的一部分。

训练日记的基本内容主要是记载实际完成各次训练课的内容、数量和质量概况，记载训练后身心反应的自我感觉、训练的体会、问题和建议等。运动员日复一日，年复一年写下的训练日记，积累训练的感性认识，通过训练日记能较系统地了解自己训练的发展和问题，提高训练的自觉性。女运动员训练日记中还要记载月经期的身心反应。

教练员日记的基本内容主要记载训练课计划执行的实际情况，运动员完成练习的数量、质量（计时、远度、高度和技术表现）的问题，指导工作心得，改进训练措施等。教练员通过教练日记和对运动员训练日记的分析研究，能积累大量的第一手资料，增加感性和理性知识，有助于检验训练工作，修改和完善训练工作，提高训练工作质量。

复习思考题

1. 简述田径运动各项目的教学。
2. 简述田径运动各项目教学的注意事项。
3. 田径运动训练的原则与要求有哪些？
4. 简述田径运动训练计划。

第六章 体能训练

第一节 体能训练概述

一、体能训练的概念

体能训练是一种以发展身体机能潜力和使机能潜力得到最大限度发挥为目的的大负荷训练；是指人体在困难条件下，长时间、高强度、大负荷持续工作能力的训练。体能训练突出对人体各器官和机能系统的超负荷适应训练，旨在产生机能和心理适应，以达到提高整体运动能力和培养顽强拼搏意志的目的。它包括力量训练、速度训练、耐力训练、灵敏训练和协调训练。

运动素质是指在人体中枢神经系统的支配下，身体在运动时所表现出来的各种能力。通常包括力量、耐力、速度、灵敏和柔韧等。这些能力主要由身体的形态结构、机能水平、能源物质储备及能量代谢水平等因素决定，综合表现为各素质指标的发展水平。

运动素质是机能能力在基本运动能力某一方面的具体表现，例如，力量、速度能力等，既是体能的构成因素，也是运动实践中评价和检查体能水平的常用指标。换句话说，运动素质是体能水平的外在表现形式，体能是运动素质的内在决定因素。运动素质水平取决于人体器官和系统的机能能力水平。因此，体能与运动素质有密切的联系，体能训练与身体训练有密切的联系，两者既有联系，又有区别。

体能储备是指体能训练水平超过比赛的要求程度，这种超出就是体能储备。例如，高速度的距离储备；大强度起跳的次数储备；耐乳酸能力的储备；氧债能力的储备；绝对速度能力的储备，等等。

二、体能训练的分类

体能训练旨在使运动员有机体的机能和形态产生生物学的适应性改变，从而提高运动员的训练水平和专项运动与比赛能力。

体能训练包括一般体能训练和专项体能训练两个方面。

一般体能训练是指在运动中运用多种多样的非专项身体练习以增进运动员的健康、改造身体形态，提高各器官系统的机能水平和基本运动能力，为运动素质的全面发展和专项体能训练打下基础。

专项体能训练是在运动中采用与专项有紧密联系的专门性身体练习，发展对专项运动成绩有直接关系的、适应专项需要的专门运动能力。在这些专门能力提高的基础上，掌握专项技术和战术及保证这些技、战术在比赛中能顺利、有效地运用，创造优异的专项运动成绩。

一般体能训练是专项体能训练的基础，它不仅有效地解决全面身体发展的任务，而且为专项需要提供必要的基础条件。专项体能训练是从事专项运动所必需的，专项体能训练的内容是有限的，它所采用的手段不足以解决全面发展运动员运动机能的任务，它主要对专项成绩的提高起直接作用。

三、体能训练的基本原则与要求

（一）适应性原则

负荷刺激与机能适应是运动员体能提高的机制。运动员应努力使自己机能系统的功能适应所从事的运动专项的特殊要求。人体机能系统的适应程度越高，则运动体能水平越高。这一适应的实现，是运动员长期专门训练的结果。

体能训练就是通过各类身体练习，刺激运动员的机体，使之产生训练适应，达到提高机能能力的目的。运动训练的任务就是运用训练负荷，打破机体原有的生物适应与平衡，使机体在新的水平上产生新的适应与平衡。体能水平越高，需要克服的生理和心理上的困难程度越大，神经肌肉和其他各系统产生机能适应所需要的训练负荷越大时间越长。

（二）系统性原则

没有体能，技能则成为无源之水；没有体能，心理能力也无从依附。体能训练不能搞突击，不可能一劳永逸。为了提高运动员的体能水平，必须按计划系统地进行全年和多年体能训练。机能能力和运动素质是在长期的重复练习中逐渐发展和提高的。现代运动训练的一个突出特点是越来越重视多年训练的计划性和系统性，并以年周期训练为基本结构，合理安排各阶段的训练任务、训练内容和运动负荷。

体能训练，不是年复一年的简单重复，要不断地改变训练手段和提高训练负荷的量和强度，形成一年比一年提高的系统训练规划。

（三）区别对待原则

体能训练的安排要因时、因项、因人而异，即要从运动员的自身特点、训练阶段、比赛要求及训练条件等实际情况出发。

体能训练因时而异，是指在不同的大周期、不同的时期、不同的阶段，都要根据训练的任务和其他要求加以考虑。如与其他训练内容的比例、练习选择、负荷动态，等等。尤其是体能训练的负荷和内容的安排会严重影响到该周期、该时期的训练效果时，在体能训练的安排上更要慎重。

体能训练“因项”而异，是指必须根据专项比赛特点安排相应的体能训练。专项不同，体能训练的内容与方法必然不同。一般来说，专项动作相对变化较少，专项技术较简单的项目，对体能训练水平要求较高，其训练比例应大些；专项动作技术复杂、多变的项目，体能训练要注意与专项技战术训练紧密结合。

体能训练因人而异，是指要根据运动员身体机能和训练水平的高低来合理地安排训练内容。体能水平较低的运动员应加大一般体能训练的比重，使其机体各器官系统的机能及工作能力得到全面、均衡的发展；对于身体机能和训练水平已达到高水平的运动员来说，则应合理地增加专项体能训练的比例。

总之，要全面地、系统地、有计划地、科学地安排运动员体能训练。运动员机能能力的提高是以有机体各器官、系统的形态结构和机能能力的改善为基础的。人体各器官系统在长期的人为施加条件的刺激下，在形态结构和机能能力上都会产生相应的定向改造，在整体上表现为运动能力和体能水平的提高。人的身体是一个和谐有机的统一整体，任何时候、任何方式的运动都需要人体各种器官系统统一协同的工作。只有通过身体练习使人体各器官系统的身体形态结构产生适应性变化、全面发展人体各器官系统的机能能力，才可能为各种运动能力的发展与提高建立牢固的基础。

第二节 力量训练

力量是肌肉在工作时克服内外阻力的能力。是体能的构成要素，是决定运动成绩的基础性因素，与其他运动素质有着密切的关系，对增长肌肉耐力、发展速度、提高灵敏性起着重要的作用。它是掌握运动技术、提高体能水平、夺取比赛胜利的前提与保证。

一、力量的分类

1. 根据肌肉的收缩形式，力量可分为两类

（1）等张性力量。当肌肉的一端被固定进行收缩时，其长度缩短，而张力不变，这种收缩称为等张性收缩（或动力性收缩）。以这种形式收缩所产生的力量，就是等张性力量。如田径运动中的推铅球等项目。

（2）等长性力量。当肌肉处于两端被固定的情况下进行收缩时，其长度不变，而张力增大，这种收缩称为等长性收缩。以这种形式收缩所产生的力量，就是等长性力量。如田径训练中发展大腿后群力量的静力前倒练习等。

2. 根据运动时肌肉克服阻力的表现形式，力量可分为四类

（1）最大力量（亦称绝对力量）。是指身体或身体部分肌肉克服最大阻力的能力。最大力量的增长主要有两个途径：一是依靠肌肉内协调能力的改善，即提高神经系统的指挥能力，以募集更多的运动单位参与工作，提高肌纤维收缩同步化的程度，提高肌肉群之间的协调性。二是通过增大肌肉生理横断面，从而增加肌肉收缩力量。最大力量对于发展高水平的快速力量更为重要，并为其他系统的间接发展提供必要的生理刺激。

（2）相对力量。相对力量是指人体单位体重所具有的最大力量。

相对力量=最大力量/体重(kg)

（3）速度力量（亦称爆发力、快速力量）。是指肌肉在运动时快速克服阻力的能力。常用于相对较短或最短的时间内发挥最大作用力的能力。“爆发力”是力量与速度的有机结合，可用以下方式表达：

$$P(\text{爆发力}) = F(\text{力量}) \times V(\text{速度}) = F(\text{力量}) \times S(\text{速度}) / T(\text{时间})$$

速度力量对田径运动成绩起着至关重要的作用，如跳高等项目。速度力量是力量和速度有机结合的一种特殊力量素质，具有速度和力量的综合特征。运动员在完成动作时所用力量越大，时间越短，所表现出的速度力量就越大。快速力量与一般力量高度相关，尤其是力量处于高水平状态，需作为体能的独立部分进行训练。快速力量对于加速能力尤为重要，对运动技能的掌握和力量增长的速度有明显的作用。

(4) 力量耐力。力量耐力是指运动时肌肉长时间克服一定阻力的能力。阻力越大，运动持续时间就越短。只有在克服一定较小的阻力的情况下，才能维持较长时间的运动。力量耐力对各种跑，特别是对长距离跑项目有重要意义。

二、力量训练的方法与手段

(一) 上肢肌群练习方法与手段

上肢肌群主要包括为肱二头肌、肱三头肌、三角肌、胸大肌和上肢的前臂肌群。上肢肌群的力量大小对田径运动员的成绩影响至关重要。如投掷类项目，要通过运动员的上肢将重物投掷出去。

1. 一般力量训练方法与手段

徒手练习： 主要是利用克服自身体重的重量来达到发展上肢肌群的目的。适用于上肢肌群训练的初级阶段。主要的练习方法与手段有：

(1) 俯卧撑。练习时通过双单臂、负重、对墙、倒立等形式进行；要求两臂支撑地面时与肩同宽，连续做俯卧撑练习。

(2) 单杠引体向上。练习时通过调整运动员双手的宽位（比肩宽）、窄位（比肩窄）等形式进行。要求身体紧张，不能有晃动，拉过下颌为一次，连续做引体向上。

(3) 双杠屈臂撑起。在双杠的两端或中间都可以进行，练习时通过身体的摆动、直体等形式进行。要求在摆动屈臂时上体不能过于前倾，连续做屈臂撑。

(4) 爬竿（绳）。练习时通过有脚帮助、无脚帮助两种形式进行。要求在爬竿时控制好高度，开始练习时高度低，之后逐步提高，注意保护。

(5) “推小车”。在同学的帮助下进行。要求在练习时控制好距离与速度

（图 6-1）。

图 6-1

轻器械练习： 主要是通过利用轻、小器械的负荷来达到发展上肢肌群的目的。适用于上肢肌群训练有一定基础者。主要的练习方法与手段有：

（1）持哑铃组合练习。练习时通过双臂上举、侧平举、扩胸、摆臂等形式进行。要求持哑铃摆臂时，不能有耸肩动作，肩关节要放松。

（2）双手胸前提壶铃。要求运动员在练习时肘关节与肩持平，腰、胸部位保持适宜的紧张度（图 6-2）。

图 6-2

（3）实心球练习。练习时通过实心球的后抛、前抛、上抛、头上前抛等形式进行。要求在抛实心球时一定要下肢先发力。

（4）杠铃抓举。练习时根据运动员的实际情况，通过不同重量的杠铃进行抓举。要求在抓举时运动员双手之间的距离分宽、窄两种距离进行练习。

（5）杠铃挺举。练习时根据运动员的实际情况，通过不同重量的杠铃进行挺举。要求在挺举时注意腰部保持适宜的紧张度。

（6）杠铃快挺。练习时根据运动员的实际情况，通过不同重量的杠铃进行快挺。要求在快挺时注意手臂的角度。

（7）杠铃高翻。练习时根据运动员的实际情况，通过不同重量的杠铃进行高翻。要求腰部保持适宜的紧张度。

（8）杠铃卧推。练习时通过宽握、窄握、正反握等不同形式进行。要求根据运动员的实际情况决定卧推的重量。

（9）杠铃提拉。练习时通过两手宽、窄不同的距离进行。要求提拉时尽可能高（图 6-3、图 6-4）。

图 6-3

图 6-4

2. 专门性力量训练手段

根据运动项目的特点与要求的不同，在发展上肢力量时有针对性、选择性地进行，特别是在练习项目的设计上要符合运动员的专项特点。

（1）跑类专门性力量训练手段。

① 负重摆臂：要求摆臂是通过定时或定量来进行练习。

② 俯拉杠铃：练习要求：挺胸、用手臂进行提拉（图 6-5）。

③ 橡皮带摆臂：橡皮带的位置在肘关节处，另一端在墙上或树上固定。要求在摆臂时动作幅度与频率均不能有太大的变化。

④ 单手俯拉杠铃片：要求在练习时，不能有耸肩动作（图 6-6）。

图 6-5

图 6-6

（2）跳跃类力量专门训练手段。

跳高

① 双手拉皮筋摆臂：要求摆臂时两臂的动作符合跳高时的摆臂动作（图 6-7）。

② 坐姿持重物摆臂：坐在垫子上持重物进行练习。要求在练习时不能有耸肩的动作。

③ 持哑铃摆臂：两脚前后开立，上体保持正直进行练习。要求

图 6-7

在练习时不能有耸肩的动作。

④ 助跑 3~5 步持哑铃触高练习：双手持轻哑铃触高进行练习。要求跑进的步数为 3~5 步，跑进的方式与跳高的助跑方式一致。

跳远

① 坐姿持重物摆臂：如图 6-8 所示。

② 持哑铃摆臂：两脚前后开立，上体保持正直进行练习。要求在练习时不能有耸肩的动作。

③ 杠铃抓举练习：练习时根据运动员的实际情况，通过不同重量的杠铃进行抓举。要求在抓举时运动员双手之间的距离较窄进行练习。

图 6-8

(3) 投掷类专门性力量训练手段

铅球

① 斜板单手快推壶铃：6~10 次 4~6 组。

② 斜板双手快推：5~10 千克杠铃片 6~10 次 4~6 组。

③ 斜卧快推：20~50 千克杠铃 6~10 次 4~6 组。

④ 单头推：30~50 千克杠铃杆 6~10 次 4~6 组。

⑤ 高翻杠铃至胸接快速挺举。6~8 次 4~6 组。

铁饼

① 仰卧双臂扩胸挥打杠铃片：身体仰卧，双臂持杠铃片扩胸挥打，连续进行。

② 仰卧单臂扩胸挥打杠铃片：身体仰卧，单臂持杠铃片扩胸挥打，连续进行。

③ 站立持器材侧平举，前后振挥打片：要求身体不能倾斜，连续进行。

标枪

① 持杠铃片或皮条前后、上下、绕肩、前后扩胸：10 次 6~8 组。

② 仰卧双手拉 10~30 千克杠铃起：6~8 次 6~8 组。

③ 站或坐屈小臂快打杠铃：10~30 千克 8~10 次 6~8 组。

④ 持片翻肩成弓形向前打杠铃片：5~10 千克 10 次 6~8 组。

⑤ 站立背鞍马双、单手持杠铃片振胸向前快打：5~15 千克 8~10 次 6~8 组。

（二）下肢肌群的练习方法与手段

下肢肌群包括髋肌、大腿肌、小腿肌和足肌。其中髋肌包括髂腰肌、梨状肌、臀大肌、臀中肌、臀小肌等；大腿肌主要包括股四头肌、缝匠肌、股二头肌、耻骨肌、长收肌、短收肌等。在田径运动中运动员下肢肌群力量的大小将直接影响运动员的成绩。如跑类项目运动员下肢力量的大小对起跑、起跑后的加速跑、途中跑及终点冲刺都有很大影响。因此，在实践中必须加强下肢肌群力量。

1. 一般力量训练手段

主要适合的项目：跑类项目（尤其是短跑、跨栏炮）、跳远、三级跳远、撑竿跳高。

主要的练习目的：发展下肢力量。

徒手练习：主要是利用克服自身的重量来达到发展下肢肌群的目的。适用于上肢肌群训练的初级阶段。主要的练习方法与手段有：

（1）立定跳远、立定三级跳、立定十级跳。两脚并立或左右开立，开始时要充分拉伸身体前肌群，便于最后的收腹举腿。要求在立定三级、立定十级跳的过程中，控制好身体的平衡以及上肢的动作。

（2）蛙跳。蛙跳可看成是连续的立定跳远，主要是通过三、五、十级的蛙跳来发展下肢力量。蛙跳有高、低两种，可根据需要采用。

（3）单足跳、跨步跳。练习时采用 30~100 米的不等距离进行。要求在练习的过程中计步数或计时来控制运动量。

（4）从高台上跳下接跳远或跳高练习。从 1 米左右的高台上跳下接跳远或跳高。要求在高台跳下时两膝要紧张，屈膝太大会影响下一个跳跃动作。

（5）组合跳跃练习。练习时通过纵跳、弓步跳、分腿跳、挺身跳等动作的组合，达到发展下肢肌群的目的。要求在一定距离之内将四个动作组合在一起，距离的长短要根据训练课安排的强度大小而定。

（6）原地纵跳手摸高物、原地连续摸高。练习时通过手触一定高度的标志，来激发练习者练习的热情。练习要求：起跳时双脚同时起跳。

（7）连续跳台阶。练习时通过单足、双足的形式连续跳台阶。练习要求：起跳落地时整个脚落地。

（8）连续跳跃栏架。练习时通过跳跃不同高度栏架与栏间距离进行。练习要求：在跳跃栏架时不能有小跳或垫步，最好是落地后马上就跳起。

(9) 跳深跳跃栏架相结合。练习要求：跳箱与栏架之间的距离要根据运动员的实际情况而定（图 6-9）。

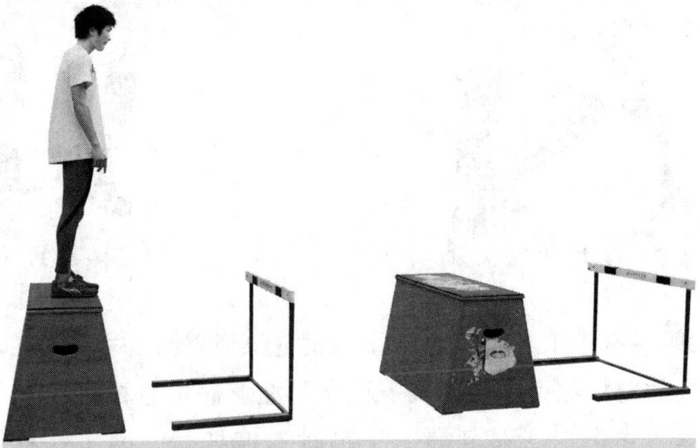

图 6-9

(10) 跳钻跨栏架。练习时通过跳、钻、跨相结合的方法进行。练习要求：跳栏时上体要正直，钻栏时手不能触地。

(11) 台阶换腿跳。练习时通过一条腿在台阶上，一条腿在地面上的换腿跳来进行。练习要求：注意手臂与腿部动作之间的配合。

(12) 单腿台阶跳。练习时用单腿连续跳跃台阶。练习要求：用整个脚掌着地。

轻器械练习：主要是通过利用轻、小器械的负荷来达到发展下肢肌群的目的。适用于下肢肌群训练有一定基础者。主要的练习方法与手段有：

(1) 跳绳练习：练习时通过单、“双飞”，单双人等形式进行。练习要求：“双飞”时注意全身的协调配合，双脚要同时起跳并同时落地。

(2) 负同伴蹲起练习：练习时通过背负同伴来进行蹲起练习。练习要求：上体不能过于前倾，保持腰部的紧张度。

(3) 持壶铃蹲跳：练习时通过双手胸前持壶铃进行。练习要求：上体不能过于前倾，保持腰部的紧张度。为增加难度，可在沙地进行练习。

(4) 同伴手压肩弓步交换跳、直膝跳：练习要求：同伴手的压力一定要根据对象的不同而不同（图 6-10、图 6-11）。

图 6-10

图 6-11

（5）深蹲：练习时上体正直，下蹲时速度要慢，两手扶杠。练习要求：重量与组、次数要根据运动员的情况而定。注意保护与帮助。

（6）半蹲：练习时上体正直，下蹲时速度要慢，两手扶杠。练习要求：重量与组、次数要根据运动员的情况而定。注意保护与帮助。如有条件可在杠铃架内做。

（7）负重提踵：练习时通过负重来提高踝关节的力量。练习要求：杠铃的重量要符合对象的能力。

（8）仰卧双腿蹬杠铃：练习时仰卧在垫子上，双腿同时蹬杠铃（杠铃在有保护架的情况下才能使用）。练习要求：收腿的速度不能太快，注意保护与帮助。

（9）负重弓箭步交换跳：练习时将杠铃置于肩上，两手扶住，双脚弓箭步交换跳。练习要求：上体保持正直，弓箭步到位，控制好交换的速度。

（10）负重高抬腿：练习时将杠铃置于肩上，两手扶住，双脚高抬腿。练习要求：上体保持正直，高抬腿时大腿抬到水平。

（11）负重半蹲跳：练习时将杠铃置于肩上，双手扶住进行半蹲跳动作。练习要求：上体保持正直，腰部有一定的紧张度。

（12）弓步胯下提拉杠铃：练习要求：杠铃的重量根据对象的不同而不同（图 6-12）。

图 6-12

2. 专门性力量训练手段

（1）跑类专门性力量训练手段。

抗阻力练习

① 仰卧抗阻高抬腿：通过给高抬腿时以适当的阻力，来发展大腿股四头

肌，练习的次数：15~20 次 4~6 组（图 6-13）。

② 仰卧抗阻抬腿送髋：目的是在练习时要充分注意下肢抬腿送髋的动作。练习的次数：15~20 次 4~6 组（图 6-14）。

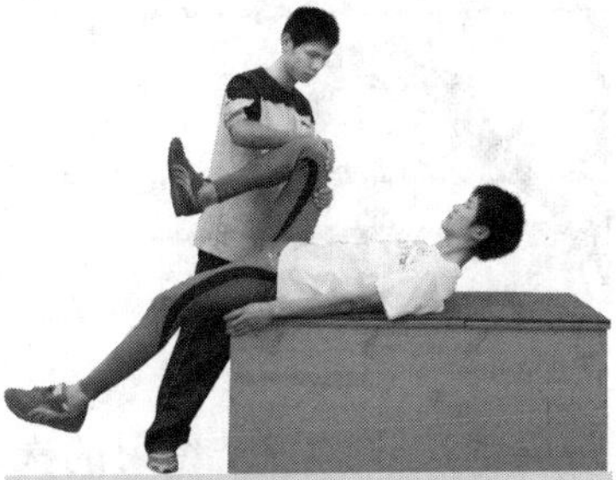

图 6-13

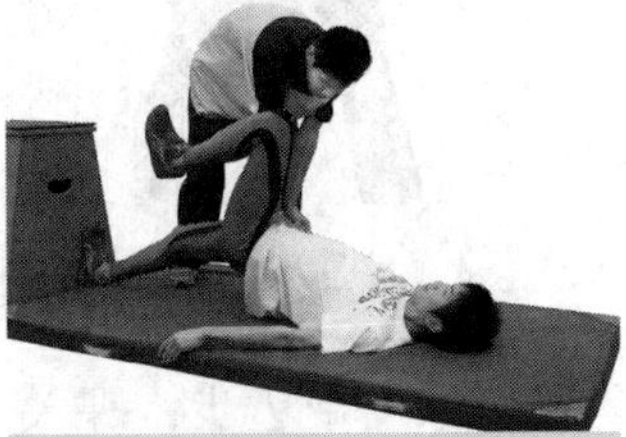

图 6-14

③ 双手反拉送髋抗阻抬腿：在仰卧抗阻抬腿送髋练习的基础上，原地进行反双手的抗阻抬腿的练习。练习的次数：15~20 次 4~6 组。

橡皮带

① 橡皮带支撑抬腿：利用橡皮带的弹性为阻力，双手支撑进行抬腿练习。练习的次数：30 次 4~6 组。

② 橡皮带支撑摆腿：利用橡皮带的弹性为阻力，双手支撑进行摆腿练习。练习的次数：30 次 4~6 组（图 6-15、图 6-16）。

图 6-15

图 6-16

③ 斜卧橡皮带摆腿：身体斜卧在垫子上，利用橡皮带的阻力进行摆腿练习。练习的次数：30 次 4~6 组。

④ 膝、腰负橡皮带摆腿：在膝关节、腰处分别绑上橡皮带进行摆腿练习。练习的次数：30 次 4~6 组（图 6-17）。

图 6-17

⑤ 踝负橡皮带迈步：踝关节处绑橡皮带向前迈步练习。练习的次数：30 次 4~6 组（图 6-18）。

图 6-18

⑥ 踝负橡皮带悬垂抬腿：踝关节处绑橡皮带，悬垂连续的抬腿练习。练习次数：30 次 4~6 组。

⑦ 腰负橡皮带高抬腿：腰部绑橡皮带做连续的高抬腿练习。练习的次数：30 次 4~6 组。

实心球

① 膝顶实心球成弓步：膝关节前面放置一实心球，摆腿成弓步以膝关节触到实心球为止。练习的次数 20 次 4~6 组。

② 前抛实心球接追跑：向前抛实心球后马上进行追赶，注意实心球一般不要超过 2 千克进行练习。

徒手或负重练习

① 悬垂负 5~15 千克杠铃片屈膝抬腿 4~6 组：双手抓杠，身体悬垂屈膝至

90°并在两腿上放置 5~15 千克重的杠铃片。练习的次数：4~6 组（图 6-19）。

图 6-19

② 踝负沙绑腿高抬腿走：用沙袋绑在小腿上进行高抬腿走练习。练习的次数：100 米 4~6 组。

③ 纵跳接加速跑：向上连续的纵跳后马上接加速跑练习。练习的次数：5~10 次。

④ 跨步跳接加速跑：向前连续的跨步跳后马上接加速跑练习。练习的次数：5~10 次。

⑤ 斜卧负沙绑腿摆腿：斜卧在垫子上，用沙袋绑在小腿上进行摆腿练习。练习的次数：30 次 4~6 组。

（2）跳跃类力量专门训练手段。

跳高

① 摆动腿负沙绑腿蹬摆练习：摆动腿绑沙袋（橡皮筋）进行蹬摆练习。练习的次数：30~40 次 4~5 组。

② 负杠铃蹬摆练习：背负杠铃进行蹬摆练习。练习的次数：10 次 4~6 组。

③ 负沙背心起跳上高箱练习。

④ 助跑摸高（可负沙背心）。

⑤ 助跑跳上万能架（或高海绵包）：助跑跳上海绵包。练习时可同时要求运动员注意助跑起跳的用力方向。

⑥ 负重单腿支撑起：沙袋或沙背心，单腿支撑，下蹬后站起。

⑦ 负杠铃杆迈步练习。

⑧ 负橡皮带迈步练习。

跳远

① 摆动腿负沙绑腿蹬摆练习：摆动腿绑沙袋（橡皮筋）进行蹬摆练习。练习的次数：30~40 次 4~5 组。

② 负杠铃蹬摆练习：背负杠铃进行蹬摆练习。练习的次数：10 次 4~6 组。

③ 负沙背心起跳上高箱练习。

④ 负重单腿支撑起：负沙袋或沙背心，单腿支撑，下蹲后站起。

⑤ 负重单腿蹬伸。

⑥ 腰负橡皮带起跳练习。

三级跳远

① 单足跳跨步跳的组合练习。

② 负橡皮带阻力单足跳跨步跳练习。

③ 负重单腿蹬伸。

(3) 投掷类专门性力量训练手段。

铅球

① 单腿负重蹬伸转体收腿。

② 负重器械侧向蹬地转髋（两腿轮做）。

③ 负重斜蹬起、半蹬起。

④ 联合器械负重收四头肌。

⑤ 联合器械负重蹬伸腿。

⑥ 负重屈体屈腿快速倒走。

⑦ 负重提踵。

⑧ 负重连续弓箭步跳（原地）。

⑨ 负重单足跳、蛙跳。

铁饼

① 负重单腿蹬转体。

② 负重交叉步跳、侧向跳。

③ 斜蹬杠铃起。

④ 负重提踵。

⑤ 弓箭步、交叉步走。

⑥ 联合器械蹬伸重物。

⑦ 负重 180°蹬转髋。

⑧ 徒手或负重蛙跳。

标枪

① 负重交叉步走、交叉步跑。

② 负重弓箭步走。

③ 负重侧向蹬起。

④ 负重半蹲跳起。

⑤ 斜蹬杠铃起。

⑥ 负重单腿蹬伸转体。

⑦ 单、双手持重物蹬伸成弓步。

⑧ 负重跳台阶、跑台阶、单足跳、跨步跳。

（三）躯干肌群练习方法与手段

躯干肌群主要包括背肌、胸肌、膈肌和腹肌等。其中背肌主要是指斜方肌和背阔肌；胸肌主要有胸大肌、胸小肌和肋间肌。

腹肌的训练

1. 平地或斜位仰卧起坐（抗阻或负重）。
2. 下肢固定头触膝。
3. 下肢固定手从膝外侧摸到踝。
4. 下肢固定手从膝内侧摸到踝。
5. 仰卧直举腿（抗阻）。
6. 仰卧收举腿（抗阻）。
7. 两头起（图 6-20）。
8. 肋木垂直或斜位收举（图 6-19）。
9. 仰卧双手接球投掷
10. 用双脚夹实心球前抛练习

图 6-20

背肌的训练

1. 俯卧两头收背肌起。俯卧后两头向中间收缩，连续进行。练习次数：20~30 次 4~5 组（图 6-21）。

2. 俯卧两头静止收背肌：保持两头收缩的姿势静止 10 秒。练习的次数：10 秒 4~6 组（图 6-21）。

3. 双腿固定俯卧收背肌：双腿固定后，收背肌练习。练习的次数：20~30

次 4~5 组（图 6-22）。

图 6-21

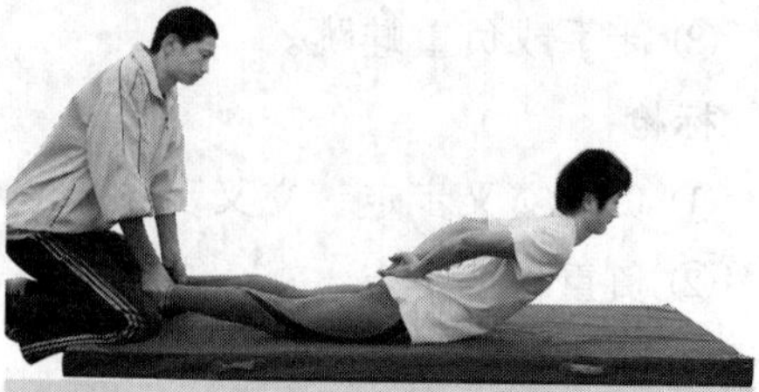

图 6-22

4. 单腿固定俯卧收背肌：单腿固定后，收背肌练习。练习的次数：20~30 次 4~5 组（图 6-23）。

5. 俯卧静止支撑：身体右双手、双脚尖支撑后静止 10 秒以上。练习的次数：4~5 组（图 6-24）。

图 6-23

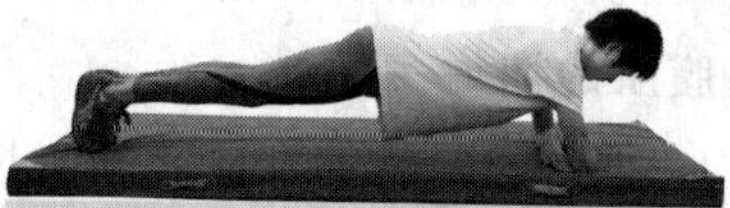

图 6-24

6. 站位俯姿提拉杠铃杆：两脚左右开立，双手前握杠铃，靠躯干的力量提拉杠铃。杠铃的重量控制在 30~40 千克。练习的次数：30~40 次 4~5 组。

7. 肩负杠铃体前屈。两脚左右开立，肩负杠铃 30 千克，做连续的体前屈。练习的次数：30 次 4~6 组（图 6-25）。

图 6-25

8. 俯卧跳箱收背肌传接实心球。两人配合俯卧在跳箱上，收背肌时接实心球后下来，再收背肌时传实心球。练习次数：20 次 4~6 组。

侧肌的训练

1. 侧卧支撑。

2. 曲体侧卧收腿。

3. 俯卧前挂侧摆。

4. 侧卧负重起坐。

5. 侧卧跳箱负重起。

6. 双人提拉杠铃杆。

7. 壶铃侧拉。

8. 杠铃侧向绕腰。

9. 双手握杠铃杆左右抡摆（一头固定）。

10. 握重物（站位）抡摆。

11. 二人手对抗转体。

大腿、小腿后群肌的训练

1. 俯卧橡皮筋收小腿：俯卧在垫子上，双脚踝关节处负橡皮筋连续的向后屈腿练习。练习次数：30~40 次 4~5 组（图 6-26）。

2. 俯卧联合器械收小腿：俯卧在联合器械上的专门位置后进行收后腿练习。

3. 俯卧跳箱后起。

4. 仰卧支撑：仰卧后支撑练习。可进行静止或连续的仰卧支撑动作的练习（图 6-27）。

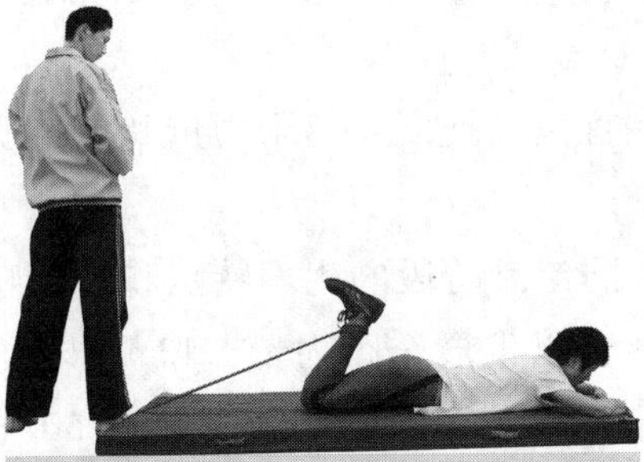
图 6-26

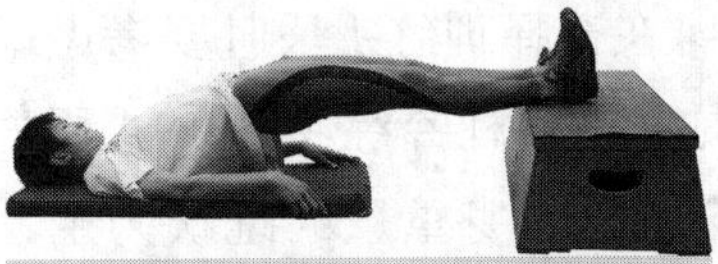
图 6-27

5. 仰卧 h 支撑：仰卧后单腿支撑，另一条腿屈腿收缩，形成“h”形的支撑练习（图 6-28）。

6. 仰卧 T 支撑：仰卧后单腿屈腿支撑，另一条腿伸直，形成一个“T”形支撑练习（图 6-29）。

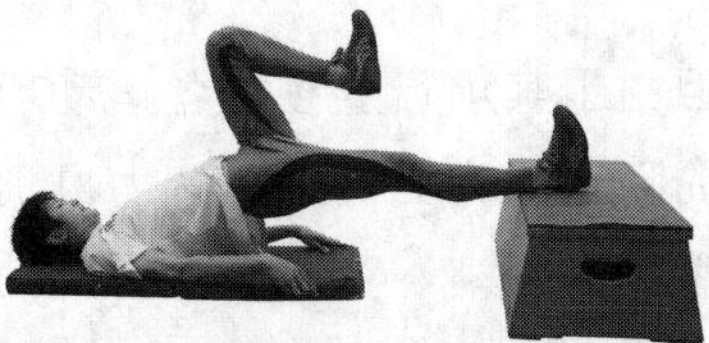
图 6-28

图 6-29

7. 健身球组合练习。

臀大肌的训练

1. 俯卧直腿后摆（负重、橡皮筋、对抗）。

2. 跪姿直腿后摆（负重、橡皮筋、对抗）。

3. 直腿后摆过栏架。

4. 绕L字栏（可负沙绑腿）。

5. 后坐式全蹲跳。

（四）身体综合力量训练的注意事项

1. 在组合训练中，要根据项目的特点，采用不同的手段，一般采用5~8个手段；组数要求4~6组，间歇1~2分钟，投掷组次数6~10次，跳跃组次数10~15次，短跨组次数20~30次，中长跑组次数30~50次。

2. 在组合训练中训练手段和方法的搭配要合理，做到上下肢要搭配、前群和后群要搭配、专项力量和身体素质要搭配。如：一个组合练习采用跑的专项力量2~3个手段，上肢力量1~2个手段，下肢快速力量1~2个手段，躯干肌群训练1~2个手段。

3. 在训练中，要把发展专项力量放在首位，把发展躯干力量和后侧肌群，特别是髋关节和臀大肌的力量作为重点。

4. 在选择训练手段时要考虑运动员不同年龄阶段的生理特点和心理特点，特别是在使用杠铃练习时，14周岁以后才可以发展全蹲力量，13周岁以前主要是以克服自身重量的跳跃为主，在使用杠铃练习时男子不要超过50千克，女子不要超过30千克。

5. 在组合训练中，手段要多样化，发展同一块肌肉要采用不同的训练手段，提高运动员的兴趣。

6. 在组合训练中，采用的各项方法手段要有针对性，在实施过程中注意技术要求的正确性。

（五）田径运动项目的力量训练举例

田径运动总体上归类于体能类项目，但由于其项目众多，各运动项目的主要特性不同，导致在力量训练时也有相应的区别。为更好地理解力量训练，我们在跑、跳、投三大类项目中有代表性地举例说明。

1. 短跑

（1）上肢肌群练习方法。

一般力量训练方法

① 徒手练习：

手爬式：双脚分开与臀同宽，双腿伸直，双手放在地板上，从脚尖处往前移动，直到变成俯卧撑姿势，然后双手移回脚部，身体返回起始姿势（图 6-30）。

图 6-30

脚踩健身球伏地挺身：先做俯卧撑姿势，脚趾在健身球上，腿部和小腿肌肉收紧，做俯卧撑的下压动作（图 6-31）。

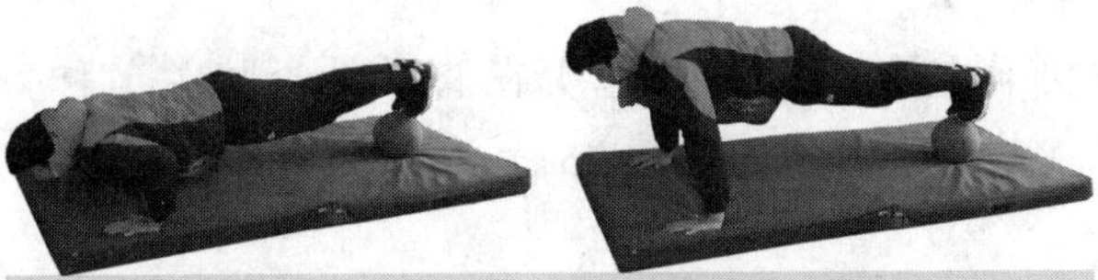

图 6-31

击掌俯卧撑：双膝跪地，两脚自然交叉。俯卧撑位开始，降低身体使胸部几乎触地。爆发性发力使上身尽可能高地离地，空中击掌，然后返回俯卧撑位。

② 轻器械练习：

侧栈道反向飞：侧躺，一手在肩膀正下方，两腿重叠，臀部抬起使身体成一条直线，将上面的手臂抬起举高，直到伸直（图 6-32）。

图 6-32

支架式手臂交替前举：先做支架式，两手与肩同宽，两脚分开与肩同宽，举起一手贴在耳边，然后不断换手做相同动作（图 6-33）。

支架式划船：先做支架式，做一次划船动作，将肩胛骨朝内向脊椎夹紧，换手重复交替（图 6-34）。

图 6-33

图 6-34

(2) 下肢肌群练习方法。

一般力量训练方法

负沙包各个方向的绕栏架：沙包绑在脚踝处，膝关节伸直，朝各方向绕栏。要求发力干脆，不做匀速动作，25 次 4~6 组（图 6-35)。

图 6-35

负重单腿蹬伸：杠铃放置肩上，收后腿放在高处，重心在站立腿上，收髋快速蹬伸，练习时注意帮助保持平衡，单腿 10 次 4~6 组（图 6-36)。

图 6-36

负重高凳抬腿下压：杠铃放置肩上，抬腿后用力快速下压上高凳，摆动腿快速抬至最高处。后退下高凳交换另一个腿，单腿 10 次 4~6 组（图 6-37）。

图 6-37

（3）专门性力量训练方法。

皮条收后腿：皮条绑在脚踝处，俯卧垫上，做小腿折叠动作，要求：动作完整发力干脆，收缩的时候尽量碰到臀部，完成后放松还原，重复动作 30 次 4~6 组（图 6-38）。

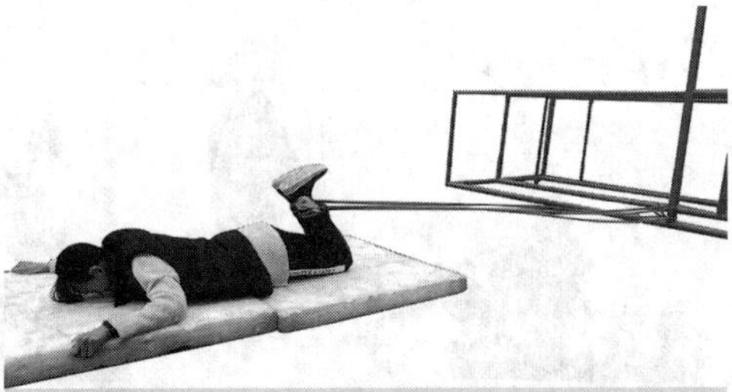
图 6-38

皮条后伸腿：皮条绑在膝盖处，抬腿拉紧皮条，支撑腿略微往后，上肢躯干呈直立状态，往身体后方做快速蹬伸动作，主动体会臀大肌发力的感觉。单腿 30 次 4~6 组（图 6-39）。

图 6-39

皮条反抓抬腿顶髋：皮条绑在髋部，固定在身体两侧，双手反抓固定，摆动腿折叠不动，体会髋的前后移动动作。25 次 4~6 组（图 6-40）。

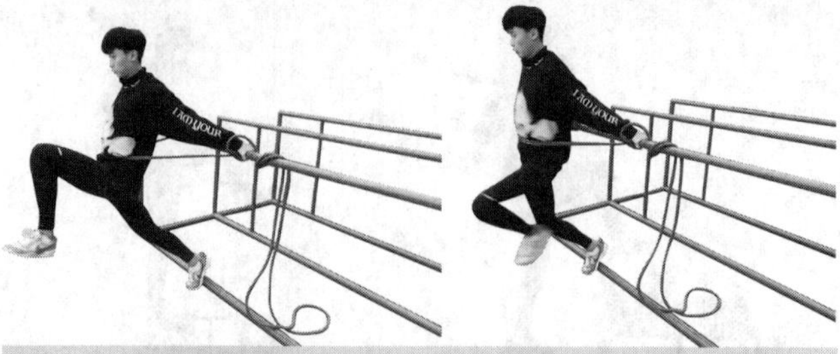

图 6-40

（4）核心力量训练方法。主要是针对运动员身体躯干的力量训练。主要的力量训练手段与方法如下所示：

① 腹肌：

实心球传接球：包括正面传接球、侧面传接球、垂直传接球。25 次 4~6 组（图 6-41）。

图 6-41

仰卧起坐：带阻力（橡皮筋）的仰卧起坐、仰卧侧转身、侧身爬行走。30 次 4~6 组（图 6-42、图 6-43）。

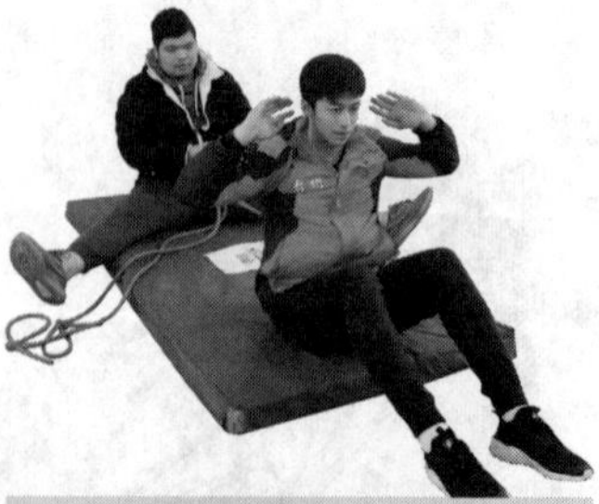

图 6-42

图 6-43

侧身爬行走：30 米往返×5（图 6-44）。

图 6-44

② 背肌：

阻力背肌训练（橡皮筋）、平躺负重训练，具体的组数可根据运动员的具体的情况来定（图 6-45、图 6-46）。

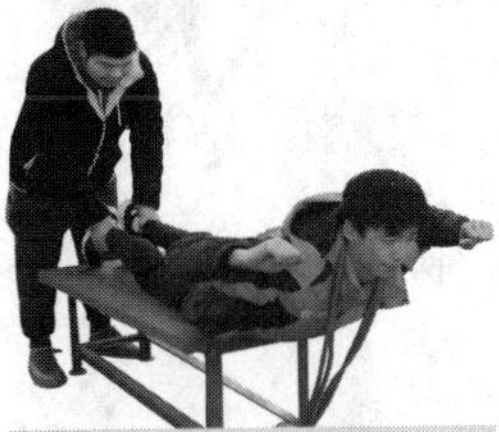

图 6-45

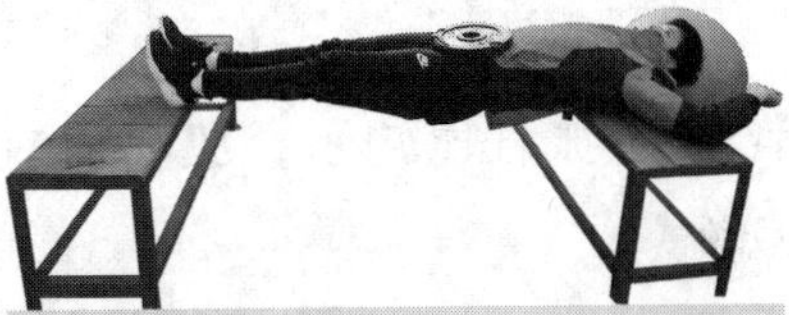

图 6-46

半蹲收缩背肌：由完全放松慢慢用力直立背部然后停顿 5~10 秒（图 6-47）。

图 6-47

2. 跨栏跑

（1）上肢肌群练习方法与手段。

① 一般力量训练方法与手段：

徒手力量

指卧撑：在俯卧撑的基础上用手指去支撑，可帮助短距离运动员提高使用起跑器时手指的支撑能力（图 6-48）。

背向曲臂伸：要求身体与腿保持 90°，垂直下去到大臂平行，起来为一次，连续做背向曲臂伸，该动作针对上肢力量小做双杠曲臂伸有困难的运动员（图 6-49）。

图 6-48

图 6-49

拉肩：双手抓杠比肩宽，放松垂直下去，肩膀发力起来，连续做拉肩（图 6-50）。

图 6-50

轻器械练习

跪卧拉肩：身体，大腿，小腿为 90°，另一只手抓哑铃肩膀放松垂直下去，起来收紧。连续做跪卧拉肩（图 6-51）。

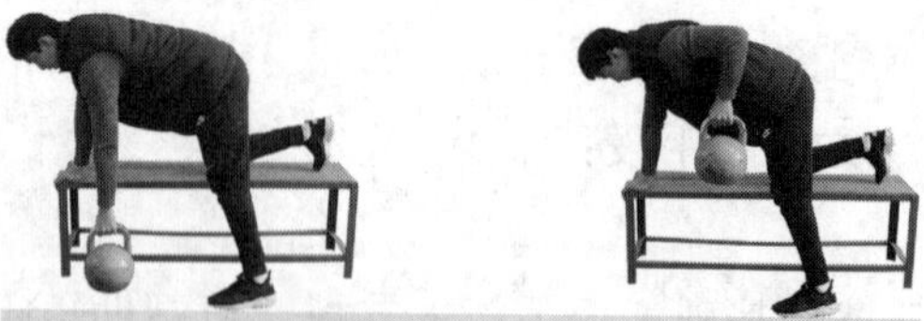

图 6-51

俯身飞鸟：要求双脚与肩同宽，腰背顶住不放松，双手平举到与肩膀为一直线，放下起来连续做俯身飞鸟（图 6-52）。

扩胸：要求挺胸收腹呼吸均匀（图 6-53）。

图 6-52

图 6-53

② 专门性力量训练手段。

站立跨栏摆臂：在正常摆臂的基础上摆动 3 次以后要求肩膀顶上去手向前伸，连续做跨栏摆臂（图 6-54）。

跨栏坐跨栏摆臂：要求腰背顶住，摆臂 3 次往前下压一次，下压到手掌伸到脚尖的位置连续做跨栏坐摆臂（图 6-55）。

图 6-54

图 6-55

下腰跨栏坐摆臂：要求腰背顶住摆动 3 次后往下摆。连续做下腰跨栏坐摆臂（图 6-56）。

图 6-56

（2）下肢群体的力量练习方法与手段

① 一般力量训练手段。

徒手练习

单腿蹲：要求下蹲角度为60°，另一只腿大腿平行，膝关节伸直（图6-57）。

图6-57

后蹬跑：要求下压快速，离地就抬腿，在练习过程中以30米到100米的距离计时。

弓步抬腿：先做好弓步动作，前腿发力起跳，后腿抬高，回去继续保持弓步动作，继续起跳抬高为弓步抬腿（图6-58）。

图6-58

轻器械练习

坐蹲：练习时身体要正，下蹲速度要慢，臀部碰到凳子就起来。练习要求：重量与组、次根据运动员的情况而定。注意保护与帮助。

负重弓步抬腿：练习时通过负重来提高运动员的臀大肌与内侧肌的力量，练习要求后腿伸直，腿抬高（图6-59）。

图6-59

负重弓步走：练习时通过负重来提高运动员的臀大肌与内侧肌的力量，练习要求后腿伸直。

② 专门性力量训练手段：

抗阻力练习

胶皮带起跨腿：要求上身不能倾斜，起跨腿带正，在动作规范的情况下速度越快越好；竖放栏架起跨腿：要求上身不能倾斜，起跨腿顺着栏架带正。练习次数 15~30 次 4~6 组（图 6-60）。

图 6-60

橡皮带鞭打：要求身体要正，摆动腿抬高以后再鞭打出去。练习次数 15~30 次 4~6 组（图 6-61）。

图 6-61

（3）核心力量练习方法与手段。

腹肌训练

肋木举腿：要求膝盖尽量伸直。练习次数 6~10 次 3~5 组（图 6-62）。

仰卧直腿连续摆：练习次数 20~40 次 4~6 组（图 6-63）。

图 6-62

图 6-63

直推上收：要求腹肌收紧时摸到脚踝处，下来到膝盖位置。练习次数 8~20 次 4~6 组（图 6-64）。

图 6-64

背肌训练

背肌绕∞字：双腿固定后，双手伸直绕∞字，前方站一位运动员可以更好达到动作要求。练习次数正绕 4~8 次反绕 4~8 次 4-6 组（图 6-65）。

图 6-65

跪地支撑：手与膝支撑、手、腿、背伸直成一条直线，静止 40~90 秒 4~6 组（图 6-66）。

背肌两头起：背肌收紧同手异脚向上，换手换脚继续做一次，连续做背肌两头起。练习次数 20~30 次 4~6 组（图 6-67）。

图 6-66

图 6-67

侧肌练习

膝关节弯曲左右摆：要求腹肌收紧肩膀离地，双手摸到脚踝为一次，练习次数，左右为 1 次 8~15 次 4~6 组（图 6-68）。

图 6-68

侧卧支撑收腿：要求腰背伸直，身体不能弓，侧肌收紧举腿。练习次数 8~15 次 4~6 组（图 6-69）。

俯身收腿：要求膝盖伸直，侧肌收紧，动作要慢，脚跟轻轻碰到垫子为一次。练习次数 8~15 次 4~6 组（图 6-70）。

图 6-69

图 6-70

单腿蹬：臀大肌发力向前上方蹬，注意落脚腿脚跟高落地，膝关节缓冲，以免对膝关节造成损伤。练习次数 8~15 次 4~6 组（图 6-71）。

图 6-71

栏架左右摆：要求后腿举高后再过栏，举腿要快。练习次数 20~40 次 4~6 组（可绑沙包负重）（图 6-72）。

图 6-72

走高台：臀大肌收紧发力要快。练习次数 8~10 次 4~6 组（图 6-73）。

图 6-73

（4）身体主要关节练习。

髋关节

跨栏坐转髋：要求转体以后继续保持跨栏坐动作。练习次数 8~10 次 3~4 组（图 6-74）。

支撑顶髋过栏：要求支撑腿伸直，伸腿收腿要快。练习次数 10~30 次 4~6 组（图 6-75）。

图 6-74

图 6-75

转髋左右踩跑道：站在 1 条跑道中间，大腿抬高顶髋踩跑道两侧线，注意动作的连续性。练习 20~30 米 2~3 组。

踝关节

肋木提踵：要求踝关节下到底之后快速起来，上肢起辅助作用不能发力。练习次数 15~30 次 4~6 组（图 6-76）。

图 6-76

单腿左右跳：要求膝关节尽量不弯曲，离地时间短。练习次数 20~40 次 4~6 组。

杠铃负重提踵：随着踝关节力量的提高杠铃要不断加重。练习次数 15~25 次 3~5 组（图 6-77）。

图 6-77

3. 跳高

负重半蹲起练习：练习时通过背负同伴来进行蹲起练习。练习要求：上体不能过于前倾，要保持腰部的紧张度（图 6-78）。

图 6-78

持壶铃蹲跳：练习时通过双手胸前持壶铃进行。练习要求：上体不能过于前倾，保持腰部的紧张度。为增加难度，可在沙地进行练习（图 6-79）。

图 6-79

摆动腿负重蹬摆练习：摆动腿绑沙袋（橡皮筋）进行蹬摆练习。练习的次数 30~40 次 4~5 组（图 6-80）。

图 6-80

肋木垂直或斜位收举：双手握紧肋木一端，举腿收腹。练习的次数 20~30 次 4~5 组（图 6-81）。

图 6-81

俯卧橡皮带收小腿：俯卧在垫子上，双脚踝关节处负橡皮筋连续做屈腿练习。练习次数 30~40 次 4~5 组（图 6-82）。

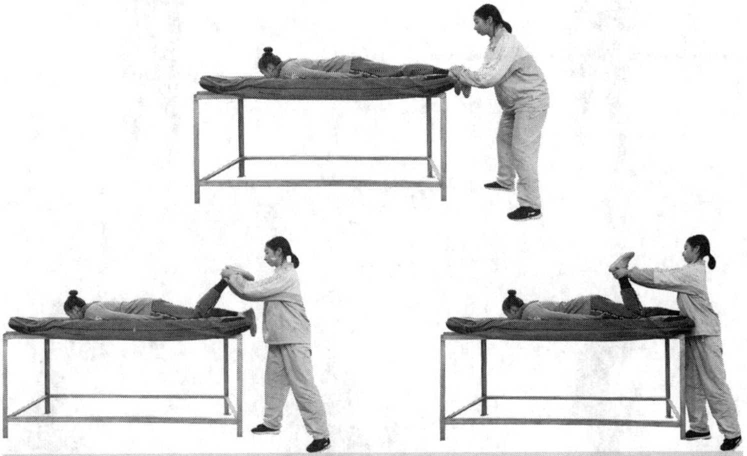

图 6-82

4. 标枪

站立皮条正面外展

要求：练习时身体不能晃动，肘关节不得向外伸开（图 6-83）。

图 6-83

站姿杠铃弯举

要求：练习时身体不能晃动借力（图 6-84）。

站姿杠铃片屈伸

要求：小臂尽量向下弯曲，大臂向后张开（图 6-85）。

单手持杠铃片拉肩（专项力量）：可原地练习，也可如图所示进行（图 6-86）。

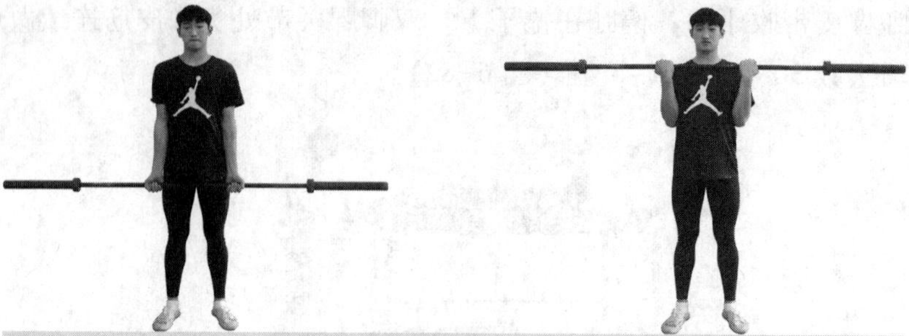

图 6-84

图 6-85

图 6-86

击掌俯卧撑：俯卧撑双手积极用力推离地面，双手在空中击掌，完成一次（图 6-87）。

图 6-87

俯身杠铃杆提拉

要求：练习时上半身不要翘起离开凳子，用背和手臂发力（图 6-88）。

图 6-88

跪膝伸收杠铃杆

要求：伸出去时身体和肩膀都必须成一条直线（图 6-89）。

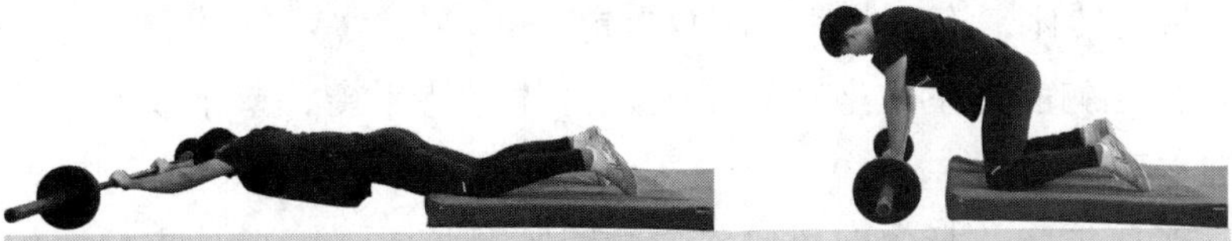

图 6-89

双脚球上收腹（腰背）

要求：伸出去时身体和肩膀都必须成一条直线（图 6-90）。

图 6-90

垫上投掷小杠铃片

要求：投掷时要有转肩、鞭打动作（图 6-91）。

悬挂拉肩收腹举腿

此动作既能拉伸柔韧性又可练到腹肌（图 6-92）。

图 6-91

图 6-92

5. 铁饼

（1）站立扩胸。徒手或持器械，两臂伸直，向外伸展至最大幅度，做快速收缩向前的练习，可连续做动作。

（2）站立侧平举。徒手或持器械皆可，两臂伸直在身体两侧举起至头顶，连续做动作。

（3）肩绕环。徒手或持器械，手臂伸直以肩关节为轴向内、向外伸展画圈。

（4）马步平转。持杠铃片或杠铃杆手臂与肩平行，屈膝半蹲，利用腰腹躯干进行带动转体，连续做动作次数自定。

（5）坐立胸前推举。坐在凳子上，身体保持平衡，单手或双手持器械进行连续推举动作。

（6）半躺扩胸。身体向后倾斜，腰背收紧挺直，两臂伸直持器械或徒手进行（图 6-93）。

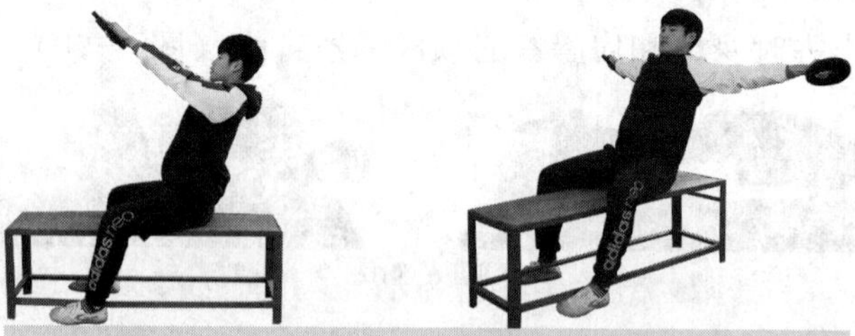

图 6-93

（7）半躺挥臂。利用椅凳固定下肢，身体向后倾斜，单手持片或徒手进行躯干转动至胸带臂的挥臂鞭打动作（图 6-94）。

图 6-94

（8）铁饼技术。原地对墙投实心球，动作是以下肢带动上肢至胸带臂将球掷出（图 6-95）。

图 6-95

（9）胯部的练习。身体仰卧平躺在两垫子之间，腰胯悬空单腿左右横摆，增加腰胯的能力（图 6-96）。

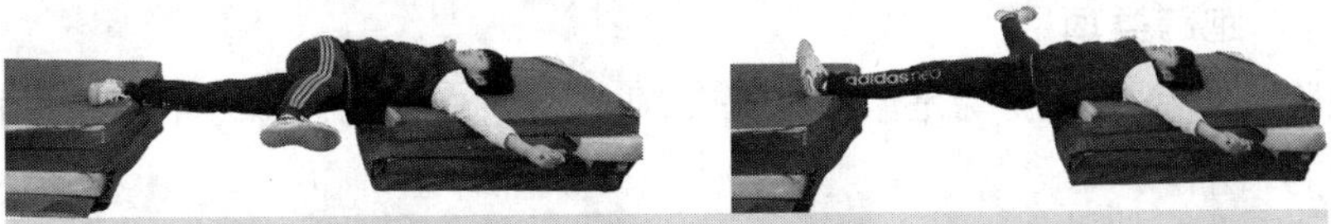

图 6-96

（10）侧立支撑摆臂。持器械或徒手，身体侧卧，手脚俩头支撑，接身体与手臂转摆（图 6-97）。

图 6-97

第三节 速度训练

一、速度的分类

根据速度的表现形式，可分为反应速度、动作速度、位移速度三类。

1. 反应速度是指人对各种信号刺激快速应答的能力。如短跑运动员在出发时对枪声的反应等。

2. 动作速度是指人体快速完成某一动作的能力。如短跑运动员的步频等。

3. 位移速度是指在单位时间内人体快速位移的能力。如 30 米跑和 50 米跑等。

反应速度、动作速度、位移速度三者有各种结合的比例和形式。组成速度素质的三部分内容相对来说是互不影响的。例如，较快的动作速度与较慢的反应速度可以同时存在于一个运动员身上。因此，在速度素质训练时要根据运动员的具体情况有的放矢地进行。

二、速度训练的方法与手段

（一）跑跨类项目

跑跨类项目的速度既是素质又是专项，因此，速度训练时主要是以提高无氧代谢为目的。

1. 发展位移速度

速度是由步长与步频两个因素所决定。因此，发展速度的途径也不外乎三种形式：即发展步长或发展步频或步长与步频同时发展。

（1）各种跑的练习是发展跑速的有效手段。

① 起跑练习：如起跑+加速跑。

② 加速跑练习。

③ 行进间跑练习。

④ 冲跑练习。

⑤ 变速跑练习：快速跑+惯性跑+快速跑。

⑥ 间歇跑练习。

⑦ 反复跑练习。

⑧ 放松大步跑练习。

⑨ 上坡跑练习。

⑩ 下坡跑练习。

⑪ 发展跑、跨结合的速度练习：

a. 缩短栏间距离的高抬膝跨栏跑。

b. 降低栏高的高抬膝跨栏跑。

c. 缩短栏间距离和降低栏高的跨栏跑。

d. 采用 3 步节奏—5 步节奏—3 步节奏的变换栏间距的跨栏跑。

e. 平跑与跨栏跑交替进行。

（2）各种跑的专门性练习。

（3）各种跳跃练习。

2. 发展动作速度

动作速度的快慢主要取决于完成动作时，肌肉的收缩力量、收缩速度、对抗肌的协调配合，以及动作结构的合理性。动作速度受遗传的影响很大，在训练时，一定要考虑遗传的因素，在速度敏感期内优先发展速度。

（1）反复进行快速动作的练习。主要目的是提高肌肉收缩的速率，改善神经系统对肌肉的支配能力。

① 快频率原地跑：练习的组数 10 秒 3~5 组。

② 快速高抬腿：练习的组数 10 秒 3~5 组。

③ 快速摆臂练习：练习的组数 10 秒 3~5 组。

（2）发展完成动作所需部位的肌肉力量。主要目的是通过提高肌肉抗阻力的能力，实现提高动作速度的目的。如要提高摆臂速度就要提高上肢，特别是肩带肌的力量。具体的练习方法与手段可参照力量训练。

（3）改变条件的各种专门练习。

① 采用牵引跑来提高跑的速率。

② 采用下坡跑的形式发展速率。

3. 发展反应速度

反应速度主要取决于运动员神经系统的灵活性。灵活性高，反应时间短，反应速度就快，反之就慢。发展反应速度必须与发展灵敏协调结合起来。

（1）各种球类活动。

（2）各种活动性游戏。

（3）综合性练习。

（4）听、看信号完成各种练习。

（5）各种变换方向、速度、节奏的练习。

（二）跳跃类项目

1. 发展位移速度

要与提高助跑速度相结合。平跑快，不等于能发挥专项所需的位移速度，因此，跳跃项目的位移速度还要与起跳紧密地衔接，才能把助跑所获得的位移速度有效地转化为专项成绩。由于跳跃类项目的助跑形式与要求各不相同，在发展位移速度时也要结合各运动项目的专项特点。

（1）跳远、三级跳远。

① 各种距离的助跑练习：正常距离的助跑练习，可在跑道上或助跑道上反复进行；超常距离的助跑练习，可在跑道上进行。

② 下坡最大速度的冲跑助跑练习：在斜坡上的下坡练习，有助于提高运动员的速度，使运动员在最短的距离之内，最快地达到最高的速度。最后的 4~6 步应在水平的跑道上进行。

③ 下坡高速跑结合起跳的冲跑助跑练习：在发展位移速度的同时，体会在高速情况下积极起跳的本体感觉，充分地利用助跑所获得的位移速度。

④ 结合起跳的全程助跑练习。

（2）跳高。

① 不同半径的圆圈跑（半径为 5、6、7 米）。

② 不同曲率的弧线跑。

③ 直线进入弧线跑。

④ 弯道上的节奏跑。前 30 米逐渐加速，后 10 米加快步频跑。

（3）撑竿跳高。

① 持杆与不持竿的助跑练习。

② 持竿助跑插穴起跳练习。

③ 下坡持竿助跑和持竿助跑插穴起跳练习。

2. 发展动作速度

跳跃类项目的空中动作完成好坏直接影响到运动成绩。一个快速、舒展、完美的空中动作，不仅能给观众以美的享受，而且能提高运动成绩。因此，在实践中应重视对动作速度的练习。

（1）快速重复各个项目的各种专门练习。反复的练习可以增加对动作的熟练程度，提高肌肉的收缩速度，改善神经系统对肌肉工作的支配能力，提高肌肉的力量与弹性，提高关节的灵活性。

（2）发展专项所需部位的肌肉力量。可采用徒手或轻器械的各种专门练习，采用加助力的专门练习。具体方法结合第二节力量训练的内容进行。

3. 发展反应速度

可广泛地采用反应性的游戏内容，球类活动，听、看信号，突然改变运动方向、运动条件的练习，各种改变速度和变换节奏的专门练习。

（三）投掷类项目

1. 发展位移速度

不同的投掷项目，身体的位移形式各不相同，有直线助跑位移，有滑步位移，还有旋转位移。因此，投掷类项目发展位移速度的方法与手段也不相同。

（1）铅球。

① 连续的滑步练习。

② 小腿绑沙袋的滑步练习。

③ 各种滑步结合最后用力的专门练习。

④ 滑步推轻重量的铅球练习。

（2）标枪。

① 持枪或不持枪的连续交叉步练习。

② 2~3 步的助跑掷标枪练习。

③ 5 步或 5 步以上的助跑掷标枪练习。

④ 各种不同距离的持枪助跑练习。

⑤ 各种不同距离的助跑练习。

（3）铁饼与链球。

① 不同速度的徒手或持铁饼（链球）的旋转练习。

② 持不同物体（木棍、橡皮棍等以加大旋转半径）的旋转练习。

③ 持轻铁饼（链球）的旋转练习。

2. 发展动作速度

投掷类项目的投掷动作都有一个共同的特点——“超越器械”。投掷动作完成得好坏直接影响到器械的出手速度，最终影响到专项成绩。一个快速、有力、完整的投掷动作，不仅能给观众以美的享受，而且能提高运动成绩。如米隆创作的《掷铁饼者》雕像就是表现在投掷铁饼过程中的一瞬间，是力与美的完美结合。因此，在实践中必须重视对动作速度的练习。

（1）快速重复各个项目的各种专门练习。反复的练习可以增加对动作的熟练程度，提高肌肉的收缩速度，改善神经系统对肌肉工作的支配能力，提高肌肉的力量与弹性，提高关节的灵活性。

（2）发展专项所需部位的肌肉力量。可采用徒手或轻器械的各种专门练习，采用加助力的专门练习。具体方法结合第二节力量训练的内容进行。

3. 发展反应速度

可广泛地采用反应性的游戏内容，球类活动，听、看信号，突然改变运动方向、运动条件的练习，各种改变速度和变换节奏的专门练习。

第四节　耐力训练

耐力是指人体在长时间内进行肌肉活动的能力。从整体来说，耐力应包括一般耐力、肌肉力量耐力、速度耐力和静力耐力等方面的属性。

一、耐力的分类

依据不同的角度与标准，可把耐力素质分成不同类型的耐力。从运动生物学的角度来讲，耐力可分为以下四种。

（1）一般耐力。泛指人体进行一般工作的抗疲劳能力。如 1 500 米、12 分钟跑等。

（2）速度耐力。是指人体在较长时间内快速运动的能力。如 400 米跑等。

（3）力量耐力。是指肌肉长时间对抗疲劳的能力，即肌肉在长时间内进行收缩活动的能力。如俯卧撑、引体向上等。

（4）静力性耐力。是指肌肉在长时间内进行静力性收缩的能力。如手倒立、屈臂悬垂等。

根据耐力的分类，田径运动的项目从运动员的生理角度来看，呈现出以下的生理特征：

（1）长距离、超长距离项目的耐力特点。生理上取决于运动员的有氧能力，心理上需要超常的意志力。

（2）中距离跑项目。主要是以无氧能力为主，有氧能力为辅，必须同时具备无氧能力和有氧能力。

（3）短距离跑、跨栏、跳跃类项目。首先要有达到动员最大工作强度的能力以及力争能在最短时间内保持这种最大工作强度通过比赛距离。耐力取决于无氧过程（非乳酸酵解）对能量转化和利用的可能程度。

（4）投掷类项目。主要是以力量耐力为主要特征。

因此，不同的运动项目发展专项耐力也应有不同的训练方法与手段。

二、耐力训练的方法与手段

在田径运动训练过程中，耐力训练主要是指专项耐力的概念。所谓专项耐力是指运动员有机体为了获取专项成绩而最大限度动员机能能力克服专项负荷所产生疲劳的能力。不同的运动项目对专项耐力的要求是有区别的。

（一）走跑跨类项目

1. 短、跨类项目

主要是以次强度（最大强度的 80%~90%）的练习进行不同距离的间歇跑

和间歇跨栏跑。

2. 走、中、长跑项目

主要提高有氧、无氧混合能力。竞走项目是以合理技术为中心，围绕合理技术进行训练。主要是选用中长跑项目的训练手段。

（1）间歇跑。把专项跑的距离人为地分成几个分段来跑，各分段的跑速应快于专项跑时的速度。各分段跑之间穿插慢跑或走作为短暂的休息。

（2）重复跑。对规定的距离进行反复练习。注意安排适宜的休息时间，重复的次数也不宜过多，应根据运动员的生理反应和训练课的具体安排。

（3）节奏跑。可在田径场进行，也可在公路上进行。跑速应控制在等于或稍高于比赛速度。

（4）匀速越野跑。距离的远近根据训练计划的安排进行。值得注意的是应在路线的选择上尽可能选择风景优美、空气新鲜的地方。

（5）高原训练。改变条件，利用地理环境的优势，使运动员的生理、机能及心理的各方面都能很好地适应缺氧的环境，从而实现提高运动能力的目的。

（二）跳跃类项目

1. 专项技术和专门性练习的反复训练。在训练量的控制上，一般以身体疲劳的程度为准。

2. 在增加运动量的同时适当地增加运动强度，以促进运动员内脏器官的进一步的发展。

3. 在跑道或助跑道上进行大量的专门性跳跃练习以及大量的中、短程助跑的专门跳跃练习。

4. 反复进行全程助跑的专项跳跃练习。

5. 经常性地参加测验和比赛。

6. 经常性地保持对专项灵敏与柔韧性的训练，达到发展专项灵敏与柔韧性的目的。

（三）投掷类项目

1. 专项技术和专门性练习的反复训练。一般是以大运动量为主。

2. 在增加运动量的同时适当地增加运动强度，以促进运动员内脏器官的进一步的发展。

3. 进行大量的投掷不同重量的器械练习。

4. 经常性地参加测验和比赛。

5. 经常性地保持对专项灵敏与柔韧性的训练，达到发展专项灵敏与柔韧性的目的。

第五节 柔韧与灵敏训练

柔韧是指人的各个关节的活动幅度，即关节的肌肉、肌腱和韧带等软组织的伸展能力。人体各关节活动幅度的大小，不仅与关节本身的结构有关，而且也受到关节的肌肉、肌腱和韧带等软组织的伸展性和弹性的影响。灵敏是指人体在各种复杂的条件下，快速、准确、协调地改变身体姿势、运动方向和随机应变的能力。它不仅与速度、力量等素质有关。而且也与年龄、性别、体型、肥胖、疲劳和神经类型等因素有关。灵敏在许多技巧性强、技术复杂、动作多变和无固定动作组合的运动项目中，显得尤为重要。

一、柔韧的分类

从运动训练的角度来讲，可分为一般柔韧素质和专项柔韧素质。

1. 一般柔韧性是指机体中最主要的关节活动的幅度，如肩、膝、髋等关节活动的幅度，它们对任何运动项目都是必要的。

2. 专门柔韧性是指运动员在田径专项运动中达到最大运动幅度的能力。主要是由关节的形状、脊柱的灵活性、韧带、肌腱和肌肉的弹性所决定的。

全面发展全身各关节韧带的柔韧性，可增大完成动作的幅度，提高动作的协调性和动作质量。增加肌肉收缩前的初长度有利于动作速度的提高和更好地发挥肌肉力量。同时良好的柔韧性对高难度动作的完成，特别是对避免或减少运动损伤的发生有着积极的作用和效果。

二、柔韧与灵敏训练的方法与手段

（一）柔韧与灵敏训练

1. 跑、跨类项目的训练

① 肩负杠铃的弓箭步走，注意在走的过程中保持步伐的弹性。

② 连续的轻杠铃弓箭步抓举。重量控制在 20~30 千克。

③ 小腿负沙袋连续在栏侧做提拉起跨腿练习。

④ 各种腿部动作练习：如压腿、踢腿、摆腿等动作。

⑤ 各个方向的踢腿与绕腿练习。在练习时也可增加重量。

⑥ 在原地模仿跨栏的练习。

⑦ 各种伸展性练习。

⑧ 利用栏架的摆腿、绕腿练习。

2. 跳跃项目的训练

跑、跨类项目的训练同样适用于跳跃项目，除此以外，还可进行以下的练习：

① 利用球类等练习进行训练。

② 各种变换速度、距离、方向、节奏的活动练习。

③ 各种身体的伸展性练习。

④ 小游戏练习。

3. 投掷项目的训练

① 听信号的各种改变方向、距离、速度的练习。

② 投掷的各种辅助性练习。

③ 各种身体的伸展性练习。

④ 各种球类活动。

（二）身体主要关节的练习

1. 髋关节

① 原地前后绕栏。

② 栏侧大绕环。

③ 对墙提拉起跨腿（单双腿）。

④ 直腿左右连续侧绕栏。

⑤ 原地前后走栏接来回钻栏架。

⑥ 行进间左右腿来回摆栏。

⑦ 行进间走栏练习（单双腿）。

⑧ 加阻力侧压。

⑨ 髋关节内外绕环。

2. 膝关节

① 俯卧屈膝对抗外展。

② 俯卧屈膝对抗内收。

③ 坐姿伸小腿（组合器械或皮筋）。

④ 俯卧屈膝拉皮筋伸小腿。

⑤ 单腿微曲站平衡垫。

⑥ 单腿微曲支撑胸前托杆。

3. 踝关节

① 直膝十字跳。

② 垫步跳（可负重）。

③ 单腿行进间左右直线跳。

④ 侧向垫步跳。

⑤ 在沙坑里提踵跳。

⑥ 在沙坑里跳皮筋。

4. 利用跨栏架的关节练习

① 反拉回收栏（可负沙绑腿）。在栏架上反复地来回提拉练习。练习次数：30 次 4~6 组。

② 原地左右连续直腿正面绕栏。正面对栏，直腿连续地左右绕栏练习。练习次数：40~60 次 4~6 组（图 6-98，图 6-99）。

图 6-98

图 6-99

③ 行进间左右连续直腿正面绕。10 个栏架左右腿连续直腿绕栏架练习。练习次数：10 栏 10 次 2 组。

④ 单腿原地连续直腿正面绕栏。单腿连续正面绕栏架练习。练习次数：30 次 4~6 组。

⑤ 行进间单腿连续直腿正面绕。行进间的单腿连续直腿正面绕栏架练习。

练习次数：10 栏 10 次 2 组（图 6-100）。

图 6-100

⑥ 支撑蹬摆。双手支撑连续的蹬摆练习。练习次数：20 次 4~6 组。

（三）平衡协调性练习

1. 侧卧内收腿。侧卧在垫子上双脚向内收腿练习（图 6-101，图 6-102）。

图 6-101

图 6-102

2. 侧卧外展腿。侧卧在垫子上双脚向外展腿练习（图 6-103）。

3. 跪姿平衡。单腿跪地，同侧手臂支撑；身体另一手臂上举、腿伸直。保持身体的平衡练习。

图 6-103

4. 俯卧撑跨栏起跨腿模仿练习。双手撑地俯卧在地，模仿起跨腿的跨栏练习。

5. 手持杠铃杆单腿支撑。

（四）柔韧与灵敏训练的注意事项

1. 训练要持之以恒。应每天坚持练习。柔韧练习在准备活动、练习过程中、练习结束均可安排。根据任务的不同，在练习强度、练习部位、练习时间上可予以调节。

2. 进行柔韧与灵敏练习时，增进同伴间的相互了解，避免动作过度用力造成伤害事故。

3. 主动与被动性练习、动力性与静力性练习、个人练习与助力帮助或器械辅助交替进行。

4. 练习要循序渐进，逐步提高练习难度。

5. 训练前要做好准备活动，以避免肌肉、韧带的损伤。

6. 练习过程中要集中注意力，以免造成不必要的意外事故。

体能训练是运动员训练过程中的一个重要的组成部分，在具体的训练实践中一定要与运动员的专项能力培养有机地结合起来。运动员专项能力的发展是建立在有良好的体能基础之上的，而专项能力的提高又会进一步促进运动员体能的发展。两者是辩证的统一，只有认清它们之间的关系，才能积极有效地全面发展运动员的竞技能力，使训练更加的科学化。

复习思考题

1. 体能训练的概念、分类与原则是什么？

2. 简述力量、速度、耐力、柔韧与灵敏的训练方法与手段。

3. 简述力量训练的注意事项。

第七章 疲劳的诊断与恢复训练

第一节 疲劳的定义与分类

一、疲劳的定义

疲劳是机体活动时身体机能暂时性降低的现象，经适当休息后可逐渐恢复。因此，疲劳是机体承受负荷足够大时的一种保护性反应，是一种生理现象。

二、疲劳的原因和机制

1. “能源物质耗竭”学说。有的也称为“衰竭”学说，认为疲劳的产生是由于体内能源物质的耗尽。

2. “疲劳物质蓄积”学说。又称为“堵塞”或“窒息”学说。认为疲劳的产生是由于某些代谢产物（主要是乳酸）在肌组织中堆积造成的。

3. “内环境稳定性失调”学说。内环境的理化性质如：温度、酸碱度、离子浓度、渗透压等是相对稳定的，它依靠细胞与器官的自身调节，内分泌、植物神经系统和中枢神经系统的高级部位的调节实现动态平衡即维持自稳态，当这种稳定性失调时，则被认为是疲劳。

4. “保护性抑制”学说。无论是体力或脑力的疲劳均是大脑皮质保护性作用的结果。当人体活动时，大量冲动至皮质相应细胞，神经细胞长期兴奋导致“消耗”增多，为了避免进一步消耗，当消耗到一定程度时便产生保护性抑制。

5. “突变”学说。这种理论认为肌肉收缩控制链的三个主要成分（能量供应、肌肉力量、兴奋收缩偶联）中的一个或几个环节的中断与破坏就会产生运动能力的下降，其间关系可用突变理论解释，具体是将能量供应不足，力量丧失和兴奋收缩偶联机理的破坏等关系连接起来，把疲劳看成是综合性的表现。

在突变理论的应用中可知，不同运动时间疲劳的特点不同。如果有针对性地采取相应措施，就可延缓疲劳的出现，或加速疲劳的消除，提高运动能力(表 7-1)。

表 7-1　不同运动时间疲劳的生化特点

运动时间	疲劳的生化特点
0~5 s	神经肌肉接点处
5~10 s	ATP—CP 减少、快肌中乳酸堆积
10~30 s	ATP—CP 消耗最大、肌肉乳酸堆积
30 s~15 min	ATP—CP 消耗、血乳酸上升最高、肌肉酸性升高
15~60 min	ATP—CP 消耗、肌糖原消耗最大
1~6 h	肌糖原消耗殆尽，O、肝糖原降低体温升高脱水、电解质紊乱
5~6 h 以上	能量物质大量消耗、代谢失调、体温升高脱水、电解质紊乱、身体结构改变

另外，不同代谢类型运动项目的疲劳恢复特点可分为五种。这对训练课中休息间歇、训练期中间歇的合理安排有着积极的作用，从而预防疲劳、推迟疲劳出现或加速疲劳的消除（表 7-2）。

表 7-2　不同代谢类型运动项目的疲劳恢复特点

	磷酸原代谢型	磷酸原糖酵解型	糖酵解型	糖酵解有氧代谢型	有氧代谢型
半时反应（恢复 50%时间）	20~30 s		15~20 s		5~10 min

续表

	磷酸原代谢型	磷酸原糖酵解型	糖酵解型	糖酵解有氧代谢型	有氧代谢型
（恢复100%时间）	2~3 min		1~2 min		30~60 min
疲劳因素					
ATP 减少/%	30	90	20~30	30	不变
CP 减少/%	90 以上	90	75~90	65	50
乳酸积累	少	中	最多	较多	少
pH 下降	少	少	6.6（肌）	6.6（肌）	少
肌糖原消耗			少	中	75%~90%
离子变化		Ca^{2+}↓	Ca^{2+}↓	K^{+}↑（内）	脱水
				Na^{+}↑（外）	离子紊乱

这几年，对疲劳产生的生理机理的研究又有重大进展。认为，离子代谢紊乱，自由基增多，氨的生成，激素的变化，高能磷酸盐的代谢，脂肪酸增多等，都促使了疲劳的发生和发展。

三、疲劳的分类

一般疲劳可分为全身或局部两大类，具体可分为下列四类：

1. 肌肉疲劳

肌肉收缩和松弛时间延长，肌肉随意收缩能力降低，肌力下降，肌肉出现僵硬、肿胀、疼痛等。

2. 内脏疲劳

主要是心脏疲劳和呼吸系统疲劳。心脏疲劳时，首先受影响的是心输出量，出现收缩压下降，舒张压上升，脉压减少，心电图发生改变，心律异常等情况。呼吸疲劳时气体交换能力下降。

3. 神经疲劳

表现为大脑皮层机能低下，兴奋—抑制过程平衡失调，如反应迟钝、判断失误、记忆力减退、注意力不集中，或情绪激动，难以入眠或失眠等。

4. 心理疲劳

心理疲劳的表现往往难以与神经疲劳区别，有些现象用行为（心理学）方面来理解可能更容易些，其主要表现为感觉、知觉、记忆、思维、个性等方面发生改变。

第二节 疲劳的诊断

一、观察法

即观察运动员的反应，通过询问、观察对象的自我感觉和其某些外部表现来判断疲劳的程度（表7-3）。

表7-3 疲劳程度的评定——观察法

内容	轻度疲劳	中度疲劳	非常疲劳
自我感觉	情绪高亢、无任何不适应	情绪下降，疲乏腿沉重无力或疼痛，心痛	情绪低下，非常疲乏，出现头痛、胸痛、恶心（甚至呕吐）等，症状持续时间较长
面色	稍红	相当红	苍白或发灰，有时呈紫蓝色
排汗量	不多	甚多，特别是肩带部	非常多，尤其是整个躯干部分、颞部以及运动衣上出现白色盐迹，甚至出冷汗
呼吸与气喘程度	中等度加快，气喘不明显	显著加快，轻、中度气喘	有显著加快并浅表，有明显气喘，甚至出现呼吸节律紊乱
动作	步态轻稳，动作协调	步态有不稳现象，甚至步伐摇摆，动作协调性差	步态明显不稳，步伐摇摆显著，往往掉队，出现不应有的动作错误和不协调动作
运动成绩	未下降	不稳定	持续下降或明显下降

二、生理、医学指标测定与判断

1. 小腿围

长距离跑或竞走后，由于下肢血液滞留及组织液增多，可使小腿围度增加，其增加量与疲劳程度成正比。

2. 体重

长时间运动时泌汗增多，体重下降，其降低程度与运动量大小密切相关。

3. 小腿皮下水肿检查

用拇指压小腿胫骨前面皮肤，当去除按压而留下皮肤凹陷不能立即消失者为阳性。凹陷的深浅与皮下组织液积聚有关，与疲劳程度亦有关。

4. 肌力

可测定握力、背力和腿力，早晚各测一次，或运动前后测定，观察其差数及恢复情况，如次晨已恢复可判正常的肌肉疲劳。

5. 肌张力

肌肉疲劳时，随意放松的能力降低，故肌肉放松时张力增加，肌张力振幅减小。

6. 呼吸肌耐力测定

让受试者连续测五次肺活量，每次间隔 15 秒（吹气时间包括在内），记录各次结果，疲劳时，肺活量逐渐下降。

7. 脉搏

可测定晨脉或运动前、运动后和恢复期的脉搏，来判断疲劳情况。脉搏频率增加的程度与疲劳程度成正比。

8. 血压

可测定晨起血压或运动前、运动后和恢复期的血压，如果晨起血压较平时高 10%~15%以上，运动负荷期间收缩压上升过多或上升不明显，舒张压上升，或出现一些异常反应（如梯形反应、无休止音等），或血压恢复时间延长等，多表明机体有疲劳现象。

9. 心电图

心脏疲劳时，心电图会改变，如 ST 段下降超过 1 毫米以上，T 波方向改变，P—R 间期、QRS 间期延长等。

10. 反应与视觉闪光融合阈测定

短跑、跨栏运动员的神经反应快，灵活性高，疲劳时反应时会延长，出现错误多，对断续闪光产生融合的临界频率低。

11. 皮肤空间阈

测定皮肤对两点的定位感觉。运动后疲劳时触觉机能下降，运动后较安静时大 1.5 倍以上为轻度疲劳，2 倍以上为重度疲劳。

12. 血红蛋白

由运动引起的运动性贫血与运动强度和运动量有关，此外还与身体健康状况、机能水平下降，营养摄入不合理等因素有关。

13. 尿蛋白

每日清晨和运动后测定尿蛋白，可以了解身体对运动量和强度的适应情况和疲劳程度。

14. 定量运动负荷试验

内脏器官的机能能力只有在机体进行运动负荷试验中才能充分发挥，因此机能检查的主要方法是定量运动负荷试验，检查的着重点是心脏血管机能。负荷的种类、负荷量的大小，则根据机能检查的目的、受试年龄、性别、健康状况、训练水平而定。现介绍几种方法：

（1）一次运动负荷试验。

① 30 秒 20 次蹲起。

② 15 秒原地快跑。

评定：负荷结束后脉搏上升不多，血压中等升高，3 分钟或 4 分钟内基本恢复者，评为心脏血管机能良好；负荷后脉搏明显上升（增加率超过 70%），血压上升不明显或明显，3 分钟或 4 分钟内均未恢复者，评为机能较差，有疲劳现象。

（2）联合运动负荷试验。由两种以上的不同负荷内容、强度和时间，按一定的顺序而组成的负荷试验称为联合运动负荷试验，由于负荷强度大、时间长、故只适用于运动员。

评定：主要根据负荷前和负荷后脉搏频率，收缩压和舒张压的改变及恢复程度进行评定，亦适用于一次运动负荷试验，通常有下列五种反应类型。

① 正常反应——负荷后脉搏和收缩压适度上升，两者大致平行，舒张压适度下降（5~30 毫米汞柱内）或不变。负荷后 3~5 分钟内脉搏和血压恢复至安静水平。

② 紧张性增高反应——负荷后收缩压明显升高，舒张压也升高，脉搏显著增加，恢复时间延长。

③ 紧张性不全反应——负荷后舒张压极度下降，甚至在 0 毫米汞柱时仍能听到音响，如果这种现象持续 2 分钟以上，收缩压上升不明显，脉搏明显增

加，恢复期延长，说明身体机能不良，或者是运动员早期过度训练的征象。如果这种现象持续时间不超过 1 分钟，负荷后的收缩压也较高，说明心肌收缩力较强，只因心率快，致使舒张期缩短，训练良好的运动员在激烈的竞赛后可能出现这种反应。

④ 梯形反应——负荷第一分钟收缩压上升不多，而第二、第三分钟收缩压升得更多，高于第一分钟，同时脉搏明显增高，舒张压上升或不变，恢复期延长。当身体有病尚未恢复，运动员过度训练时均可出现这种反应。

⑤ 无力反应——负荷后第一分钟收缩压上升不多（一般不超过 10~15 毫米汞柱），甚至下降，脉搏急剧增加，恢复期延长，这种现象表示心肌无力，每搏输出量减少，导致心率代偿性增加，运动员患病或过度训练时可出现此反应。

（3）台阶试验。以一定的频率，上下一定高度的平台并持续一定的时间，根据登台阶结束后恢复期脉搏变化评定的心脏功能，称为台阶试验。

台阶指数=登台阶运动持续时间(秒)×100/三次脉搏之和×2

指数越大表示心脏机能越好，大于 90 为优；80~89 为良；65~79 为中；55~64 为下；小于 55 为差。

15. 其他

可采用血乳酸、血清、睾酮、脑电图、肌电图、儿茶酚胺的测定，氨基酸的测定，PWC_{170}。机能试验等测定都可选为疲劳判断和测定的指标。

第三节　恢复训练

一、恢复训练手段的分类

大负荷训练是现代田径运动训练的重要特征之一。大负荷训练紧张激烈必然使运动员身心产生疲劳，疲劳产生后必须及时采取措施，使身心得以恢复，这样才能继续参加训练和比赛，否则，疲劳积累就会变成过度疲劳，造成训练中断。从某种意义上说，没有恢复就没有训练。因此，恢复训练具有重要意义。

在运动训练中，各种生理机能并不是在运动结束后才开始恢复的，在运动过程中随着能量物质的分解后再合成，恢复过程就已开始，但由于分解过程超过再合成过程时，能量物质就不可能完全恢复，而只有当运动结束后，合成过程超过分解过程时，人体机能才逐步得到完全恢复。运动后如采取一些有效的恢复手段，可以加快恢复过程。在运动训练中使用的恢复手段可以分为教育学手段、心理学手段、医学、生物学手段和营养学手段五类。

（一）教育学恢复手段

教育学恢复手段是指在运动训练过程中，针对训练的目的与任务合理安排训练内容，训练手段，运动负荷，恢复时间，恢复方式，以促进恢复过程的方法。在恢复训练中，居中心地位的是教育学手段。这类手段的前提是通过适宜的肌肉活动来控制运动员的工作能力和恢复过程。其主要表现是：根据运动员状态合理地制定训练计划，合理地安排训练和比赛的大小周期，精确地组织训练与休息，合理而科学地安排大中小训练负荷，安排好训练前的准备活动和训练后的放松整理活动等。

在训练课上安排恢复的内容应注意下述几个方面：训练课中如果实施了间歇训练和发展力量耐力的循环练习，要考虑采用不充分恢复，间歇时间较短，掌握住心率的恢复标准，以心率在重复开始练习前达到 120~140 次/分为标准。在发展最大力量、快速力量和速度的反复训练中，恢复时间应以恢复的程度和需要来定。在每课次的运动技术练习中，恢复的原则是以能够保证下一次练习的动作质量为标准。一般来讲，训练课上的恢复方式多采用积极性休息。例如，力量训练后，对承受负荷的肌群做一些伸展放松性练习；速度和耐力练习后，做一些慢跑和徒手体操等练习；训练课结束时，结合整理活动安排一些慢跑，基本体操、游戏，游泳，等等。

训练日较之训练课的一个显著的特点是训练次数大大增加，优秀运动员可达到 3~4 次。训练日中安排恢复的原则有几点：必须在有机体处于完全恢复的状态下进行技术性的练习，一般安排在训练日的开始进行。在不完全恢复的情况下可以安排耐力性练习，一般安排在训练日的末尾。在两者之间通常安排速度和力量性练习。积极性休息的原则体现在训练日中，以及贯穿于各个训练课次之间均采用施加于人体不同系统或不同部位的运动负荷局部改变的方法来保证恢复过程的顺利完成。

训练周的恢复安排灵活性比较大一些，经常通过每日训练内容的变换、训练次数的增减以及运动负荷大、中、小，有节奏地交替安排来实施。如在星期

一、三、五进行不同内容的素质训练；星期二、四、六进行不同内容的技术练习；在星期一、三、四每天训练 1~2 次；在星期二、五、六每天训练 2~3 次；运动负荷在周二达到一个小高潮，在周五达到一个大高潮，等等。每周也可安排 1~2 次专门以积极性休息为目的的恢复训练课。一周中，也要注意积极性休息与消极性休息两种方式相结合。在消极性休息中，必须保证充足的睡眠以利于有机体的全面恢复。

（二）心理学恢复手段

是通过心理学的影响作用，使运动员迅速降低神经心理紧张程度，降低心理抑制状态，尽快恢复神经能力，使参与活动的各机能系统紧张达到个人能力的最大值。心理学的恢复手段包括放松训练、呼吸调整，催眠暗示、心理调节，等等。

放松训练采用仰卧姿势，两腿舒展伸直，两臂自然放于体侧，从头到脚逐渐完成放松，每次放松约 10 分钟，坚持每天一次。

呼吸调整的做法是：① 吸气——憋气——呼气；② 自然呼吸；③ 注意身体的爽快感觉；④ 默念鼓励自己的暗示语；⑤ 听呼吸的声音：⑥ 吸气——憋气——呼气（10 次）；体会放松 1 分钟。

暗示语可以随意自主选择。一般常用的有“我的全身都休息了”，“我感到放松和强壮了”，“我感到身体轻松了”，等等。

催眠暗示和催眠休息是恢复运动员工作能力的重要方法，可使有机体在短时间内消除疲劳和过度紧张，使运动员得到充分的恢复。

心理调节亦可加快运动后的恢复速度。包括安排好生活环境和日常生活，以及保持运动员之间的友好气氛，经常进行思想交流等均是很自然的心理学恢复手段。

（三）医学恢复手段

这种手段有助于提高机体承受负荷的能力，有助于尽快消除急剧产生的全身疲劳和有效补充能量储备，提高机体工作能力。医学恢复手段主要有水疗、按摩、理疗、吸氧、针刺、气功和药物等。

1. 水疗

利用冷、热水的刺激作用，促进血液循环和新陈代谢，有利于机体内营养物质的运输和疲劳物质的排除，放松肌肉，安抚神经，促进食欲。水疗的基本手段有淋浴、浸浴、涡流浴，脉冲式水力按摩浴，桑拿浴、蒸汽浴、土耳其浴等。

2. 按摩

通过按摩使肌肉高度放松，血液循环加快，提高或降低（取决于手法）中枢神经系统兴奋性，使机体得以恢复。按摩分为人工按摩、器械按摩和气体按摩。人工按摩分全身按摩和局部按摩两种。全身按摩一般在训练后 2~3 小时，冰浴后在较高温度的房间内进行，按摩时间大约 30~40 分钟。局部按摩可在训练过程中或训练结束后进行，时间不超过 10~20 分钟，主要用于消除肌肉僵硬和局部疲劳。器械按摩主要是通过振动来实现的。将振动按摩器置于需按摩的部位，该部位的肌肉便可随按摩器的振动而振动，控制振动的节奏和强度，以降低肌肉的紧张度。气体压力按摩必须在专用的气压室内进行。一般做 3 次，每次压力指针降到 800~1 200 μ，持续时间 2~3 分钟；两次之间气压减到 0.3~0.5 个大气压，间歇 20~40 秒。

3. 理疗

理疗作用于局部或整体，可促进血液循环，加速疲劳消除和机体恢复，同时具有治疗损伤的作用。理疗方法有红外线（近红外线和远红外线）疗法、蜡疗法、热疗法、电疗法、牵引疗法、负氧离子疗法。

4. 吸氧

在高强度训练时，因缺氧会产生大量乳酸，使机体很快产生疲劳，通过吸氧，可以降低血乳酸，促进恢复。高压氧可使血氧含量增加，血液二氧化碳浓度下降，pH 值上升，提高组织中氧的储备量，对训练引起的极度疲劳、肌肉酸痛、僵硬、酸碱平衡失调等有明显疗效。

5. 针刺

通过针刺人体穴位的方法，使肌肉放松，达到消除疲劳的目的。针刺方法是我国传统的恢复手法，对放松肌肉、解除痉挛，促进机体恢复有良好的作用，一般的手法是手针顺肌纤维行走方向斜刺，留针 5 分钟，刺激强度视肌肉紧张程度来掌握。针刺部位以紧张或痉挛的肌肉为主，必要时可选用配穴 1~2 个。针的型号视肌肉体积选择。目前，电针疗法也是一种很好的针刺手段，实践证明效果良好。

6. 气功

是一种自我调节、自我控制的功法。通过气功练习能增强抵抗力，帮助放松，消除紧张状态，交感神经系统的活动减弱。气功分静功和动功两种。

7. 药物

通过中西药物帮助消除疲劳，增强体力。可促进人体疲劳恢复的药剂很多，一般分为化学类的和中草药类两种。由于药物种类繁多，如使用不当，会产生副作用，所以一定要在医生监督和指导下合理使用。

（四）营养学的恢复手段

营养通常只作为运动员膳食中需要注意的一项内容，很少与恢复的问题联系在一起。随着科学训练水平的提高和恢复意识的增强，营养逐渐引起了重视。在运用营养因素促进恢复方面人们已经注意到了有机体在承受不同的负荷之后，并非是吃得越多越好，而应缺什么补什么；另外，人们均在试图寻找既能提高运动能力，又对身体无任何副作用的营养剂。

一般来说，由于训练负荷而使运动员的能量消耗很大，因此，训练后的能量补充既要考虑补充物的数量，同时也要考虑到各种营养成分的适宜及有效的搭配。比如，训练负荷后补充不同的糖，即可对身体不同部位糖贮存的恢复产生不同的影响。果糖有利于肝糖原的恢复；由于肌肉消耗的特点，使得葡萄糖及淀粉对肌糖原的恢复影响更大一些。对蛋白质的补充，以前人们普遍认为可以不作为重点，日常的膳食中即可解决人体所需的全部蛋白质，但现在看来是不够的。一般人每天每千克体重摄入一克蛋白质可以维持正常水平，运动员则要求增加 1~1.5 倍，应达到每天每千克体重摄入 2~2.5 克，举重等重竞技项目的运动员根据其自身训练负荷及能量消耗的特点，每天蛋白质的摄入量应达到 3~3.5 倍，即每天每千克体重为 3~3.5 克。这是因为蛋白质即是营养能量物质又是人体的功能物质，人体中的肌肉主要是靠蛋白质来修补、生长和发展，如若供应不足将会造成运动性疲劳的产生。如果把运动中需补充的热量按照蛋白质、脂肪、糖三者的比例划分为按需要均衡进补的定式，大多数项目运动员的膳食中三种能量的补充比例为 1.2：0.8：4.5；耐力性运动项目因其训练负荷的特点，要求膳食中糖的含量较高，故三种能量的搭配比例为 1.2：1：7.5；而运动负荷量比较小的项目，则稍稍比普通人的能量补充高一些，三种能量的搭配比例为 1：0.6：3.5。

人体需补充的营养成分之中维生素和矿物质也占有着较大的比重。维生素不仅为人体正常代谢和生理机能所必需，而且直接影响人体的运动能力。维生素 B 与 C 和人体活动能力的关系最大。矿物质在人体的代谢与机能运转中也起着重要作用。一般情况下，食物中的矿物质已够体内之用。但如果在大运动负荷和比赛的条件下，尤其是在炎热的气候时，大量的泌汗导致矿物盐的过多消耗，应考虑给予一些额外的补充。

二、恢复训练在某些项目中的运用

1. 短跑运动员的恢复训练方法

（1）教育学恢复法（表 7-4）。

短跑训练手段的搭配要考虑到恢复，如大强度的训练手段之后可穿插轻松愉快、富有节奏性的训练手段，以利于恢复。上、下午两次课的训练，一般建议不在上午安排大强度的速度型练习。

表 7-4　各种训练方向组、次的间歇时间

	非乳酸能方向	乳酸能方向	混合供能	有氧供能
每次间歇时间/min	3～5	5	1.5～3	3～5
每组间歇时间/min	6～8	10	10	10

（2）医学生物学的恢复方法（表 7-5）。

表 7-5　不同训练方向负荷后的恢复方法

速度、速度力量	速度耐力	有氧耐力
热胺树水浴	热针叶浴	热海水浴
蓝色光谱线辐射	紫外线辐射	紫外线辐射
蒸气浴	按摩	蒸气浴
按摩	蒸气浴	按摩

2. 中长跑运动员的恢复训练

晨间心率监测可以为运动员训练量的确定提供基本的参考数据。如果运动员晨间心率变化为10%或更多，那意味着运动员这一天需要进行适当的放松。比如，适当降低预订训练环节中的训练强度，或干脆取消早课。必要的话（如疼痛等）应进行多种形式的交替训练，如用骑自行车、游泳、在游泳池中跑步、慢走等代替常规训练，因为这样可以减轻对体重的支撑，负担较小，同时可以帮助身体恢复。大多数中长跑运动员在每星期中都有一天被动休息的时间。这种被动休息可以是单纯的休息调整，可以是仅做些灵活性方面的训练，也可以进行30分钟以上的放松跑。采用哪种休息方式需依据运动员的运动水平而定。当然，在一年中的不同时候，针对不同的训练阶段，恢复的手段应有所不同。恢复的类型也需因运动员而异。Hawley（2000）提醒我们要结合恢复周期使运动员适应训练要求。运动员应当学会每天如何监测自己的健康状况，如记录晨脉、睡眠质量、体重、情绪等数据，这些数据的收集和整理有助于判断运动员产生过度疲劳的真正原因。要想从中长跑训练中得到良好的恢复，必须注意以下几个主要方面：营养上的，神经学上的，生理学上的，心理学上的。这四点根据训练完成的质量其重要性会略有改变。如果运动员还在使用那种传统的在周日进行一次长距离跑步训练的话，对他的恢复来说，最先涉及的是营养恢复，而后是生理恢复，神经恢复，最后是心理恢复。如果运动员刚刚在跑道上完成匀速跑训练环节，那恢复的顺序又会有所不同。最先要完成的是使用适当的、相对缓和的放松整理运动使神经达到恢复的目的，随后是冷热水交替淋浴。训练后，在海滩上或海水中行走也是十分有效的恢复手段。下一步是通过全身的牵引和按摩等手段达到生理上的恢复。运动员可以将双腿泡在冷水中来刺激血液循环。心理方面的恢复包括放松自己。在完善训练计划的过程中最重要的是保持灵活性。因为即使是计划得再好的训练安排有时也需要在细节方面做些调整。有目的、经过精心计划的休息安排，每周一天休息，每月一个放松周会有效地防止过度疲劳的发生，并且使运动员能够完成正常的训练计划。在训练的过程中教练员还必须时刻关注运动员的营养情况，以确定运动员日常的能量消耗得到充足的补充。运动员饮食结构中必须包括足够的蛋白质和碳水化合物，同时脂肪的含量应当被适当减少，而不是完全剔除脂肪类食品。总体上来说，运动员在训练过程中每30分钟应当补充水分或是运动饮料，每2小时补充大约50~100克碳水化合物（根据运动员的体重决定，每千克体重补充1克碳水化合物）直到正餐时间（Burk，1996）。在饮食中缺少铁元素会使运动员患上贫血症，从而导致训练效能降低。中长跑项目可通过运动中的心率监控恢复训练强度（表7-6）。

表7-6 积极恢复的指标

训练目的	训练强度	主要运动方式	运动中心率	运动后血乳酸	适宜人群
积极恢复	60%~80%无氧阈强度	匀速连续跑	120~140/min	3 mmol/L以下	全员

三、关于积极性恢复训练的强度、运动方式和持续时间

运动训练不仅要保证在一堂训练课上每次练习的质量，又要运动员在每次训练课都能承受一定负荷，因此恢复性练习不仅要在每组练习间按预定目标去实施，而且要在每堂训练课后实施。积极性恢复较消极性恢复消除血乳酸的速率快将近两倍。因为轻微的活动比安静状态时血液循环快，所以血乳酸的消除也会加快。因此，很多时候都选择积极性的恢复手段，但应该注意一下几个问题：

1. 强度

虽说积极性的恢复较消极性的恢复消除血乳酸的速率快，但如果采用的活动强度过大，则会产生更多的乳酸，而强度过小又体现不出积极性恢复的优点，因此选择一个合适的强度非常重要。研究表明，利用略低于乳酸阈强度进行恢复训练时，能最大限度地调动机体有氧氧化系统的活性，最利于消除乳酸。在一堂训练课后，对于训练有素的运动员来说，一般在60%~70%最大摄氧量强度；在两组训练的间歇，从Gaiga等（1995）和Gorostiaga等（1991）的研究结果看，运动疲劳后的恢复，以40%~60%最大摄氧量强度较为适宜。

2. 运动方式

运动方式的选择应该兼顾负荷肌群的放松和非负荷肌群的动员。有人认为，用非专项运动进行放松训练，比用专项运动更有利于消除乳酸。因为大负荷训练后，乳酸的堆积已经刺激负荷肌群动用了最大有氧代谢能力，此时可以利用动员非负荷肌群调动其他部位的有氧氧化系统帮助负荷肌群更快地消除乳酸。另外，有氧专项肌群的糖原消耗比较大，恢复训练时最好少动用专项肌群的糖原贮备，这样有利于专项肌群的尽快恢复。

3. 持续时间

一堂训练课后的恢复训练，一般不少于20分钟。洪平等在1999年全国游泳锦标赛期间与教练员一起就不同放松方式对运动员血清肌酸激酶、乳酸的影响进行了研究。研究发现，比赛后以70%强度计时放松游10分钟，比单纯自己放松游对赛后血乳酸的消除要快而且显著（血乳酸在比赛和训练后的尽快消除，能够减少乳酸在细胞内的停留时间，从而减少乳酸对肌细胞的酸化程度和自由基的生成，有利于保护细胞）。

复习思考题

1. 疲劳的定义与分类是什么？疲劳的诊断方法有哪些？
2. 恢复训练的方法分哪几类？
3. 不同项目中，恢复训练该如何安排？
4. 采用积极性恢复手段应该注意哪几个问题？

第八章 规则与裁判

第一节 田径竞赛的主要规则

一、田径比赛通则

1. 田径场地

（1）所有坚固、表面平整一致、符合《IAAF 田径场地设施标准手册》中有关规定的地面均可用于田径运动比赛。

（2）凡举办国内正式田径比赛的场地，均应符合国际田联的有关规定，并有获得中国田径协会批准的有关证书。

2. 年龄和性别分组

（1）如果运动员年龄符合相应年龄组要求，运动员应有资格参加相应年龄组的比赛，运动员必须能够提供年龄证据，拒绝或不能提供该证明的运动员没有资格参加比赛。

（2）比赛分男子组和女子组，但男、女混合的外场比赛，成绩要分别公布或要有标注。

3. 报名

（1）只有符合规则规定的运动员方可报名参赛。

（2）兼项，如果一名运动员同时报名参加 1 项径赛和 1 项田赛或多项同时比赛的田赛，有关裁判长可以允许该运动员在某一轮次的比赛中，或在跳高和撑竿跳高的每次试跳中，以不同于赛前抽签排定的顺序进行试跳（掷）。如果该运动员后来在轮到其试跳（掷）时未到，一旦该次试跳（掷）时限已过，将视其该次试跳（掷）为免跳（掷）。

（3）如无合理理由不参加比赛或消极比赛，则认为其放弃比赛，应拒绝其参加该次比赛所有后续的项目包括接力跑。

4. 服装、鞋和号码布

（1）各项目参赛的运动员必须穿着干净的服装，其设计式样和穿着方式应无碍观瞻，服装的材料浸湿时不得透明。

（2）运动员比赛时可以赤脚、单脚或双脚穿鞋参加比赛。钉鞋最多可安装 11 枚鞋钉，鞋钉长度不得超过 9 毫米，跳鞋和掷标枪鞋钉不应超过 12 毫米。

（3）要为每名运动员提供两块号码布，将其分别佩戴在胸前和后背的显著位置。撑竿跳高和跳高运动员可在胸前或背后佩戴一块号码布。

5. 对运动员提供帮助

（1）分段时间显示。可以正式宣告和/或显示比赛的分段时间，以及领先运动员的参考时间。

（2）提供帮助。有关裁判长应对在比赛中、在比赛区域内提供或接受帮助的任何运动员给予警告，并告诫他如果重犯将取消其该项目的比赛资格。

（3）风向、风力信息。在各个跳跃项目、掷标枪和掷铁饼项目的合适位置设置一个或多个风向袋，以便向运动员显示大致的风向和风力。

（4）饮用水/海绵块。在 5 000 米、10 000 米或以上的径赛项目中，根据天气情况，组委会可向运动员提供饮用水和海绵块。

6. 取消比赛资格

（1）如果运动员在某项比赛中因违反技术规则而被取消比赛资格，那么他在该项目本轮中取得的成绩将被视为无效，但此前取得的成绩应为有效。这一事实不应妨碍该运动员参加其他所有后续项目的比赛。

（2）如运动员违反体育道德或有不正当行为，将在正式成绩中注明被取消参赛资格的原因。

7. 抗议和申诉

（1）对运动员的参赛资格提出异议，必须在比赛开始之前向技术代表提出。

（2）如果抗议涉及某项比赛成绩或进程，则应在正式宣告该项目成绩后的 30 分钟内提出。

（3）所有抗议均应由运动员本人、运动员代表或运动队代表向有关裁判长口头提出。

（4）在径赛项目中，如果运动员对起跑犯规的判罚立即做出口头抗议，径赛裁判长对此存在疑问，可以让该运动员“在抗议下”比赛，以便保留所有有关的权利。如果对发令员未能召回的起跑犯规或取消的起跑进行抗议。抗议只能由完成了该项比赛的运动员或其代表提出。如果抗议成立，则对违反规则的运动员给予警告或取消资格。为公平起见，裁判长有权宣布比赛或比赛的一部分无效，该比赛或比赛的一部分应该重新进行。

（5）在田赛项目中，如果运动员对试跳（掷）失败的判罚立即做出口头抗议，则该项目的裁判长可以在其权限内下令测量并记录该次成绩，以便保留所有相关的真相。

（6）只有当裁判长做出裁决，认为成绩有效或仲裁委员会裁决申诉成立时，有争议的成绩和运动员在抗议下取得的成绩才将成为有效成绩。

（7）凡上交仲裁的申诉，都必须在裁判长做出更正比赛成绩的结果正式公告后或告知申诉者不能更改任何比赛成绩后的 30 分钟内做出。

（8）仲裁委员会要与所有有关人员商议。

（9）如果出现新的有效证据并条件许可，仲裁委员会可以重新做出裁决。

（10）仲裁委员会的决定应为最终裁决，不得提出进一步的申诉。

8. 测量

在所有的田赛比赛项目中，测量成绩时应以 0.01 米为最小测量单位，不足 0.01 米不计。

9. 各项竞赛名次判定与成绩相等时的处理办法

（1）径赛项目名次的判定与成绩相等时的处理方法。径赛项目中，判定运动员到达终点的名次，是以运动员躯干（不包括头、颈和四肢）的任何部分抵达终点线后沿垂直面的先后顺序为准。以决赛成绩判定该项目最后名次，而不是以预、次、复赛的成绩判定最后名次。如遇两人或两人以上成绩相等时，应在任一赛次中，按成绩录取进入下一赛次时如遇运动员成绩相等，则终点摄像主裁判应考虑有关运动员的 1/1 000 秒的实际时间。若是手计时，应根据判读的 1/100 秒的时间处理。如果成绩依然相等，则有关运动员均应进入下一赛次，如实际条件不允许，应抽签决定进入下一赛次的人选。决赛中出现第一名成绩相等，有关裁判长有权根据实际情况决定这些成绩相等的运动员重新比赛，如该裁判长认定无法安排重赛，则成绩相等的运动员名次并列。其他名次的运动员成绩相等时，按并列处理。

（2）田赛高度项目的名次判定与成绩相等的处理方法。在田赛高度项目比赛中，每名运动员应以其最好的一次试跳成绩，包括因第一名成绩相等而进行的决名次赛的试跳成绩，作为其最后的决定成绩，然后以运动员个人最好成绩排列名次。如出现成绩相等，在出现成绩相等的高度中，试跳次数较少者名次列前。如成绩仍相等，则在包括最后高度在内的全赛中，试跳失败次数较少者名次列前。如成绩仍然相等，如不涉及第一名，则运动员的比赛名次并列；如涉及第一名时，在造成其成绩相等失去了继续试跳权利的最低失败高度上，每人再试跳一次。如有关运动员都跳过或都未跳过而仍不能判定名次，则横竿应提升或降低，提高或降低的高度，跳高为 2 厘米，撑竿跳高为 5 厘米。他们应在每个高度上只试跳 1 次，直到分出名次为止。决定名次的试跳，有关运动员必须参加。表 8-1 为跳高比赛前 4 名成绩相等运动员的名次判定示例（表 8-1）。

表 8-1　跳高比赛成绩相等判定名次示例

运动员	跳高高度/m						失败次数	决名次跳高度/m			名次
	1.70	1.75	1.80	1.83	1.86	1.89		1.86	1.84	1.86	
A	O	XO	O	XO	XXX		2	X	O	X	2
B	—	XO	—	XO	—	XXX	2	X	O	O	1
C	—	O	XO	XO	XXX		2	X	X		3
D	—	XO	XO	XO	XXX		3				4

注：O——成功；X——失败；——免跳。

（3）田赛远度项目的名次判定与成绩相等的处理方法。田赛远度项目的名次是以该项目全部试跳、试掷中，每名运动员最好的一次试跳、试掷成绩来判定。田赛远度项目判定名次时，如成绩相等，应以其次优成绩判定名次。如次优成绩仍相等，则以第 3 优成绩判定，依此类推。如仍相等，无论任何名次，包括第一名，名次均应并列。

（4）全能项目的名次判定与成绩相等的处理方法。全能项目以各运动员全部单项得分的总和排列名次，总积分多者列前。如总积分相等，应以单项得分多的项目较多者名次列前。如仍不能判定，则以任何一个项目单项得分高者名次列前，如仍不能判定，则以第二得分高的单项分数较高者名次列前，并以此类推，如仍不能判定，则名次并列。

（5）团体总分名次的判定与总分相等的处理方法：各单项决赛一般录取6~8人，除大会另有规定外，可分别按7、5、4、3、2、1或9、7、6、5、4、3、2、1计分。总积分较多者列前。如总积分相等时，应以破纪录项或次数多者名次列前；若再相等，则以第1名多者列前；若仍相等，则以第2名多者列前，依此类推。

二、径赛主要规则

1. 跑道测量

（1）标准跑道全长应为400米，应由两个平行的直道和两个半径相等的弯道组成。跑道内侧的分界突沿高约50毫米，宽至少50毫米，并漆成白色。两条直道上用50毫米宽的白线代替。

（2）应在跑道内突沿外沿以外0.30米处测量跑道长度。如无内突沿，则应在标志线外沿以外0.20米处进行测量。

（3）赛跑的距离应从起跑线后沿量至终点线的后沿。

（4）400米及400米以下各项径赛，每位运动员应占有一条分道，分道宽应为1.22±0.01米，包括右侧的分道线。

（5）跑道的左右倾斜度最大不得超过1∶100（1%），在跑进方向上的向下倾斜度不得超过1∶1 000（0.1%）。

2. 起跑器

（1）400米及400米以下（包括4×200米、异程接力和4×400米接力的第一棒）各项径赛的起跑应使用起跑器。其他径赛项目的起跑不应使用起跑器。在跑道上安放起跑器时，起跑器的任何部分不得触及起跑线或延伸至其他分道。

（2）在一些国际比赛以及申请承认为世界纪录的成绩时，起跑器应与国际田联批准的起跑犯规监测仪连接。

3. 起跑

（1）应用50毫米宽的白线标出起跑线。所有不分道跑的径赛项目，起跑线应为弧线，从而使所有运动员从与终点相同的距离处开始起跑。所有项目的出发位置应面对跑进方向，从左到右编号。

（2）在所有国际比赛中，发令员应用本国语言或英语、法语中的一种语言发令。400 米及 400 米以下各项径赛，规定采用蹲踞式起跑和使用起跑器，起跑时应使用“各就位”和“预备”口令；400 米以上的各个径赛项目，所有起跑均应采用站立姿势，起跑时应使用“各就位”口令。当口令发出后，所有运动员均应立即做好最后的预备姿势，不得延误。所有比赛应以发令员发令枪朝天鸣放的信号为起跑信号。

（3）除全能项目之外，任何对起跑犯规负责的运动员将被取消该项目的比赛资格。在全能比赛中，对第一次起跑犯规的运动员应给予警告。每项比赛只允许运动员有一次起跑犯规而不被取消资格，之后 1 名或多名运动员每次起跑犯规均应被取消该项目的比赛资格。

（4）若发令员或任何 1 位召回员认为本次起跑不公允，将鸣枪召回运动员。

（5）在 1 000 米、2 000 米、3 000 米、5 000 米和 10 000 米跑的比赛中，可将运动员分成两组同时起跑。大约三分之二的运动员为第一组，在常规起跑线处起跑。其余运动员为第二组，在另一条弧线起跑线处同时起跑，该起跑线画在外侧一半跑道上。

4. 径赛

（1）跑进和走进的方向应为左手靠内场。分道编号应以左手最内侧分道为第一道。

（2）运动员在比赛中发生挤撞或阻挡情况，如果是运动员非故意的行为，则可重赛或直接进入下一轮，若果是该运动员对此负责，则将被取消比赛资格。

（3）在分道跑的比赛中，运动员应自始至终在自己的分道内跑进。800 米跑是在第一个弯道末端的抢道线后沿之后为分道跑，当运动员越过此线后即可切入里道。

（4）运动员自愿离开跑道后将不得继续参加该项目比赛，并将记录为中途退出。如果该运动员试图重新进入比赛，裁判长应取消其资格。

（5）除所有分道跑或接力跑的第一棒分道跑外，运动员不可在跑道上或跑道沿线做标记或放置对其有帮助的标志物。

(6) 风速测量仪应置于直道一侧、靠近第一分道、距终点线 50 米处。风速仪的高度为 1.22 米，离跑道边沿的距离不超过 2 米。应按下列规定时间从发令枪的闪光/枪烟开始测定风速：100 米测量 10 秒；100 米栏测量 13 秒；110 米栏测量 13 秒；在 200 米比赛中，应从第一名运动员进入直道时开始测量风速，测量时间为 10 秒。

5. 终点

(1) 应用 50 毫米宽的白线标出终点线。

(2) 判定运动员的终点名次，应以其躯干（不包括头、颈和四肢）任何部位抵达终点线后沿垂直面的顺序为准。

6. 计时

(1) 计时应至运动员躯干（不包括头、颈和四肢）的任何部位抵达终点线后沿垂直面的瞬间为止。

(2) 计时应从发令枪发出的闪光或烟开始。

(3) 在跑道上举行的径赛项目，手记时应判读到较差的 1/10 秒。停表时如果指针停在两线之间，应按较差的时间计算。当百分位秒不是零时，应进位至较差的 1/10 秒，如 10.11 秒应进位到 10.2 秒。在 3 只正式表中，2 只表所计的时间相同而第 3 只表不同时，应以这 2 只表所计时间为准；如 3 只表所计时间各不相同，应以中间时间为准；如只使用 2 只秒表，所计时间不相同时，应以较差的时间作为正式成绩。

(4) 在国际比赛或国内全国性比赛中，均应使用全自动终点摄像计时系统。

7. 跨栏跑

(1) 所有跨栏跑项目均为分道跑，运动员应自始至终在各自分道内跑进。

(2) 运动员没有跨越栏架，或者在过栏瞬间其脚或腿低于栏顶水平面，或者跨越其他分道内的栏架，或者裁判长认为该运动员有意用手推或用脚踢倒栏架，应该取消其比赛资格。

(3) 运动员并非有意碰倒栏架，不应取消其比赛资格，也不妨碍承认其纪录。

8. 障碍跑

(1) 标准距离应为 2 000 米和 3 000 米。

(2) 2 000 米障碍跑，应越过 18 次栏架和 5 次水池。3 000 米障碍跑，应越过 28 次栏架和 7 次水池。

（3）在第一次过终点线后，障碍赛每整圈应设 5 个障碍，水池栏架为其中第四个障碍。障碍应均匀分布，各个障碍之间的距离约为 1 圈标准长度的五分之一。

（4）运动员必须越过或涉过水面，并且跨越每一个栏架，否则将被取消比赛资格。

9. 接力跑

（1）比赛标准距离应为 4×100 米、4×200 米、100 米—200 米—300 米—400 米（异程接力）、4×400 米、4×800 米、4×1 500 米。

（2）应在跑道上画出 50 毫米宽的横线标明各段之间的距离和接棒区中心线。

（3）每个接力区的长度为 20 米，在中心线前后各 10 米。接力区的开始和结束都从接力区分界线的跑进方向后沿算起。

（4）接力跑时运动员必须手持接力棒跑完全程。如发生掉棒，必须由掉棒人捡起。允许掉棒运动员离开自己的分道捡棒，但不得因此缩短比赛的距离。如果捡棒时缩短比赛距离或侵犯其他运动员，则取消其比赛资格。在所有接力赛跑中，都必须在接力区内传递接力棒。仅以接力棒的位置决定是否在接力区内完成接力，而不取决于运动员的身体或四肢的位置。在接力区外传接棒将被取消比赛资格。

（5）4×400 米接力跑的第一棒分道跑，第二棒分道跑至抢道线后可切入里道，第三、四棒运动员应在指定裁判员指挥下，按照同队传棒运动员跑完 200 米时的先后顺序（由内向外）排列各自的接棒位置。一旦传棒运动员跑过 200 米处时，接棒运动员须保持起始排列顺序，不能改变其在接力区起点处的位置。任何运动员不遵守本规定，均取消其接力队的比赛资格。

三、田赛主要规则

1. 田赛项目通则

（1）比赛开始前，每名运动员均可在比赛区域内做热身练习，但是投掷项目的练习试掷应始终在裁判员的监督下按抽签排定的顺序进行。

（2）一旦比赛开始。不允许运动员使用助跑道或起跳区、撑杆、投掷器械及投掷圈或落地区地面，无论徒手或持器械。

（3）在所有田赛项目中，标志物应沿助跑道的边线放置，仅限跳高助跑的标志物可放置在助跑道上。每名运动员可放置 1~2 个标志物，以利于运动员助跑和起跳时用。在圈内比赛的投掷项目，比赛中仅允许运动员使用 1 个标志物。

（4）运动员应按抽签排定的顺序参加比赛。若违反（兼项除外），可以给予警告或取消比赛资格。如果有及格赛，则决赛的顺序应重新抽签。

（5）除跳高和撑竿跳高外，在任何一轮次比赛中，不允许记录运动员 1 次以上的试跳（掷）成绩。除跳高和撑竿跳高外，如果运动员超过 8 人，则每人先试跳或试掷 3 次，有效成绩最好的前 8 名运动员再试跳（掷）3 次，试跳（掷）的顺序与前 3 次试跳（掷）后的排名相反。如果在第 3 试跳（掷）结束后出现第 8 名成绩相等，按田赛远度项目成绩相等处理办法处理。如果成绩仍然相等，可允许并列的运动员增加试跳（掷）3 次。当比赛人数只有 8 人或少于 8 人时，每人均可试跳或试掷 6 次。

（6）除跳高和撑竿跳高外，有效的试跳（掷）应被丈量。跳高和撑竿跳高的有效试跳应用“○”表示，失败应用“×”表示，免试跳（掷）应用“—”表示。

（7）在田赛项目中，如果参赛运动员人数较多而无法顺利进行决赛时，应举行及格赛。在及格赛中，除跳高和撑竿跳高外，每名运动员最多有 3 次试跳（掷）机会。一旦运动员达到及格标准，不得继续参加及格赛。及格赛的成绩不能作为决赛成绩的一部分。

（8）无论什么原因，如果运动员在试跳（掷）时受阻，有关裁判长有权予以补试机会。

（9）田赛项目比赛时，都有时限要求，裁判员在时限尚余 15 秒钟时应持续举起黄旗示意，无故延误试跳（掷），判其该次试跳（掷）失败。一般不应超过下列时限：

个人项目：

继续比赛的运动员人数

	跳高	撑竿跳高	其他
超过 3 人（或每名运动员的第一次试跳/掷）	1 分钟	1 分钟	1 分钟
2~3 人	1 分半钟	2 分钟	1 分钟

1 人	3 分钟	5 分钟	—
连续试跳（掷）	2 分钟	3 分钟	2 分钟

全能项目：

继续比赛的运动员人数	跳高	撑竿跳高	其他
超过 3 人（或每名运动员的第一次试跳/掷）	1 分钟	1 分钟	1 分钟
2~3 人	1 分半钟	2 分钟	1 分钟
1 人或连续试跳（掷）	2 分钟	3 分钟	2 分钟

（10）每个运动员的成绩，取其所有试跳（掷）中最优的，包括撑竿跳高和跳高比赛中因成绩相等决定第一名的成绩。

2. 高度跳跃通则

（1）比赛开始前，主裁判应向运动员宣布比赛起跳高度和每轮次横杆递增高度，直至只剩下一名获胜运动员或并列第一名。

（2）在任何高度上，只要运动员连续三次试跳失败，即失去继续比赛的资格。因第一名成绩相等而进行的决名次赛的试跳除外。比赛时，运动员可以在横杆升高计划中的任何一个高度开始试跳，也可在以后任何一个高度根据自己的愿望决定是否试跳或请求免跳。但在某一高度上请求免跳后，不准在该高度上恢复试跳，除非出现第一名成绩相等而进行的决名次跳的情况。

（3）除非比赛中只剩下一名运动员，并且他已获得该项目比赛的冠军，否则跳高横杆升高不得少于 2 厘米，撑竿跳高不得少于 5 厘米。

（4）所有高度项目的测量均应以厘米为单位，从地面垂直量至横杆上沿最低点。

（5）每次升高横杆后，在运动员试跳之前，均应测量横杆高度。当横杆放置在纪录高度时，有关裁判员必须进行审核测量，若被触及需再次测量。

（6）横杆明显受外力（如阵风）作用而掉落，并非运动员的作用。如果发生在运动员过杆后掉落，过杆时身体并未触及横杆，应认定该次试跳成功，或者在其他情况下发生横杆掉落，则应给予一次重新试跳的机会。

3. 跳高比赛规则

（1）运动员必须用单脚起跳。

（2）出现以下情况之一者，应判为试跳失败。

① 试跳中将横杆碰掉。

② 在越过横杆前，身体的任何部分触及横杆后沿（靠近助跑道）垂直面以前的（在两个立柱之间或之外的）地面或落地区。如果运动员在试跳中一只脚触及落地区，而裁判员认为其并未从中获得利益，则不应判为试跳失败。

（3）助跑道长度不得短于 15 米。

（4）在比赛过程中不得移动跳高架或立柱，除非有关裁判长认为该起跳区或落地区已不适合比赛。

（5）横杆两端与立柱之间至少应有 10 毫米的空隙。

（6）举办国际或国内大型比赛，落地区不得小于 6 米长×4 米宽×0. 7 米高。举办其他比赛，落地区面积不得小于 5 米长×3 米宽×0. 7 米高。

4. 撑竿跳高比赛规则

（1）运动员可要求向落地区方向移动撑竿跳高横杆，并可使距运动员最近的横杆边缘移动至从插斗前壁顶端内沿向落地区方向 80 厘米之内的任一位置。

（2）出现以下情况之一者，应判为试跳失败。

① 试跳后，由于运动员的试跳动作，致使横杆未能保留在两个横杆托上。

② 在越过横杆之前，运动员的身体和所用撑竿的任何部位触及插斗前壁上沿垂直面以前的地面和落地区。

③ 起跳离地后，将原来握在下方的手移握至上方的手以上或原来握在上方的手向上移握。

④ 试跳时，运动员用手稳定横杆或将横杆放回。

（3）比赛中，允许运动员在双手或撑竿上使用有利于抓握的物质，并允许使用手套。

（4）除非撑杆朝向远离横杆或向跳高架的方向倾倒，否则不准任何人触及撑杆。

（5）试跳时，撑杆折断，不应判为试跳失败，应给予该运动员一次重新试跳的机会。

（6）运动员可使用自备撑杆。未经物主同意，不得使用他人的撑杆。

（7）举办国际或国内大型比赛，落地区不得小于 6 米长×6 米宽×0. 8 米高。举办其他比赛，落地区面积不小于 5 米长×5 米宽×0. 8 米高。所有比赛的前端部分长不得少于 2 米。

5. 远度跳跃通则

（1）助跑道长度从起跳线量至助跑道尽头至少应为 40 米。在条件允许的情况下应为 45 米。助跑道宽为 1.22 米±0.01 米，应用 50 毫米宽的白线标出。助跑道的左右倾斜度最大不得超过 1∶100（1%），在跑进方向上的向下倾斜度不得超过 1∶1 000（0.1%）。

（2）起跳板是起跳的标志，应水平埋入地下，与助跑道地面和落地区地面齐平。起跳板应为长方形，用木料或其他适宜的坚硬材料制成，长为 1.22 米±0.01 米，宽为 0.20 米±0.01 米，厚度最大为 0.10 米，涂成白色。

（3）落地区宽度最小 2.75 米，最大 3 米。助跑道应对准落地区中央，落地区应填充湿软的沙子，沙面应与起跳板齐平。

（4）每次试跳后应立即丈量成绩。测量成绩时，应从运动员身体任何部位在落地区内的最近触地点量至起跳线或起跳线的延长线。测量线应与起跳线或其延长线垂直。测量最小单位为 0.01 米，不足 0.01 米不计。

（5）跳远和三级跳远运动员经过助跑道旁的标记时开始测量风速，测定时间为 5 秒钟。风速标记应分别放置在距离起跳线 40 米或 35 米远的地方，风速仪应设置在距离起跳线 20 米处，高 1.22 米，距离助跑道不超过 2 米。

6. 跳远比赛规则

（1）以下情况应判试跳失败。

① 在起跳过程中，无论是助跑后未起跳还是仅做跳跃动作，运动员身体的任何部位触及起跳线以前的地面。

② 从起跳板两端之外起跳，无论是否超过起跳线的延长线。

③ 在助跑或跳跃中采用任何空翻姿势。

④ 起跳后，在第一次接触落地区前接触了助跑道、助跑道外的地面或落地区外的地面。

⑤ 在落地过程中触及落地区边沿或落地区以外地面，而落地区外的触地点较落地区内的触地点更靠近起跳线。

（2）以下情况不应判试跳失败。

① 运动员在任何位置跑出助跑道白色标志线。

② 运动员在抵达起跳板之前起跳。

③ 运动员的脚或鞋的一部分触及起跳板任何一端以外、起跳线之前的

地面。

④ 运动员离开落地区时，其脚在落地区边线或边线外地面的第一触地点，比在沙坑内的最近触地点离起跳线更远的方式离开落地区，再向后穿过落地区。

（3）起跳线至落地区远端的距离至少应为 10 米，至落地区近端的距离为 1~3 米。

7. 三级跳远比赛规则

（1）三级跳远的三跳顺序是一次单足跳、一次跨步跳和一次跳跃。

（2）单足跳时应用起跳腿落地，跨步跳时应用另一腿（摆动腿）落地，然后完成跳跃动作。运动员在试跳中摆动腿触地不应视为试跳失败。

（3）其余同跳远比赛规则。

8. 投掷项目通则

（1）在所有国际比赛中，应使用符合国际田联有关规定的投掷器械。

（2）下列情况应视为帮助，在比赛中不被允许。

① 使用胶带将两个或多个手指捆在一起。

② 运动员试投时，使用任何方式、任何装置提供帮助，包括在身上捆绑重物。

③ 除链球外，运动员不得在比赛中使用手套。

④ 不允许运动员向圈内或鞋底喷洒任何物质，或使圈内地面粗糙。

（3）下列情况应不视为帮助，因此被允许。

① 为了更好地握持器械，运动员可使用某种适宜物质，但仅限于双手，链球运动员则限于手套上。铅球运动员可在颈部涂抹此类物质。

② 铅球和铁饼运动员可在器械上涂抹镁粉或其他类似物质，所有这些物质应很容易去掉不留任何污渍。

③ 在手或手指上使用胶带。只要不将两个或多个手指捆在一起。

（4）推铅球和掷链球投掷圈内沿直径应为 2.135 米±0.005 米。掷铁饼投掷圈内沿直径应为 2.50 米±0.005 米。

（5）在国际比赛或国内重大比赛中，标枪助跑道应不短于 33.50 米，条件许可时应为 36.50 米。其他比赛至少长 30 米。应用 50 毫米宽的两条平行白线标出助跑道，白线之间距离为 4 米。助跑道前端是半径为 8 米的一条弧线，运动员应在投掷弧后面试掷。

（6）落地区应用煤渣、草皮或其他适宜材料铺设，器械落地时应能留下痕迹。铅球、铁饼和链球的落地区夹角均为 34.92°，标枪落地区夹角为 28.96°，落地区均不含两侧分界线。

（7）推铅球、掷铁饼或掷链球的器械应在圈内掷出，而掷标枪在助跑道内完成。在圈内进行试掷时，运动员应从静止姿势开始。允许运动员触及铁圈内侧或抵趾板内侧。

（8）如果运动员在试掷中出现下列情况，则判为试掷失败。

① 推铅球或掷标枪出手姿势不符合规则规定。

② 在进入圈内并开始试掷之后，身体的任何部位触及铁圈上沿（或内侧上沿）或圈外地面。

③ 推铅球时，身体的任何部位触及了抵趾板除内侧的任何部分。

④ 掷标枪时，身体的任何部位触及助跑道标志线或线外地面。

（9）如果在试掷过程中未违反上述各相关规则，运动员可中止已开始的试掷，并可将器械放在圈内或圈外或者助跑道内/外，也可离开圈或助跑道。

（10）铅球、铁饼、链球球体、饼体和标枪枪头第一次接触地面时，触及了落地区角度线或落在落地区角度线以外，或触及了落地区角度线以外的任何物体，应判为失败。

（11）运动员应在器械落地后方可离开投掷圈或助跑道，否则应判为失败。

（12）在每次试掷后，应将器械运回投掷圈或助跑道附近的区域，不得掷回。

（13）每次有效试掷后，应立即测量成绩。测量最小单位为 0.01 米，不足 0.01 米不计。

① 从铅球、铁饼和链球球体落地痕迹的最近点取直线量至投掷圈内沿，测量线应通过投掷圈圆心。

② 掷标枪，从标枪头的首次触地点取直线量至投掷弧内沿，测量线应通过投掷弧的圆心。

9. 推铅球比赛规则

（1）只能用单手从肩部将铅球推出。当运动员进入投掷圈内开始试掷时，铅球要抵住或靠近颈部或下颌，在推球过程中持球手不得降到此部位以下。不得将铅球置于肩轴线后方。

（2）推铅球判罚参见投掷通则规定。

10. 掷铁饼比赛规则

参见投掷通则规定。

11. 掷链球比赛规则

（1）在预摆和旋转前的开始姿势中，运动员可将球体放在圈内或圈外地面。

（2）如果链球球体触及圈内或圈外地面或铁圈上沿，不应判为犯规。球体触地或触及铁圈上沿后，只要没有违反其他规则，运动员可以停止试掷以便重新开始试掷。

（3）如果链球在试掷时或在空中断脱，只要试掷符合规则，不判为一次试掷失败。如果运动员因此失去平衡而违反规则的任何条款，也不应判作一次试掷失败。以上两种情况，应允许运动员重新进行一次试掷。

（4）其他比赛规则参见投掷通则规定。

12. 掷标枪比赛规则

（1）掷标枪时应用单手握在把手处，从肩部或投掷臂上臂的上方掷出，不得抛甩，不得采用非传统姿势进行投掷。

（2）只有标枪的金属枪头先于标枪的其他部位触地，试掷方为有效。

（3）运动员试掷时，在标枪出手以前，身体不得完全转为背对投掷弧。

（4）如果标枪在试掷时或在空中飞行时折断，只要试掷符合规则，不判为一次试掷失败。如果运动员因此失去平衡而违反规则的任何条款，也不应判作一次试掷失败。以上两种情况，应允许运动员重新进行一次试掷。

（5）其他比赛规则参见投掷通则规定。

四、全能项目主要规则

1. 全能比赛项目

（1）男子少年、青年和成年（五项和十项全能）。

① 五项全能包括 5 个单项，在同一天按下列顺序进行：跳远、掷标枪、200 米、掷铁饼、1 500 米。

② 少年男子和成年男子十项全能包括 10 个单项，在连续两天内按下列顺序进行：

第一天，100 米、跳远、铅球、跳高、400 米。

第二天，110 米栏、掷铁饼、撑竿跳高、掷标枪、1 500 米。

（2）女子青年和成年（七项和十项全能）

① 七项全能包括 7 个单项，在连续两天内按下列顺序进行：

第一天，100 米栏、跳高、推铅球、200 米。

第二天，跳远、掷标枪、800 米。

② 女子十项全能包括 10 个单项，在连续两天内按下列顺序进行：

第一天，100 米、掷铁饼、撑竿跳高、掷标枪、400 米。

第二天，100 米栏、跳远、推铅球、跳高、1 500 米。

（3）少年女子七项全能

少年女子七项全能包括 7 个单项，在连续两天内按下列顺序进行：

第一天，100 米栏、跳高、推铅球、200 米。

第二天，跳远、掷标枪、800 米。

2. 全能比赛规则

（1）在可能的情况下，全能裁判长有权决定给予每名运动员在上一项比赛结束之后至下一项比赛开始之前至少 30 分钟的休息时间。如有可能，在第一天的最后一项结束和第二天第一项开始之间至少应有 10 小时的休息时间。

（2）除了最后一项外，全能比赛每个单项的分组将由技术代表或全能裁判长安排。尽量将成绩相近的运动员分在同组，各组人数最好为 5 人或 5 人以上，但不得少于 3 人。最后一项的分组，应将倒数第二项比赛后积分领先的运动员分在一组。

（3）各单项比赛规则均适用于全能各项目的比赛，但以下情况例外。

① 跳远和各投掷项目，每名运动员只能试跳（掷）3 次。

② 如不具备全自动计时器和终点摄像系统时，每名运动员应由 3 名计时员独立计取比赛时间。

③ 在径赛项目中，每组比赛只允许运动员 1 次起跑犯规而不被取消资格，之后每次起跑中再次犯规的 1 名或多名运动员均将被取消该项目的比赛资格。

（4）各单项比赛的全过程只可使用一种计时方法。承认纪录时，应获取全自动计时和终点摄像系统成绩，不管这种计时成绩对该项目的其他运动员是否有用。

（5）在任何一个单项比赛中，如果某运动员未能参加起跑或试跳（掷），则不能参加后续项目的比赛，按放弃比赛处理，不能计算总成绩。凡决定退出比赛的运动与，应将其决定立即通知全能裁判长。

（6）每一个单项比赛后，应根据国际田联现行评分表向全体运动员宣布该单项得分和各项的累积分，总积分最多者获胜。

第二节 径赛裁判工作方法

一、径赛裁判长职责

径赛裁判长负责径赛项目的裁判工作（包括发令、终点摄影计时、终点、手计时、检查、风速测量、各裁判组的裁判工作及有关终端操作员的工作），保证径赛项目准时比赛。径赛裁判长的职责是：

1. 认真执行规则和规程中的各项规定，处理发生于比赛期间有关径赛的问题。

2. 处理有争议的问题。当有关裁判员对名次有争议而不能判定时，有权判定最后名次。

3. 对有关竞赛的抗议作出裁决。

4. 对犯规或有不正当行为，或违反体育道德的运动员进行判罚。警告使用黄牌，取消比赛资格使用红牌。

5. 认为某项比赛不公允时，有权宣布比赛无效，并作出重赛的决定。

径赛裁判长（位于终点处）分管终点、手计时、终点摄影计时、风速测量、径赛记录员的工作，审核径赛成绩并签字。若设两名径赛裁判长，则另一径赛裁判长（位于场内）分管发令、检查组的工作和处理运动员犯规的问题。

二、起点裁判工作

1. 任务

根据田径竞赛规则的有关规定和竞赛规程及现场指挥中心规定的工作程序，组织各项径赛运动员按时进行比赛。

2. 工作方法

（1）发令员在赛前必须组织学习规程和规则，进行详细分工，研究工作方法，组织现场实习，检查及熟悉场地、起点位置、器材情况等。

（2）助理发令员在赛前 10 分钟时从引导员处接收运动员，并核实运动员参赛号码、道次号、道次。组织运动员安装起跑器和进行赛前练习。

（3）赛前 3 分钟，助理发令员通知运动员停止练习，站在起跑线后各自的道次集合线上候令。

（4）赛前 2 分钟，指挥中心发出比赛即将开始的信号，显示屏上显示本组各道次运动员，同时宣告员介绍运动员。

（5）宣告员介绍运动员完毕，终点摄影计时组起点工作人员用对讲机向终点摄影计时室报告即将发令，计时器回零。发令员看到传感指示灯亮立即发出“各就位”口令。此时，助理发令员要认真检查运动员的“各就位”动作，待动作符合规则时，即举手（或举白旗）示意，发令员则可发出“预备”口令。待运动员完全稳定后才能鸣枪。

（6）发令员的口令要清晰洪亮，“各就位”口令要长一些，“预备”口令要平稳短促。“预备”到鸣枪应以运动员身体稳定为准。举枪时应举到烟屏中央稍下一点，鸣枪后稍停片刻再放下。发现运动员犯规，立即鸣枪召回。

（7）发令员位置的选择：直道起跑发令时（100 米、100 米栏、110 米栏），发令员、召回发令员、助理发令员的位置（图 8-1）。

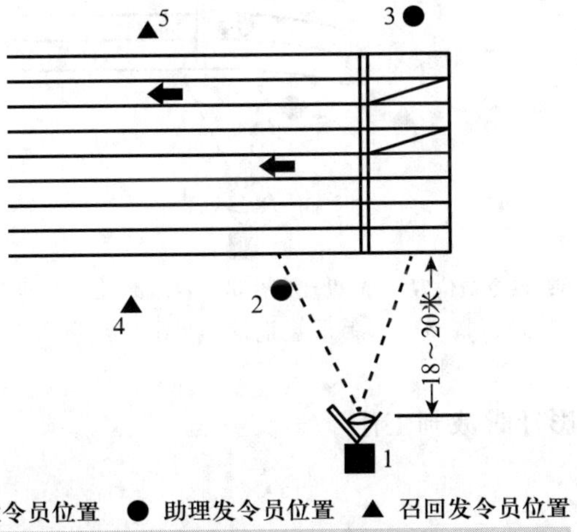

图 8-1　直道起跑发令员站位示意图

弯道起跑发令时（200 米、400 米、800 米、4×100 米接力、4×400 米接力、400 米栏），发令员、召回发令员、助理发令员位置（图 8-2）。

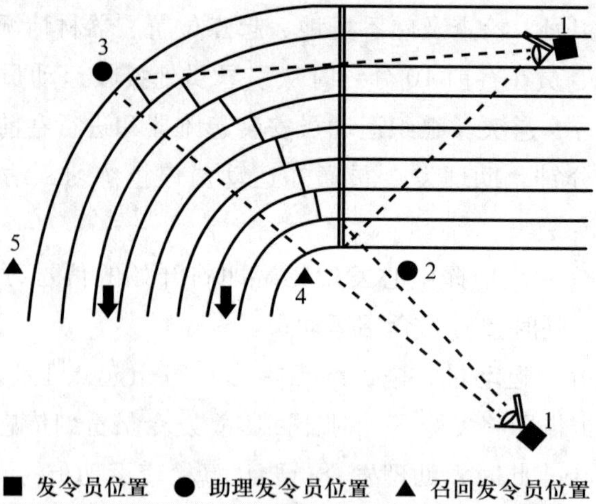

图 8-2 弯道起跑发令员站位示意图

弧形起跑发令时（1 500 米、3 000 米、5 000 米、10 000 米），发令员、召回发令员、助理发令员的位置（图 8-3）。

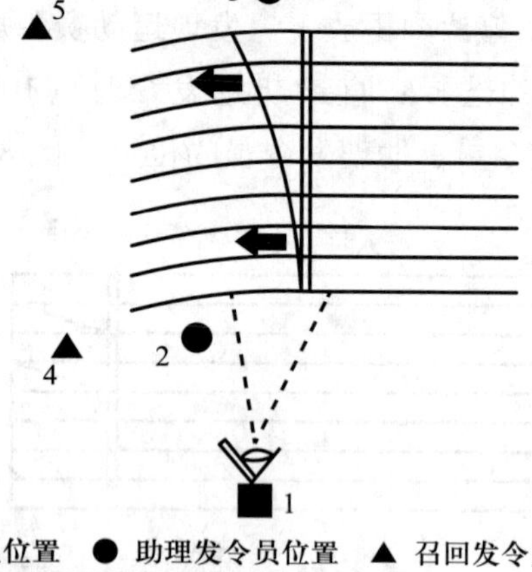

图 8-3 弧形起跑发令员站位示意图

三、终点摄影计时裁判工作

1. 任务

准确、迅速地计取径赛运动员的比赛成绩，并确保分段成绩显示牌的正常工作，保证起点设备的正确使用。

2. 工作方法

（1）终点摄影计时主裁判。负责全组工作，监督设备的安装调试，确保终点摄影计时器的性能符合要求和正常运行。审核判读员判读成绩和记录员记录的成绩，审核后交计算机终端操作员录入。

（2）终点摄影裁判员。每单元比赛开始前与径赛裁判长、发令员配合启动控制设备，确保发令枪或经批准的发令装置能自动启动终点计时系统并匹配无误，还应监督回零控制操作。

（3）判读员。在助理裁判员的协助下，终点摄影主裁判应判定运动员的名次和成绩。国内大型田径比赛，由中国田径协会指派终点摄影裁判员进行判读，还要监督所有终点摄影工作的运行。

（4）其他工作人员。终点摄影计时工作是十分严密的，除上述裁判员外，还应有记录员、终端操作员、摄影计时操作员、分段成绩操作员、起点工作人员、录像操作员等裁判员和工作人员协同配合完成终点摄影计时工作。

四、人工计时裁判工作

1. 任务

准确计取径赛项目运动员的分段及全程比赛成绩，协助终点裁判组做好长距离跑和竞走项目比赛的记圈工作。

2. 工作方法

（1）赛前计时主裁判组织计时员学习规程和规则，进行分工和计时方法的实习。

（2）各项比赛开始前 3~5 分钟，计时主裁判将手计时成绩记录卡交给最下边第一道计时员迅速往上传递。

（3）当听到比赛即将开始的音乐铃声或其他信号时，计时员应立即回表。若无此类信号时，计时主裁判应发出“回表”口令。

（4）计时员“回表”后，应立即注视起点，并力求辨认清楚自己所记道次运动员的特征，然后应全神贯注于烟屏，并按紧电子秒表的按键，见烟开表。开表后应立即检查秒表是否走动。如有故障，立即报告计时主裁判，以便安排候补计时员替补。确认秒表无误后，再注视运动员跑进。

（5）当自己所负责的运动员接近终点时，应按紧停表键，这时应以主光看终点线后沿垂直面，用余光看运动员，直至运动员的躯干（不包括头、颈、臂、手、腿和脚）的任何部分到达终点线后沿垂直面瞬间停表为止。停表后，应注意再次核对运动员的号码是否与径赛成绩记录卡上的号码相同。然后，将成绩填写到成绩记录卡上。填写成绩卡时，应将每名计时员所计成绩按 1/100 秒填在分表栏中，然后按规则换算成 1/10 秒填写在决定成绩栏中。填好成绩卡后，迅速由上往下传递给计时主裁判，然后将所计成绩 1/100 秒填在计时存查表上。

(6) 计时主裁判收齐成绩记录卡后，立即审核，必要时应查验计时员的秒表。审核无误后，将成绩记录卡送交径赛记录员。

(7) 不同径赛项目的计时方法。分道和部分分道跑的径赛项目，采用按道次分工计时与按名次计时相结合的计时方法。在不分道跑的径赛项目中，采用“人盯人”计时记圈方法。即每名计时员分工负责 1 或 2 名运动员的计时(包括计取分段时间)、记圈、记名次并兼报脱圈的工作。

五、终点裁判和记圈工作

1. 任务

准确、迅速地判定径赛运动员到达终点的名次，并担任中、长距离跑和竞走比赛的记圈工作。

2. 工作方法

(1) 分道跑项目的裁判方法采用按名次分工的方法。即裁判员每人看一个名次，同时兼看一个与主看名次相邻的名次。例如，7 名裁判员分别主看前 7 名运动员，主看第 2、3、4 名的裁判员，分别看第 1、2、3 名。主看第 5、6、7 名的裁判员，分别兼看第 6、7、8 名。再由一名裁判员主看第 4、5 名。裁判所认看的名次填入“终点名次报告表”中并交主裁判。主裁判二人分别看 1~4 名和 5~8 名。

(2) 部分分道跑项目的裁判方法多采用按道次分工“人盯人到底”的方法。即每名裁判员只看一个道次。当运动员上道后，核实号码，牢记其特征。运动员起跑后，注意跑进中的变化。当运动员到达终点时，判定其名次。也有按名次分工的方法，即每名裁判员只主看一个名次。运动员起跑后，观察场上名次的变化，随时辨认自己所认看名次的道次（队名或号码)，判定运动员到达终点的名次，并立即核实本名次的运动员的道次、号码和队名。

(3) 不分道跑项目的裁判方法。在不分道跑的中、长距离跑比赛中，为了准确地判定名次，就必须做好记圈工作。中、长距离跑记圈的主要方法采用终点组担任总记圈和报圈工作，人工计时组采用“人盯人到底”的计时方法完成记圈、计时工作。当出现脱圈运动员时，负责该运动员的计时员通知报圈员。当运动员通过终点时，报圈员举牌或口头通知运动员剩余圈数。

六、检查裁判工作

1. 任务

在径赛裁判长领导下进行工作，确保径赛项目比赛符合田径规则的规定。赛前要复查径赛场地、设备和器材。在比赛过程中，检查径赛运动员有无犯规情况，在跨栏、障碍跑项目中检查栏距、栏位、栏高是否准确，在接力项目中管理好第二、三、四棒运动员的上道等。

2. 工作方法

（1）在主裁判领导下学习有关规程和规则，了解大会的有关规定，制定工作细则。

（2）进行现场实习，统一裁判方法和判罚原则；即区分犯规是主动还是被动，是有意还是无意，是有利还是无利，是否影响他人。

（3）了解径赛各种设施，熟记自己的号位，进、出场及换位的路线。落实检查所需器材及用品，熟悉旗示。

检查主裁判与检查员之间的旗示：

预备旗示　检查主裁判将旗直臂侧平举，各小组检查员立即整队准备进场。

询问旗示　检查主裁判将旗上举至头上不动，检查员面向检查主裁判将旗上举表示准备就绪，或没有问题。

犯规旗示　检查员将旗上举头上左右摆动。

换位旗示　检查主裁判将旗上举在头顶上画圈。

检查主裁判与终点主裁判联络旗示　面向终点将旗举至胸前，表示准备就绪。

检查主裁判与径赛裁判长的联络旗示　检查主裁判收到检查员发出的“犯规”信号后，面向径赛裁判长将旗在体前左右摆动，提示该组成绩缓报，并请径赛裁判长进行处理。

（4）接力赛跑时，各接力区检查员要核对运动员的单位、道次、号码，并组织上道。

（5）发现运动员犯规时，应用胶布在犯规地点做记号，用旗示或对讲机向主裁判报告，同时填写检查报告表。

（6）检查主裁判的位置一般在终点附近。直道项目，检查员分布在跑道两侧距跑道 2 米左右，内外两侧交错排列，分段负责检查。200 米比赛时，检查员交错分布在弯道两侧。400 米及中、长跑项目，检查员应分布在弯道与直道交接处附近两侧。接力项目应分布在各接力区和抢道标志线两侧。3 000 米障碍跑，每个障碍栏架外应有一名检查员，其位置在里圈。

（7）各项目检查的要点和方法。分道跑（包括部分分道跑）项目，检查的重点为运动员跑出自己的分道，妨碍他人或踏在左侧分道线上；运动员得到外界帮助；检查运动员在弯道跑进中有无犯规情况或以任何方式阻碍其他运动员；运动员是否跑过抢道标志线切入里道。检查的难点是对于运动员犯规一瞬间的情况能否看清、抓准，能否准确判断运动员跑过抢道标志线和由弯道进入直道有无犯规的情况。检查的方法是运动员出发后，检查员目光应追随运动员移动，当进入自己的检查区域时，应全神贯注地观察有无犯规情况。弯道的检查，开始应正面观察运动员跑进，当运动员跑过自己的位置时，则转身从背后观察。在抢道标志线切入处，观察运动员是否提前跑入里道，其方法是目迎目送。

（8）不分道跑的项目，检查的重点是运动员起跑出发后，在弯道超越对手所发生的冲撞、推挤和踩踏他人犯规现象，是否有擅自离开跑道或比赛路线，在超越时是否有阻挡动作。检查的难点是起跑出发和赛中运动员形成集团，犯规者和受影响者的详细情况难以分清。检查的方法是检查员要全神贯注观察，认真地注视运动员进出自己的检查区域，要掌握每个运动员的特征，特别要注意激烈争夺时位置的变化。

（9）跨栏、障碍项目检查的重点是运动员跨越栏架瞬间其脚或腿是否低于栏顶水平面，手臂的摆动是否影响他人，过水池障碍时是否踏在水池的两个边上越过水池。检查的难点是运动员是否有意踢倒栏架，并从中获利；弯道过栏时腿或脚是否低于栏顶水平面，或从栏左侧外面绕过栏架。检查的方法是应全面仔细观察运动员是否试图把栏架高度压低等。

（10）对接力项目运动员犯规的主要判断是否在接力区内完成交接棒，有无抛棒行为，接棒人是否得到助力后跑进，有无未持棒跑完全程，运动员交棒后离开跑道或在公共接力区内改变位置时是否阻挡他人跑进，掉棒后是不是由原掉棒人捡起而跑进。检查的重点是既要看交接棒，又要看接力区。检查的难点是要认真辨别运动员在交接棒时的犯规情况。检查的方法是采用分道盯人的方法。

第三节 田赛裁判工作方法

一、田赛裁判长职责

田赛裁判长负责领导田赛主裁判及全体田赛裁判员做好裁判工作。掌握比赛进程，解决比赛中出现的问题。田赛裁判长的职责是：

1. 赛前工作

（1）领导全体田赛项目的裁判员学习竞赛规程和规则的有关章节，研究裁判方法，制定工作细则。

（2）组织各裁判组进行现场实习和检查场地、器材设备以及所需用具和物品，并提出自备器材的检查时间和方法。

（3）拟定跳高、撑竿跳高的起跳高度和升高计划。

（4）统一田赛裁判员的旗示。

（5）检查各裁判组的安全措施，确保比赛的安全。

（6）要求田赛各裁判组绘制出场地器材和设备定位图，以便场地组布置场地。

2. 赛中工作

（1）督促田赛各裁判组准时到场，做好各项准备工作，按时开赛。

（2）比赛开始后，掌握比赛进程。如遇特殊情况延误了比赛时间，要及时与主裁判联系，不能解决时，报请技术代表研究解决。

（3）比赛中可流动检查所分管裁判组的裁判工作，了解裁判员的工作情况，确保比赛按规则执行。

（4）高度项目比赛，当运动员准备试跳破纪录高度时，应亲临现场监督丈量成绩。其他项目比赛，如遇破纪录，应及时检查核对成绩。

（5）根据规则精神，解决田赛中出现的问题。对犯规运动员，应根据具体情况提出警告、取消比赛资格或录取资格。

（6）当收到运动员或其代表的口头抗议时，要经过调查研究，做出公正的裁决。

（7）每次比赛完毕，应及时审核成绩和名次，无误后签字。

二、跳高、撑竿跳高裁判工作

1. 任务

跳高、撑竿跳高裁判工作的任务是在田赛裁判长领导下，执行田径竞赛规则有关条文的规定，保证跳高和撑竿跳高比赛的顺利进行。

2. 工作方法

（1）学习文件，明确职责与分工。检查场地器材，熟悉仪器性能。

（2）赛前 40~50 分钟，由主裁判整队进入比赛场地，对场地器材、仪器设备进行复查和调试。管理裁判员和记录员到赛前控制中心进行检录。

（3）赛前 35~40 分钟，带领运动员进场。主裁判向运动员提示注意事项，宣布起跳高度及升高计划后，令运动员开始丈量步点和助跑距离。撑竿跳高赛前 30 分钟，管理裁判员督促运动员登记自己所需的架距。

（4）在跳高赛前 20~25 分钟，撑竿跳高赛前 30 分钟，组织运动员按比赛顺序进行 1~2 次试跳。

（5）赛前 3~5 分钟，停止练习。主裁判监督丈量第一个起跳高度。撑竿跳高设置好第一位运动员所需架距的位置。记录裁判员登记运动员免跳高度，其他裁判员整理场地。

（6）按规定时间准时开始比赛，显示牌显示第一位试跳运动员的号码、跳次。起跳点裁判员站在跳高架旁、运动员助跑方向的异侧面，将红旗平举。放下红旗的刹那，计时钟开始启动，运动员试跳开始。撑竿跳高放置横杆裁判员准备接竿。

（7）当计时钟距时限还有 15 秒钟时，时限员应立即举黄旗示意。当时限已到时，黄旗即落下，运动员不得试跳；起跳点裁判举红旗，以失败论处；记录员记录该运动员一次无故延误比赛，试跳失败。

（8）运动员试跳成功，上举白旗，失败则上举红旗。

（9）记录员在成绩记录表上记成功或失败的符号，检查记录员在显示牌上显示试跳成绩，终端操作员输入成功或失败的信息。

（10）记录员告诉检查记录员准备试跳运动员的号码，检查记录员在显示牌上显示。起跳点裁判员将红旗平举，运动员准备试跳；红旗放下，开始试跳。

（11）准备试跳的高度，凡超过纪录时，主裁判应请田赛裁判长、技术官员对横杆的高度进行核查。

（12）一个高度比赛结束后，被淘汰的运动员由管理裁判员带领退出比赛场地。最后三名运动员在比赛结束后由管理裁判员带至赛后控制中心。

（13）比赛结束时，记录员整理好所记成绩名次，并与终端核对无误后，交主裁判、技术官员、田赛裁判长审核签字后送编排记录公告处。

（14）跳高和撑竿跳高比赛时，裁判员及有关工作人员的位置（图 8-4、图 8-5）。

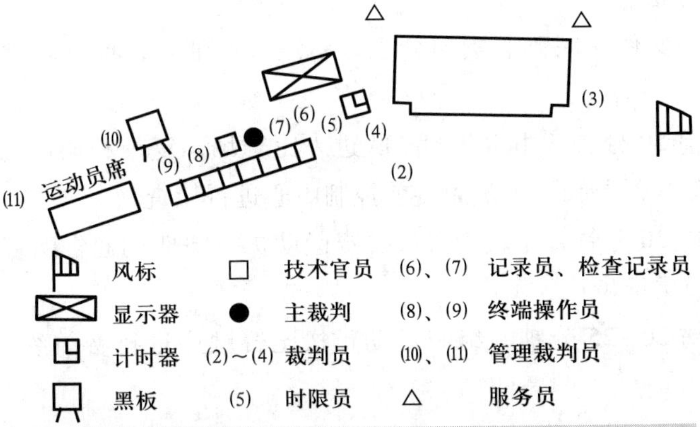

图 8-4　跳高裁判员及有关工作人员位置示意图

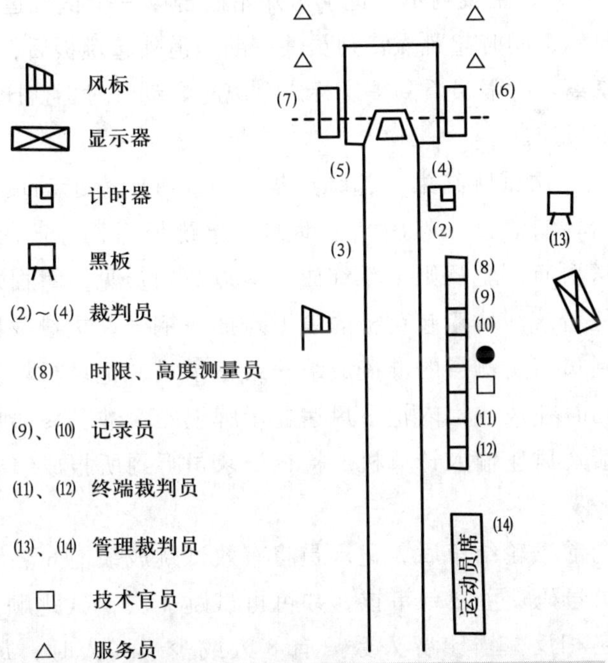

图 8-5　撑竿跳高裁判员及有关工作人员位置示意图

三、跳远、三级跳远裁判工作

1. 任务

在田赛裁判长领导下，根据规则准确无误地完成跳远、三级跳远的裁判工作。

2. 工作方法

（1）学习文件，明确职责与分工。制定工作细则，检查场地器材，进行现场实习。

（2）赛前 50 分钟，由主裁判整队进入比赛场，复查和调试场地器材、仪器设备。管理裁判员和记录员到赛前控制中心进行检查。

（3）赛前 30 分钟，主裁判接收参赛运动员并向他们通告比赛中的注意事项，令运动员丈量步点。

（4）赛前 20~25 分钟，组织运动员按比赛顺序进行赛前练习，试跳 1~2 次。

（5）赛前 5 分钟，停止练习。全组人员做正式比赛开始的准备。

（6）赛前 30 秒，主裁判示意记录员开始通告第一个试跳运动员号码，检查记录员开始显示，同时起跳点裁判员站在助跑道外起跳板后，按比赛开始时间将停赛标志拿离。时限员看到停赛标志拿离时启动计时器。比赛开始，风速测量员准备测定风速。

（7）运动员每次试跳结束，起跳点裁判员仔细观察运动员起跳时在橡皮泥显示板上是否留有痕迹，然后站在助跑道起跳板后，等待落点裁判判定。如无犯规，上举白旗，犯规则上举红旗。落点裁判员见上举白旗，便在运动员身体任何部位着落沙坑距起跳板的最近点插一钢钎，丈量裁判员开始丈量成绩。丈量裁判员将所测得的准确成绩报给记录员，记录员复述并记录在成绩记录表上，同时在风速栏内记下风速显示牌上的读数。终端操作员按成绩丈量员所报成绩及风速输入计算机。检查记录员听到所报成绩要及时在公告牌上显示。

（8）比赛的前三轮结束后，记录员将有效试跳成绩前 8 名和与第 8 名成绩相等的运动员号码交主裁判审核，并可再试跳 3 次，试跳顺序与他们前 3 次试跳后的排名相反。当比赛人数只有 8 人或少于 8 人时，每人均可试跳 6 次。

(9) 主裁判与管理裁判员看到时限员上举黄旗时，及时提醒运动员注意时限，当黄旗落下，主裁判立即令起跳点裁判员上举红旗，同时将停赛标志放在起跳板后的助跑道上，判该运动员该次试跳失败。

(10) 比赛有破纪录时，丈量裁判员报告主裁判。主裁判立即请技术官员和田赛裁判长一起审核场地与成绩。

(11) 比赛结束后，主裁判监督记录员、终端操作员按规程录取名次，并核对风速，无误后签字。记录员请技术官员和田赛裁判长审核并签字，然后将原始成绩记录表送交编排记录公告组。终端操作员将被录取运动员的名次、号码、单位、姓名、成绩打印 1 份由管理裁判员交赛后控制中心主裁判。若无计算机终端，应复写 3 份，交赛后控制中心、宣告员、留存各 1 份。

跳远、三级跳远比赛时，裁判员及有关工作人员位置（图 8-6）。

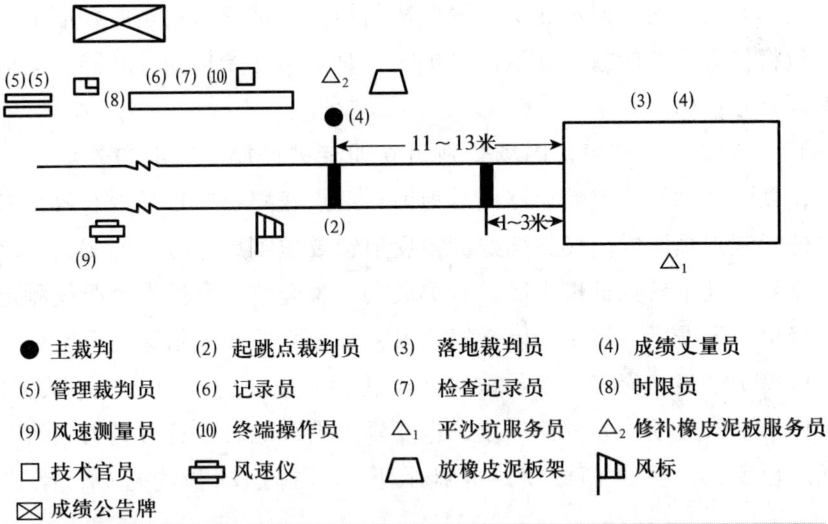

图 8-6　跳远、三级跳远裁判员及有关工作人员位置示意图

四、投掷项目裁判工作

1. 任务

在田赛裁判长领导下，根据规则的有关规定，负责实施推铅球、掷铁饼、掷链球、掷标枪比赛的裁判工作。

2. 工作方法

(1) 学习文件，明确职责与分工。研究裁判方法，检查场地器材，进行现场实习。

（2）大型田径赛全体裁判员提前 1 小时到达比赛场地，各组裁判员在指定地点集合，检查比赛场地布置情况。

（3）按照田赛检录时间，由管理裁判和记录员到赛前控制中心进行检录，并将运动员带进场。

（4）全组裁判员在主裁判的带领下，按运动员入场时间提前整队入场，各就位做好比赛的准备。

（5）将运动员带入比赛场地交主裁判。主裁判核实检录情况后，向运动员提出比赛要求，并组织运动员每人练习试掷 1~2 次。

（6）赛前 5 分钟停止练习，裁判员清理场地和器材。

（7）赛前 1 分钟，内场裁判员以旗示通知外场裁判员各就位。检查记录员显示试掷运动员的号码和轮次。管理裁判员通知试掷运动员做好准备。当内场裁判员将平举的红旗放下，退出投掷区，时限员开始启动计时器，运动员进入投掷区开始试掷。

（8）运动员试掷结束，内场裁判员立即走进投掷区，面向外场，将旗直臂上举，以示试掷是否有效。器械落地后，落点裁判员判定是否有效，有效不举旗。外场裁判员面向内场，插好测距反射镜或拉钢尺进行成绩丈量。落点无效，上举红旗以示落点试掷失败。试掷成功，激光测距员操作测距仪测定试掷成绩，经检查无误后，举手可以撤掉反射镜，并立即将成绩送至记录员，记录员填入成绩记录表，检查记录员核实无误后，在成绩公告牌上显示试掷成绩，终端操作员录入成绩。如试掷失败，也要录入失败的表示符号。当成绩公告牌旋转回原位后，消去试掷成绩，再显示下一试掷运动员的号码，比赛继续进行。

（9）前三轮试掷结束后，记录员按成绩录取前 8 名，继续进行后三轮的比赛，试掷顺序与运动员前 3 次试掷后的排名相反，管理裁判员将淘汰的运动员带领到赛后控制中心。

（10）比赛结束后，记录员按 6 次试掷成绩排出名次并在记录单上签名，再经主裁判、技术官员、田赛裁判长审核签字。然后终端操作员将成绩记录表打印 1 份（无终端，记录员应复写 3 份，交赛后控制中心、宣告、留存各 1 份）。管理裁判员带领运动员到赛后控制中心，并将成绩记录表交赛后控制中心主裁判。记录员将原始成绩记录表交编排记录公告组。

（11）投掷裁判的旗示。内场裁判员红旗平举，表示禁止试掷。撤掉红旗，表示准许试掷，时限开始。上举白旗，表示试掷成功。红旗表示试掷失败。

外场落点裁判员使用一面红旗。试掷有效不举旗，试掷失败举红旗。器械出界，上举红旗，然后指向出界方向。

内外场旗示的配合。内场试掷犯规，由内场裁判员举红旗，外场落点裁判员不举旗。外场落点无效或器械出界，由外场落点裁判员举红旗，内场裁判员不举旗。如遇内外场试掷都犯规，内外场裁判员都举红旗。

（12）推铅球、掷铁饼、掷链球、掷标枪裁判员及有关工作人员的位置（图 8-7～图 8-10）。

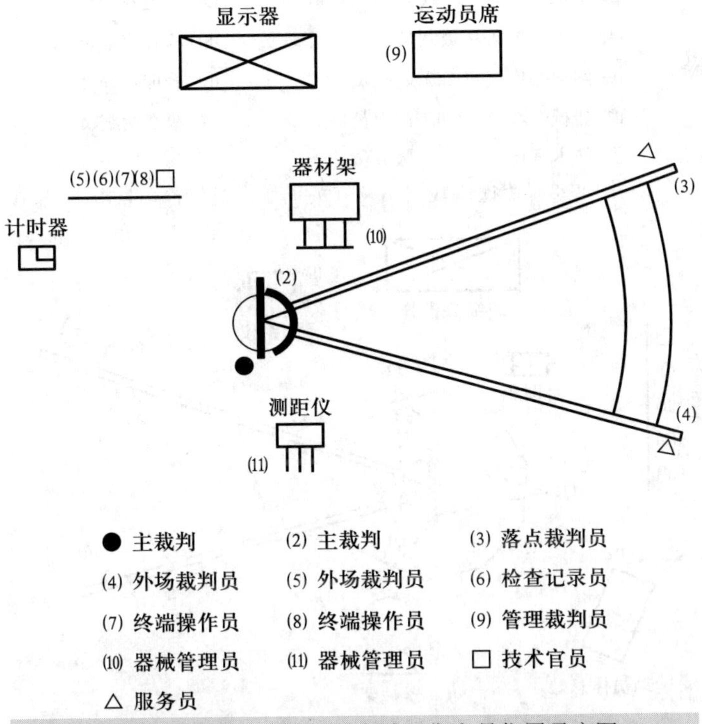

图 8-7　推铅球裁判员及有关工作人员位置示意图

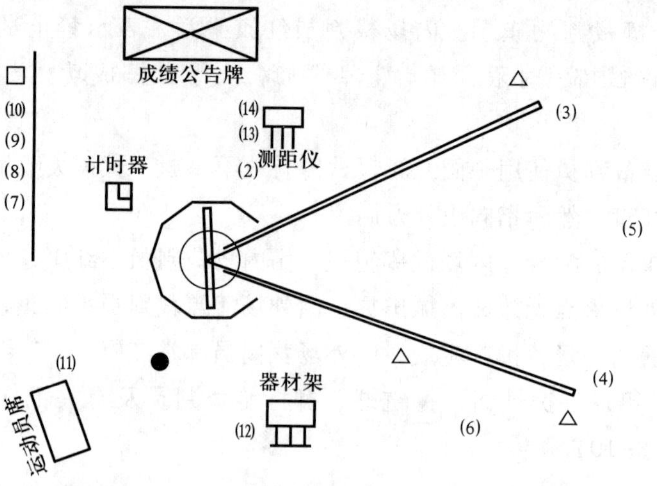

● 主裁判　　(2) 内场裁判员　　(3) 落地裁判员
(4)、(5)、(6) 外场裁判员　　(7) 记录员　　(8) 检查记录员
(9) 终端操作员　　(10) 时限员　　(11) 管理裁判员
(12) 器械管理员　　(13) 测距员　　(14) 检查测距员
□ 技术官员　　△ 服务员

图 8-8　掷铁饼裁判员及有关工作人员位置示意图

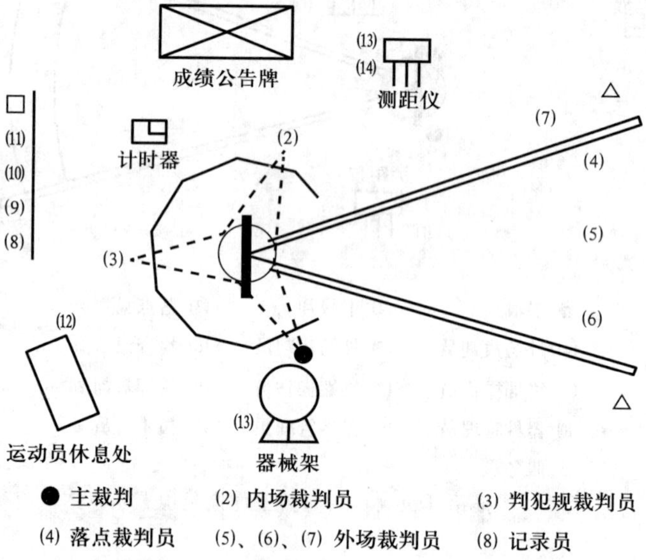

● 主裁判　　(2) 内场裁判员　　(3) 判犯规裁判员
(4) 落点裁判员　　(5)、(6)、(7) 外场裁判员　　(8) 记录员
(9) 检查记录员　　(10) 终端操作员　　(11) 时限员
(12) 管理裁判员　　(13) 器械管理员　　(14) 测距员
(15) 检查测距员　　□ 技术官员　　△ 服务员

图 8-9　掷链球裁判员及有关工作人员位置示意图

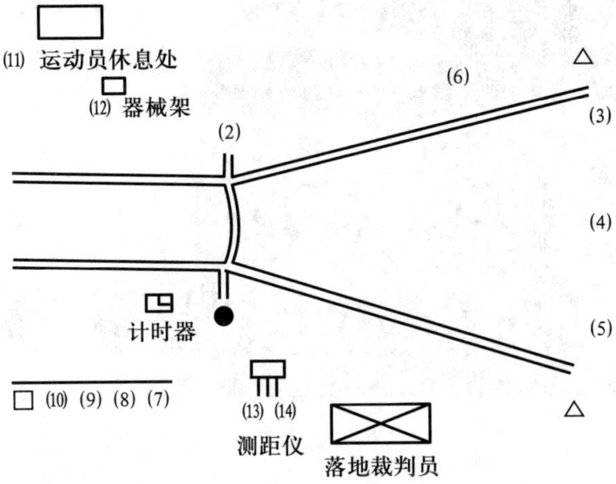

● 主裁判　(2) 内场裁判员　(3) 落点裁判员
(4)、(5)、(6) 外场裁判员　(7) 记录员　(8) 检查记录员
(9) 终端操作员　(10) 时限员　(11) 管理裁判员
(12)(13) 器械管理员　测距员　(14) 检查测距员
□ 技术官员　△ 服务员

图 8-10　掷标枪裁判员及有关工作人员位置示意图

复习思考题

1. 田径运动竞赛的主要规则。

2. 径赛项目裁判工作中，起点、终点、计时、检查工作的内容与方法。

3. 田赛项目裁判工作中，跳跃高度、远度项目和投掷项目工作的内容与方法。

主要参考文献

［1］中国田径协会审定. 田径竞赛规则（2018—2019）［M］. 北京：人民体育出版社，2018.

［2］文超. 田径运动高级教程［M］. 北京：人民体育出版社，2004.

［3］孙南，熊西北，张英波. 现代田径训练高级教程［M］. 北京：北京体育大学出版社，2011.

［4］李鸿江. 田径教学（专题篇）［M］. 北京：高等教育出版社，2012.

［5］李鸿江. 田径［M］. 3版. 北京：高等教育出版社，2014.

［6］沈国平，过平江. 田径训练教程［M］. 北京：高等教育出版社，2008.

［7］臧海波. 田径训练实用教程［M］. 武汉：武汉大学出版社，2016.

［8］李诗瑜. 田径运动教学与训练研究［M］. 北京：人民日报出版社，2017.

［9］王丙振. 田径运动体能训练［M］. 北京：化学工业出版社，2017.

［10］王晓刚. 田径专项体能训练理论与方法［M］. 北京：中国书籍出版社，2014.

［11］周建梅，张志华. 马拉松实战训练指南［M］. 北京：化学工业出版社，2017.

［12］过平江. 田径运动训练理论与方法［M］. 杭州：浙江大学出版社，2000.

［13］文超. 中国田径运动史［M］. 广州：华南理工大学出版社，2014.

［14］格林，佩特. 青少年长跑训练［M］. 3版. 沈兆喆，王雄，译. 北京：人民邮电出版社，2016.